U0808980

韩山师范学院教授启动项目、广东省教育厅创新强校重大项目、韩山师范学院教材出版基金资助

殷商文化传播史稿

YINSHANG WENHUA CHUANBOSHI GAO

巫称喜◎著

暨南大学出版社
JINAN UNIVERSITY PRESS

中国·广州

图书在版编目（CIP）数据

殷商文化传播史稿/巫称喜著．—广州：暨南大学出版社，2015.9
ISBN 978－7－5668－1379－4

Ⅰ.①殷…　Ⅱ.①巫…　Ⅲ.①商文化（考古学）—文化传播—研究　Ⅳ.①K871.34

中国版本图书馆CIP数据核字（2015）第062860号

出版发行：暨南大学出版社

地　址：中国广州暨南大学
电　话：总编室（8620）85221601
　　　　营销部（8620）85225284　85228291　85228292（邮购）
传　真：（8620）85221583（办公室）　85223774（营销部）
邮　编：510630
网　址：http：//www.jnupress.com　http：//press.jnu.edu.cn

排　版：广州市天河星辰文化发展部照排中心
印　刷：佛山市浩文彩色印刷有限公司

开　本：787mm×1092mm　1/16
印　张：14.75
字　数：360千
版　次：2015年9月第1版
印　次：2015年9月第1次

定　价：38.00元

（暨大版图书如有印装质量问题，请与出版社总编室联系调换）

凡 例

1. 本书在引用甲骨卜辞时，释文（根据卜辞原文加以隶定的文字）一般用宽式标音，例如读为“贞”的“鼎”直接写作“贞”，读为“在”的“才”直接写作“在”。

2. 释文中的“…”表示卜辞残缺，“[ ]”表示根据卜辞通例补上残缺部分的文字。

3. 释文中有些字选用形体略近的字代替，还有少数字选用义近或音近的字代替，这两种字都在右上角加*作为标记。它们所代替的甲骨卜辞中的字，请查看书后所附的“甲骨文释文字形对照表”。

4. 译文（根据甲骨卜辞原文用现代汉语翻译的文字）内容一律将甲骨卜辞处理为陈述句。

5. 本书引用甲骨文著录书名一律采用简称，例如“《合集》1”表示“《甲骨文合集》第1版”，具体引书请查看书后所附的“引用甲骨文著录书名简称对照表”。

术 语

（1）甲骨文（或称甲骨卜辞）——刻（或写）在龟甲或兽骨上的文字。殷墟甲骨文指商朝后半期商代诸王与巫祝贞人用龟甲、兽骨进行占卜时所刻写的卜辞和少量记事文字。

（2）神权政治——人间统治者依靠预兆和神谕的神权力量来统治国家、管理民众的一种政治制度。

（3）叙辞——关于占卜时间、地点和贞人名字的文字记录。我们与传统的说法相同。

（4）命辞——我们认为，命辞是关于贞人占卜预测结果的文字记录，属于预测性信息，是陈述句。传统说法认为命辞是命龟之辞，是贞人向神龟发问的文字记录，是疑问句。

（5）占辞——我们认为，占辞是关于商王占卜预测结果的文字记录，属于预测性信息，是陈述句。传统说法认为占辞是商王因兆而定吉凶的文字记录，是测度性的疑问句。

（6）验辞——我们认为，验辞是占卜之后贞人或商王占卜预测的结果得到应验的事实的文字记录，属于真实信息。传统说法认为验辞是占卜之后得到应验的事实的文字记录。

（7）单贞卜辞——传统说法认为单贞卜辞是对某件事、某种内容只进行一次占卜（一次占卜对一个问题进行提问）而形成的命辞。我们认为，单贞卜辞是一次占卜获得一个预测结果而形成的命辞，属于一选之辞。例如：“丙寅卜，贞：王今夕亡祸？（。）”（《合集》38861）传统说法将其翻译为：“丙寅日占卜，贞人问：商王今天晚上没有灾祸吗？”而我们翻译为：“丙寅日占卜，贞人预测：商王今天晚上可能没有灾祸。”单贞形式在当今占卜与日常语言交际中仍被普遍使用。

（8）重贞卜辞——传统说法认为重贞卜辞是对某一问题进行两次或两次以上的连续占卜（对某个问题进行两次或两次以上的连续提问）而形成的命辞。我们认为，重贞卜辞是多次占卜获得同一个预测结果而形成的命辞，也属于一选之辞。例如：“甲子卜，宁贞：王宾上甲协*亡尤？（。）甲子卜，宁贞：王宾上甲协*亡尤？（。）甲子卜，宁贞：王宾上甲协*亡尤？（。）甲子卜，宁贞：王宾上甲协*亡尤？（。）”（《合集》27024正）传统说法将其翻译为：“甲子日占卜，贞人‘宁’问：商王为对上甲举行的协*祭而举行迎神仪式，没有灾祸吗？甲子日占卜，贞人‘宁’问：商王为对上甲举行的协*祭而举行迎神仪式，没有灾祸吗？甲子日占卜，贞人‘宁’问：商王为对上甲举行的协*祭而举行迎神仪式，没有灾祸吗？甲子日占卜，贞人‘宁’问：商王为对上甲举行的协*祭而举行迎神仪式，没有灾祸吗？”而我们翻译为：“甲子日占卜，贞人‘宁’预测：商王为对上甲举行的协*祭而举行迎神仪式，可能没有灾祸。甲子日占卜，贞人‘宁’预测：商王为对上甲举行的协*祭而举行迎神仪式，可能没有灾祸。甲子日占卜，贞人‘宁’预测：商王为对上甲举行的协*祭而举行迎神仪式，可能没有灾祸。甲子日占卜，贞人‘宁’预测：商王为对上甲举行的协*祭而举行迎神仪式，可能没有灾祸。”重贞形式在当今占卜与日常语言交际中仍被普遍使用。

（9）对贞卜辞——传统说法认为对贞卜辞是对某一内容以否定和肯定语意各占卜一次（对同一内容从正反两个方面进行提问）而形成的命辞。我们认为，对贞卜辞是一次占卜获得两个完全相反的预测结果而形成的命辞，属于两可之辞。例如：“贞：翌癸卯帝不令风？（。）翌癸卯帝其令风？（。）”（《合集》672 正）传统说法将其翻译为：“贞人问：明天癸卯日上帝不会命令刮风呢，还是明天癸卯日上帝会命令刮风呢？”而我们翻译为：“贞人预测：明天癸卯日上帝可能不会命令刮风，明天癸卯日上帝也可能会命令刮风。”对贞形式在当今占卜与日常语言交际中仍被普遍使用。

（10）选贞卜辞——传统说法认为选贞卜辞是选择两个或两个以上并列的内容分别进行一次占卜（对两个或两个以上并列的内容分别进行提问）而形成的命辞。我们认为，选贞卜辞是一次占卜获得两个或两个以上不同的预测结果而形成的命辞，属于多选之辞。例如：“侑于咸？（。）侑于大丁？（。）侑于大甲？（。）”（《合集》1369）传统说法将其翻译为：“应该对咸举行侑祭呢，还是应该对大丁举行侑祭呢，还是应该对大甲举行侑祭呢？”而我们翻译为：“可以对咸举行侑祭，也可以对大丁举行侑祭，也可以对大甲举行侑祭。”选贞形式在当今占卜与日常语言交际中仍被普遍使用。

（11）卜人——传统说法对其职能未有明确认定。我们认为，卜人是命龟与灼龟取兆之人。卜人在占卜时负责“命龟”与“灼龟取兆”两道程序。卜人将要询问的事情告诉神龟（命龟）并且烧灼龟甲或兽骨，使其呈现各种兆象，为贞人与商王领悟神旨、预测未来做好基础性服务工作，具有“命龟取兆权”。

（12）贞人——传统说法认为贞人负责命龟，由贞人向神龟发问，命辞是贞人向神龟发问的文字记录。我们认为，贞人是卜人所获兆象的最初的解读者与预测者。贞人负责“占龟”，即对卜人获得的兆象认真仔细察看并对事物发展的趋势作出初步推断和预测，具有“信息初测权”。贞人从事“贞”（信息预测）这项工作，主要是为商王进行最后的信息预测提供参考。贞人的预测结果在卜辞中以命辞的形式出现。

（13）占人——传统说法认为商王负责“占断”，商王发布的“占辞”是测度性的疑问句。我们认为，占人是卜人所获兆象的最终的解读者与预测者，主要由商王担任。商王参加“占龟”，一方面要听取贞人的初测意见，另一方面要亲自观察卜人所获兆象，将贞人的初测结果与卜人所获的龟甲或兽骨显示的兆象综合考察，对某件事情作出最终的推断预测，占卜结果由商王说了算，因此商王拥有“信息终测权”。占人（主要指商王）的预测结果在卜辞中以占辞的形式出现。

（14）命龟取兆权——卜人向上帝及商代诸神提出意欲占卜的问题以及灼烧龟甲或兽骨使其出现兆象的占卜权力。这个术语是由我们首次提出的。

（15）信息初测权——贞人根据卜人所获兆象作出最初的解读、预测的占卜权力。这个术语是由我们首次提出的。

（16）信息终测权——占人（主要指商王）根据卜人所获兆象以及贞人所得的最初的解读、预测结果作出最终的解读、预测的占卜权力。这个术语是由我们首次提出的。

（17）一事多卜制——在一版或两版以上的甲骨上反复占卜预测同一事情的占卜制度。

（18）习卜制——商王根据自身需要，要求贞人就某次占卜预测的结果再度占卜以获取符合自己意愿的占卜预测结果的占卜制度。

（19）选卜制——商王从贞人已经预测到的多种结果中选出符合自己意愿的那一种预测结果的占卜制度。

（20）贞人共贞制——由两位或两位以上贞人就同一件事情共同占卜预测的占卜制度。

提　要

本书主要包括前言与正文十五章。

前言讨论商代传播的总体特征问题。商代是一个以神为本的神权统治时代，神权政治与人神传播相互依存，共同发展，形成了非常独特的传播形态。商代传播的总体特征主要表现为三个方面：①商代已进入文字传播的崭新时期；②商代已进入人神传播的鼎盛时期；③商代已进入叙事传播的初创时期。

第一章讨论甲骨卜辞命辞材料的属性与商代传播的关系问题。甲骨卜辞命辞是陈述句，而且所有甲骨卜辞都不存在疑问句，除极少数祈使句、感叹句外都是陈述句。这主要基于以下几点：①甲骨卜辞中的“卜”为“灼龟取兆”之义，“贞”、“占”都是“预测”之义，虽然词义相同，但适用对象有别，贞人常用“贞”，商王常用“占”；②未来事物的发展有一种可能性，也有多种可能性并存的情况，兆象正是以其独特的形式来反映这种状况的，兆象显现的一种可能性或多种可能性决定了预测结果的单一、相同、相反与多样，这些正是单贞、重贞、对贞和选贞形式产生的主要原因。因此甲骨卜辞命辞都是贞人预测之信息，具有信息属性，这正是商代传播史研究最直接、最可靠的研究材料。

第二章讨论甲骨卜辞命辞类型与商代传播的关系。从当今占卜与殷墟甲骨占卜的比较来看，甲骨卜辞命辞中的单贞卜辞、重贞卜辞是一选之辞，对贞卜辞是两可之辞，选贞卜辞是多选之辞。根据占卜主体对所卜之事的行为动作或状态变化能否控制，甲骨卜辞命辞可分为两类：可能类命辞与可以类命辞。

第三章讨论甲骨占卜制度与商代传播的关系。商代甲骨占卜制度包括以下几个方面：一是卜官制；二是一事多卜制；三是习卜制与选卜制。甲骨占卜制度的建立是为了使占卜预测与信息采集、采信、宣示、传播顺利进行，为殷商王朝治国理政提供较为科学的决策依据。

第四章讨论商代传播制度问题。殷商王朝十分重视信息传播，已有较为系统的信息传播网络，信息传播较为畅通，已经形成一套上传下达制度，是殷商王朝政治制度的有机组成部分之一。驿传制度的建立为臣属上传下情与商王下达政令提供了坚实的物质基础和有力的设施保障，确保了信息的有效传播。

第五章讨论商代传播模式问题。商代信息传播模式有较为明显的特点：①商代占卜活动较多地体现出信息传播过程的循环和互动模式；②大多数甲骨卜辞体现出商代信息传播过程的直线模式，贞人将预测的信息单向直线式传播给商王；③甲骨卜辞只有部分卜辞体现了商代信息传播过程的循环和互动模式，贞人与商王各自预测结果的交流互通就是明证。

第六章讨论社会环境与商代传播的关系。商代信息传播深受当时社会环境诸多要素的影响与制约，这些要素包括政治、经济、军事、交通等。认真研究商代传播的社会环境及其对信息传播产生的影响与作用，有利于我们深入地了解商代的传播历史与传播文化。

第七章讨论神权政治与商代传播的关系。商代诸王依靠预兆和神谕的神权力量来统治国家、管理民众，形成了独特的政治形态。与这种政治形态相适应的传播形态是人神之间的交流与沟通。甲骨占卜是殷商时期人神之间交流与沟通的传播方式，而巫祝贞人是沟通上帝鬼神与商代诸王的中间人，代表商代诸神宣示神谕神命，行使神权。神权政治与人神传播互相依存，共同发展，在商代达到巅峰。

第八章讨论商代诸神与商代传播的关系。商代诸神具有三种不同的权能：自然权能、战事权能和人事权能，它们通过不同权能主宰着万事万物的产生和发展。商代人“万物有灵”的观念与多神崇拜的行为决定了商代信息传播的观念与运作。商代诸神不仅是万事万物之源，也是万千信息之源。商代诸神不仅是各类事件与信息的制造者，而且是各类事件与信息的传播者。

第九章讨论商代诸王与商代传播的关系。商代诸王不仅是世俗社会的政治领袖，而且是神权社会的宗教领袖，在占卜事务与信息传播中发挥着领导作用。商代诸王是商代信息传播中极为重要的信息受传者与传播者，具有“信息终测权”。他们对占卜权的控制与垄断，说到底就是对神谕神令等信息及其传播的控制与垄断。毫无疑问，商王最终取得了占卜权。

第十章讨论商代贞人与商代传播的关系。商代贞人在百位以上，他们大多为方国部族首领，拥有自己的属地和经济力量，也担任殷商王朝的贞人之职，力图通过神权左右殷商王朝的军政大事。商代贞人是商代信息传播中最主要的信息受传者与传播者，具有“信息初测权”。贞人不仅是殷商王朝政治集团的中流砥柱，而且是商代传播的中坚力量，为商代传播作出了独特而重大的贡献。

第十一章讨论商代方国与战争传播的关系。夏商时代，华夏大地方国林立。商代的军事力量由国家军队、诸侯国军队和贵族武装三个部分组成。商代的战争进程主要分为以下几个阶段：①侦察敌情；②告祖与谋划；③战争物资征集与供应；④战争布阵；⑤战争行为；⑥凯旋、献俘、祭祖。武丁时期殷商王朝与敌对方国之间战争不断，帝辛时期对人方的征讨是商代最为著名的一场战争。

第十二章讨论商代经济传播。商代是一个以农业为主，以畜牧业、渔猎业、手工业为辅的社会。大量甲骨卜辞反映出农业、畜牧业是殷商王朝重要的经济部门，渔猎业是畜牧业的一种有效补充，手工业在当时得到较全面的发展，交通业也有较大发展。

第十三章讨论商代天文气象与自然灾害传播的关系。殷商时期，由于农业和畜牧业发展的需要，人们对自然现象的观察频繁而细致，甲骨卜辞中保存了大量的天文气象记录以及自然灾害的相关内容。商代自然灾害主要有以下几种：①旱灾；②水灾；③风灾；④雹灾；⑤雷灾；⑥蝗灾；⑦鸟灾；⑧其他灾害。

第十四章讨论商代宗教祭祀传播。商代宗教祭祀极其盛行，商人崇拜与祭祀的对象主要有三类：①上帝；②自然神；③祖先神。祭祀祖先神主要采用单祭、合祭、特祭和周祭四种形式。商代祭祀包括宗族王室祭祀与方国祭祀两个层次。祭祀祭品分为三类：①物牲；②人牲；③物品。

第十五章讨论商代文化教育传播。殷商时期已有专门的官方文化教育机构“大学”、“右学”、“右卣”与“右室*”等，它们直接由殷商王朝掌管，教学对象主要是贵族子弟，从事教学的人员主要由殷商王朝官员多万、多瞽、巫师、亚官乃至商王兼任，教学内容主要与“六艺”（礼、乐、射、御、书、数）有关，多为实践教育。商代文化教育有了较大发展，形成了较为完善的系统。

前　言

关于中国古代传播断代史的研究著作，迄今为止，已经出版的只有三部，它们分别是台湾学者朱传誉先生的《宋代新闻史》、大陆学者尹韵公先生的《中国明代新闻传播史》以及李彬先生的《唐代文明与新闻传播》，这三部著作在学界影响较大。而其他朝代的传播断代史研究则暂付阙如，撰写其他朝代的传播断代史是我们从事传播史研究的学者必须尽早完成的历史使命。

商是中国的“三代”——夏、商、周中的第二个朝代，所经历的时间为公元前16世纪至公元前11世纪，距今已有三千多年。由于殷墟甲骨文的发现以及随后开展起来的近代考古学活动，国内外历史学者对中国历史上商朝的存在已不再怀疑了。一百多年来，商代历史研究有了长足的进展，无论是通史还是专门史都有了大量的研究论文或专著面世，显示了商代历史研究具有较为雄厚的研究实力并取得了较为丰硕的研究成果。相较而言，对于理应作为商代专门史重要门类之一的传播史研究，国内外学者几乎无人问津，至今仍然是一个空白点。作为具有五千年悠久历史和古老文明的中华民族，其传播历史与传播文化同样源远流长。对中国商代传播史进行全面而深入的研究，以弥补这目前缺失却又极其重要的一环，国内传播史研究者责无旁贷。研究商代传播史，不仅对我们了解上古传播历史与传播文化具有重要意义，而且对于研究上古历史与文化同样具有重要意义。拙著《殷商文化传播史稿》是国内第一部关于商代传播的断代史，撰写此书的主要目的就是勾勒商代传播的基本历史面貌，揭示商代传播的基本特点，使我们能够更深入地了解商代传播历史与传播文化，继承与弘扬伟大而悠久的中华文化与中华文明。

“1899年殷墟甲骨文的发现，开辟了中国近代学术史的新纪元。”① 如何开展商代传播史研究是摆在传播史研究者面前的一个极其重要而又亟待解决的问题，我们认为抓住商代传播的总体特征是开展此项研究最为重要的切入点，因为每个历史时期的传播事业都明显地带有那个特定历史时期的时代烙印。我们认为商代传播的总体特征表现为以下三个方面：一是商代进入文字传播的崭新时期，二是商代进入人神传播的鼎盛时期，三是商代进入叙事传播的初创时期。

一、商代进入文字传播的崭新时期

殷墟甲骨文确切的出土地点在今河南安阳小屯村，一般认为发现时间为1899年。所谓的甲骨文是指商朝后半期商代诸王利用龟甲、兽骨进行占卜时所刻写的卜辞和少量记事文字，这种卜辞和记事文字是我国现存的成系统的用文字记载的历史文献。虽然严格说起来它不是正式的文字记载，但是因为它数量众多、内容丰富，而且时代比较早，所以它一

① 王宇信、杨升南主编：《甲骨学一百年》，社会科学文献出版社1999年版，第1页。

直是研究我国古文字和古代史，特别是研究商代历史的最重要的直接史料，也是研究商代传播史所能依据的直接史料。[①] 殷墟甲骨文的发现，以无可辩驳的事实证明商代是一个信史的时代，商代已经迈入一个崭新的文字传播时代。

远古时期的先民通过部落战争和长期的接触、交流，终于融合成古老的华夏民族，形成了原始华夏语，开始进入人类传播史的第一阶段——口语传播时代。以口口相传的方式进行信息传播是口语传播的主要特征。汉代许慎《说文解字》（以下简称《说文》）说："古，故也。从十口，识前言者也。"清代段玉裁《说文解字注》说："识前言者口也，至于十则展转因袭，是为自古在昔矣。"前者从分析造字意图入手，认为"古"是关于前人历史文化遗产的口头记录，而后者则更为明确地指出"古"是一种以众口辗转相传的方式传承前人历史文化遗产的口头记录。我们认为许慎、段玉裁是深谙口语传播真谛的。

口语及口语传播的出现，使我们的祖先最终实现了从动物到人类的转变，但是口语及口语传播存在着与生俱来的重大缺陷，前人对此有清醒而深刻的认识。清代陈澧《东塾读书记》说："盖天下万物之象，人目见之，则心有意；意欲达之，则口有声。意者象乎万物而构之者也，声者象乎意而宣之者也。声不能传于异地，留于异时，于是乎书之为文字。文字者，所以为意与声之迹也。"这段话阐明了语言与文字各自不同的特征与功用，更为重要的是它揭示了语言与文字产生与传播的真正动因，并且深刻地指出口语传播"不能传于异地，留于异时"的艰难窘境。在尚未实现用文字传播信息之前，为了突破时空的限制，古人尝试过用击鼓、燃烟和实物传递等方式，将表示某一事件的信息"传于异地"；发明过结绳、刻契和画图等手段，将含事的信息"留于异时"。但是远古先民无论付出多么艰苦卓绝的努力也难以完全克服口语传播本身的重大缺陷，因此，发明一种能够"传于异地"、"留于异时"的新的传播媒介就势在必行了。我们的祖先确实成功地创造了这样一种新的传播媒介——汉字，并且把它娴熟地运用于殷墟甲骨卜辞之中，真正实现了从口语传播到文字传播的具有划时代意义的重大转变。这正如郭庆光先生所指出的："文字是人类传播发展史上第二座重大里程碑。如果说语言的产生使人类彻底摆脱了动物状态，那么文字的出现就使人类进入了一个更高的文明发展阶段。"[②] 著名历史考古学家张光直认为，夏商周三代"标志着中国史前时代的结束和文明时代的开始"[③]，这是以甲骨文在殷商时期实际运用的历史事实作为重要的立论依据得出的科学结论。不言而喻，我们今天能够真切地了解商代社会历史面貌，确实得益于殷商时期使用的甲骨文。著名甲骨学家陈梦家先生利用甲骨卜辞复原了帝辛时代征伐敌对方国"人方"的进军路线，这次征伐经过地有数十处，征伐人方去程约 106 日，回程约 99 日，总日数各在 100 日上下，加上战争所需时日，时间近于两年。[④] 对于这样一场旷日持久的战争，如果没有文字记载与传播，仅靠大脑记忆、口口相传等手段，即便是当时的战争亲历者，恐怕也难以避免信息在记忆与传递过程中发生变形与缺失。由此可见，文字这种传播媒介本身所具有的信息一经记载便可长期保存的固化功能十分强大，只有它才能真正做到传之久远而保真如初。文字的出现

① 吴浩坤、潘悠：《中国甲骨学史》，上海人民出版社 1985 年版，第 1 页。

② 郭庆光：《传播学教程》，中国人民大学出版社 1999 年版，第 30 页。

③ 张光直著，张良仁等译：《商文明》，辽宁教育出版社 2002 年版，第 1 页。

④ 陈梦家：《殷虚卜辞综述》，中华书局 1988 年版，第 308 ~ 309 页。

与使用，使人类传播在时间和空间两个领域都发生了重大变革，时至今日，世界已进入电子传播时代，但文字传播仍然是人类传播极为重要且最为基本的传播方式。

甲骨文字的使用标志着商代进入了文字传播的崭新时期，影响深远，绵延至今。汉字传播具有其独有的持久性和延续性，三千多年前使用的甲骨文字这种传播符号，虽然数量已经增加，形体也有变化，但其构造的原则依旧，今天仍然被继续使用，被作为我们日常生活、大众传播、文化交流的重要媒介；而世界各民族在古代曾经使用的各种古文字都已先后消亡，唯有与甲骨文字一脉相承的汉字仍是今日通行的一种活文字，我们不能不叹服汉字这种传播符号所具有的历久弥新的独特生命力。汉字传播的另一个重要特点是其独有的普遍性和广被性。汉字这种具有独特形体的表意文字，即使国内各地方言不同也可以共同使用；它不仅是中国使用的文字，也是东南亚及东亚许多其他国家曾经共同使用的文字，如越南、朝鲜、日本等。直到今天，汉字仍被一些国家采用，作为它们文字的一部分而无法割离，成为当今世界上使用人数最多的一种文字。肇始于商代的文字传播超越时空限制，使中华民族几千年来始终团结统一，因而形成了世界上最伟大的文化整体之一，无论在古代还是当代，它对世界各民族之间的文化交流与传播都显示出巨大而深远的影响力。①

二、商代进入人神传播的鼎盛时期

商代是一个以神为本的神权统治时代。商代诸王依靠预兆和神谕的神权力量来统治国家、管理民众，形成了独特的政治形态，与这种政治形态相适应的传播形态是人神之间的交流和沟通。② 迄今发现的十五万片以上的甲骨文字实物资料都是神权政治和人神传播的历史记录，这足以说明商代进入了神权政治与人神传播的鼎盛时期。

甲骨是商代人神传播重要的传播媒介，甲骨占卜是殷商时期人神交流和沟通的特殊的传播方式。《礼记·表记》说："昔三代明王皆事天地之神明，无非卜筮之用。"《史记·龟策列传》说："夏殷欲卜者，乃取蓍龟。"卜和龟是指烧灼龟甲或兽骨并视其坼纹兆象以判断吉凶，而筮与蓍则指揲蓍草据数列预测休咎，这两者是中国古代广泛流行的主要占卜方法。殷商时期主要使用卜与龟，而筮与蓍间或用之。商代占卜，一般是在骨版的一面进行烧灼，使另一面因受热而坼裂出现兆象，占卜者依照兆象多寡、长短、纵横等的不同来预测未来。这其实是利用甲骨这个特殊的传播媒介进行天地人神之间的对话交流的特殊传播活动。在这种特殊的传播活动中，人神传播与一般的人际传播截然不同，人与神不能直接对话，只有具有特殊禀赋的巫祝人员才能以甲骨这个特殊的媒介实现人神对话。龟甲或兽骨经过烧灼之后出现的纵横交错的裂纹（兆象）就是商代诸神对巫祝人员所提问题的回答，这种回答就是神谕神命。商代诸王正是利用甲骨占卜这种特殊的传播方式获取预兆和神谕来作为重要的统治手段，以神权的名义行使王权，从而使其统治更加具有神圣性和合法性。

在人神传播的鼎盛时期，商代诸神是商代传播最重要的信息生产者与传播者，几乎所

① 钱存训：《书于竹帛：中国古代的文字记录》，上海书店出版社 2006 年版，第 2～3 页。

② 巫称喜：《神权政治与商代信息传播》，《新闻与传播研究》2009 年第 4 期，第 34 页。

有的甲骨卜辞所记载的事件与信息都是商代诸神权能所致。而商代诸王与贞人是商代信息传播重要的信息受传者与传播者，几乎所有的甲骨卜辞所记载的内容都是商代诸王与贞人对神谕神命的解读与预测。人神传播是商代传播的主要特征，商代信息以预测性信息为主的特点正是由人神传播这种特殊的传播形态所决定的。

三、商代进入叙事传播的初创时期

传播是人类与生俱来的一种行为，叙事同样是人类社会与生俱来的一种行为。[①] 人类社会实际上是一个需要不断进行能量交换的开放系统。人类接触社会与自然界带来的各种刺激以及人类生存和发展本身的需要，导致传播与叙事成为人类的一种不可或缺的要求。叙事是对含事信息的叙述，传播是对含事信息的发送与接收，因此叙事与传播互为表里，实为一体，都是为了信息而存在的。叙事传播是人类基本的传播方式之一，以口语为媒介的叙事传播是第一阶段，以文字为媒介的叙事传播是第二阶段，甲骨卜辞是中国以文字为媒介的叙事传播的最早代表，所以我们认为商代已进入以文字为媒介的叙事传播的初创时期。

甲骨叙事创立了一种能够容纳基本叙事要素的文字组织形式。[②] 甲骨卜辞可看作商代诸王、贞人与诸神之间沟通交流的文字通信。一条完整的卜辞一般包括叙辞、命辞、占辞和验辞四个部分，呈现为如下形式：

（1）叙辞——记录占卜的时间、地点和贞人名字。

（2）命辞——记录贞人占卜预测的结果。

（3）占辞——记录商王占卜预测的结果。

（4）验辞——记录占卜之后贞人或商王占卜预测的结果得到应验的事实。

以下是一篇典型的卜辞，收录于《甲骨文合集》（简称《合集》）第 94 版正面：

（1）（叙辞）甲辰卜，亘。

（译文：在甲辰日占卜，贞人“亘”。）

（2）（命辞）贞：今三月光呼来。

（译文：贞人预测：现在这个三月份，光可能会叫人来。）

（3）（占辞）王占曰：其呼来，迄至唯乙。

（译文：商王预测说：可能会叫人来，可能乙日到。）

（4）（验辞）旬有二日乙卯，允有来自光，以羌刍五十。

（译文：结果十二天以后，即乙卯那天，果真有人从光地来，带来了五十个羌方的畜牧奴隶。）

恩格斯曾经指出：“一切存在的基本形式是空间和时间。”[③] 历史记录的四要素是时

① 傅修延：《先秦叙事研究——关于中国叙事传统的形成》，东方出版社 1999 年版，第 14 页。

② 傅修延：《先秦叙事研究——关于中国叙事传统的形成》，东方出版社 1999 年版，第 43 页。

③ 恩格斯：《反杜林论》，见中共中央马克思恩格斯列宁斯大林著作编译局编：《马克思恩格斯选集》（第三卷），人民出版社 1972 年版，第 91 页。

间、地点、人物和事件的始末，与此相类，美国传播学家 H. 拉斯韦尔提出“新闻五要素”，即“谁”（Who）、“什么”（What）、“时间”（When）、“地点”（Where）和“原因”（Why）这五个不可或缺的“五 W”。在这则叙辞、命辞、占辞、验辞俱备的卜辞中，叙事的四个要素即时间、地点、人物和事件都有反映，可以看出，甲骨卜辞的基本格式主要是围绕“卜”、“贞”、“占”依次进行的三个环节以及“验证”这个最终环节来设计的，因而也为容纳这些“W”留出了空间。我们应当指出的是，只有“叙辞 + 命辞 + 占辞 + 验辞”、“叙辞 + 命辞 + 验辞”等形式才能完全包含“五 W”要素，它所包含的信息最多。其他形式的卜辞总是缺乏“五 W”要素之中的某一项或几项，其所承载的信息量随所含要素的减少而相应减少，有的甚至导致卜辞信息不全。

甲骨叙事形成了一种简练经济的叙事风格。与竹片、木条之类的文字载体相比，甲骨作为文字书写材料更为珍稀昂贵。商王国其实不产龟，供祭祀、占卜、书写之用的龟甲只能依赖方国部族的进贡；再者甲骨上的书写空间相对较为局促，叙事者必须选取最重要的事实作出叙述，行文也因之尽可能简略。唐代刘知几在《史通·叙事》中说：“夫国史之美者，以叙事为工；而叙事之工者，以简要为主。”后世总结的这种“寡事省文”的叙事原则，首先是在甲骨叙事中实践的。《合集》第 10405 版反面有一段著名的“出虹”记载：

王占曰：有祟！八日庚戌有各云自东，宦母。昃，亦有出虹自北，饮于河。

（译文：商王预测说：可能有灾祸出现。占卜之后的第八天庚戌日，从东方涌来一片乌云，天空东北方阴暗下来。太阳偏西的时候，北方上空也出现了虹，它在黄河里饮水。）

验辞仅 21 字，叙述了彩虹的形成条件和出现过程，时间、方位、地点与现象等相关事实要素无一遗漏，显示了商人观察的认真与记录的精练。甲骨叙事实际上是一种官方叙事，其内容主要是为商王占卜祭祀、农事、征伐、游猎等重要举措是否吉利，这种记事唯大的做法自然从整体框架上保证了文字的简省，这大概也是后世史家“常事不书”的滥觞。颇为有趣的是，法国历史学家汪德迈先生将我们今天所能见到的代表编年体裁最古老的样本《竹书纪年》与甲骨卜辞进行比较，认为“只要将最具代表性的刻辞甲骨按照时间先后顺序加以整理，便可以得到一套类似于粗略地处理的记录……只要将甲骨卜辞包含的序辞（笔者注：即叙辞）改写相应的年、季、月、日的时期，并将命辞再记录，而去掉别的兆语、序数字等等就可以了……如果我们将以上假设陈述的编纂卜辞之办法对武丁时代的几则卜辞加以验证，那么所得出的文本便与《竹书纪年》记录的武丁年代文献非常地近似”①。由此可见，甲骨叙事形式与叙事风格对中国古代叙事传统的形成产生了深远的影响。

① 饶宗颐主编：《华学》［第九、十辑（一）］，上海古籍出版社 2008 年版，第 23 ~25 页。

目　录

中　编

下　编

上 编

第一章　甲骨卜辞命辞性质

关于甲骨文字以及甲骨卜辞的性质，钱存训先生有一段极为精辟的论述："中国古代的文字，不仅是人与人往来的工具，也是人与鬼神之间的媒介。前者可说是横面的交流，后者乃是直线的联系。中国文字在发展的初期，后者的分量和前者同样占有很重要的地位。我们知道，古代的甲骨文字是殷人占卜和祭祀时的一种记录。殷代是一个具有高度文明的农业社会，宗教信仰是殷人生活中重要的一环，天、地、鬼、神俱为人们所膜拜。尤其是祖先的庇荫与预兆，更为其子孙所祈求。他们认为奢侈的葬仪、丰厚的陪葬物品以及不断的祭祀，能讨祖先的欢心，因而得到更多的荫佑。殷人将文字记录应用在各种不同的场合，作为人鬼之间交流的桥梁。祭祀时，用文字昭告鬼神来享受奉献；祈祷时，也用文字来表达愿望，这显然和西方文化中口祷或默祷者不同。占卜时，贞人常将所贞问的事刻在龟甲或牛骨上，有时并将应验的事契刻在所卜问的事件之后。因此，殷人当时的卜祭和生活记录，乃得以保存。"① 我们认为，殷墟甲骨卜辞是我国现存最早的成系统的信息传播特别是人神传播的真实记录，是有文字可考的中国传播史研究的起点。然而甲骨卜辞特别是甲骨卜辞命辞的性质问题一直存在争议，其性质的研究直接关系到甲骨卜辞的通读与研究，关系到自然、社会、人文等众多学科对甲骨卜辞材料的采信与利用，关系到甲骨卜辞能否作为商代传播史研究的文献材料，因此，我们必须对此重大问题作出我们自己明确的回答。

一百多年以来，关于甲骨卜辞命辞是贞人发问之辞，还是贞人陈述之语，即关于殷墟甲骨卜辞命辞材料属性的讨论，实际上已形成了三个主要学派：①传统学派认为命辞是疑问句，是贞人对神龟的发问，此派国内学者主要有罗振玉、郭沫若、陈梦家等人，国外学者有张聪东、许进雄、张光直等人；②革新学派则认为命辞是陈述句，此派主要包括国外学者吉德炜、舒莱、白川静、高岛谦一、雷焕章等人；③兼有学派认为命辞有一部分是疑问句，有一部分则不是，此派国内学者主要有李学勤、裘锡圭等人。如果命辞是贞人发问之辞，甲骨卜辞就没有多少史料价值可言，那么商代史研究将陷入没有史料支撑的尴尬境地。有些学者在进行语言文字研究时将命辞看成是疑问句，在进行历史文化研究时则不仅把命辞当作陈述句，而且把命辞当作真实发生过的史实材料（真实性信息）来使用，这种模棱两可的骑墙派做法是值得我们深入反思的。如果命辞为贞人的陈述之语，甲骨卜辞就可以成为商代传播史研究的重要文献材料。这是因为自古至今信息分为两大类型：真实性信息与预测性信息，比如现在大家关注的天气预报、经济预测、军情预测等都属于预测性信息范畴，甲骨文命辞与占辞都叙述未然之事，都是预测性信息，它们作为商代传播史研究的文献材料是十分契合的，也是极其重要的。

---

① 钱存训：《书于竹帛：中国古代的文字记录》，上海书店出版社2006年版，第4～5页。

第一节　三大学派与三大问题

张玉金所著《甲骨卜辞语法研究》（第一编）专门就关于殷墟甲骨卜辞命辞的语言本质及语气（材料属性）问题的种种观点进行了学术源流的详细梳理与论辨，是目前研究甲骨卜辞命辞问题较全面、深入的著作。① 我们主要参考张玉金的著作，对三大学派的主要观点略作介绍。

一、传统学派

（1）卜辞疑问说。前辈学者罗振玉、郭沫若、陈梦家等认为卜辞里“贞”字之后的命辞均为疑问句。他们遵从《说文》中的“贞，卜问也”的训释，此说影响深远，被甲骨学界普遍接受。

（2）卜辞命龟说。董作宾认为：“贞训‘卜问’，卜以决疑，因有疑问而问之于龟，所以贞辞（笔者注：即命辞），也就是问事命龟之辞。”② 卜辞命龟说其实跟卜辞疑问说一样，都把命辞看成疑问句。

二、革新学派

（1）卜辞修祓祝祷说。这是日本学者白川静在《卜辞本质》一文中提出的观点。③ 他认为，卜辞的语言具有修祓祝祷的性质。“修祓”指除去不祥凶祸，“祝祷”指商王作为“群巫之长”通过神龟向宇宙统治者祈求卜意的实现。由于卜辞语言的本质如此，因此卜辞的命辞不能被看成疑问句。

（2）卜辞预言宣言说、卜辞魔力说、卜辞二元论的魔力说。这三种观点都是美国学者吉德炜在《释贞——商代贞卜本质的新假设》一文中提出的观点。商代卜辞语言不是质问，而是预言和宣言，此为“卜辞预言宣言说”；命辞是对未来的咒语，卜兆是对未来的象征性的表示，甲骨卜辞具有咒语魔术性质，此为“卜辞魔力说”；可以将“正”和“反”的命题理解为形而上学的均衡性，肯定和否定有着原理上的、有机的密切关系，在人们面前哪个都有实现的可能性，此为“卜辞二元论的魔力说”。④

（3）卜辞综合说。这是日本学者高岛谦一在《殷代贞卜言语的本质》一文中提出的观点。⑤ 他认为甲骨卜辞命辞都不是疑问句，而是关于甲骨卜辞命辞语言的本质，其可以用修正的卜辞命龟说来解释，可以用修正的修祓祝祷说来解释，可以用修正的卜辞预言宣

---

① 张玉金：《甲骨卜辞语法研究》，广东高等教育出版社 2002 年版，第 1 ~ 92 页。

② 台湾中央研究院历史语言研究所：《安阳发掘报告》（第三期），台湾中央研究院历史语言研究所 1929 年版，第 426 ~ 634 页。

③ 转引自张玉金：《甲骨卜辞语法研究》，广东高等教育出版社 2002 年版，第 6 页。

④ 转引自张玉金：《甲骨卜辞语法研究》，广东高等教育出版社 2002 年版，第 7 ~ 13 页。

⑤ 转引自张玉金：《甲骨卜辞语法研究》，广东高等教育出版社 2002 年版，第 13 ~ 16 页。

言说来解释，也可以用修正的卜辞魔力说或修正的卜辞二元论的魔力说来解释，这就是他的“卜辞综合说”。

三、兼有学派

（1）李学勤认为，使用“不”、“乎”、“报*”（裘锡圭释为“抑”）、“执”等词的师组卜辞，应该看作疑问句。[①] 李学勤在《续论西周甲骨》一文中认为“西周卜辞都不是问句”，由此认定有“正”、“有正”等文字的商代甲骨卜辞也肯定不是问句。[②]

（2）裘锡圭赞同李学勤提出的“抑”、“执”是句末语气词的看法，认为有这两个句末语气词的卜辞应看作疑问句，而大部分卜辞不能肯定是问句。[③]

三大主要学派的论争主要集中在以下三个方面：

（1）关于“贞”字的意义问题。传统学派始终以《说文》中的“贞，卜问也”作为其立论与反驳革新学派的主要利器。革新学派试图对“贞”字作出新的阐释，以立己见。关于“贞”字，吉德炜解释为“规定”，舒莱解释为“测验”，倪德卫解释为“正式认定”，雷焕章解释成“某主持占仪”，高岛谦一解释成“正命辞”。[④] 各家各自立说，毫无共识，难以否定传统学派。

（2）关于卜辞的形式问题。殷墟甲骨卜辞命辞有单贞、重贞、对贞和选贞四种基本形式。传统学派认为革新学派的理论对单贞卜辞具有一定的解释力，但与对贞卜辞的内容是矛盾的，而选贞卜辞的内容是不定的，革新学派的理论缺乏解释力。

（3）关于“抑”、“执”等字是否为表示疑问的句末语气词的问题。李学勤、裘锡圭都认为，有时“抑”单用，有时“执”与“抑”配合使用构成疑问句，而高岛谦一提出新的假说——“执抑名词说”，但其实把“执”、“抑”看作名词是错误的。

第二节　五个关键词与不同观点

传统学派与革新学派争论的焦点主要在于“卜”、“贞”、“占”、“抑”、“执”等字在甲骨卜辞中的意义，实有再次讨论的必要。

一、“卜”字之义

《说文》：“卜，灼剥龟也。火炙龟形。一曰象龟卜之纵横。”此说解包含两层意思：一为烧灼龟甲，二为龟甲经烧灼之后所呈现的裂纹（兆象）。在甲骨卜辞中，“卜”字一般放在表示时间的干支之后，如“丙子卜”（《合集》5611 正）指“在丙子这一天占卜”，“卜”在这里为动词，意为“灼龟甲（或兽骨）以取兆”。此外，卜辞中有“一卜”乃至

① 李学勤：《关于师组卜辞的一些问题》，见中华书局编辑部编：《古文字研究》（第三辑），中华书局 1980 年版。

② 李学勤：《续论西周甲骨》，《中国语文研究》1985 年第 7 期，第 71 页。

③ 裘锡圭：《关于殷墟卜辞命辞是否问句的考察》，《中国语文》1988 年第 1 期。

④ 转引自张玉金：《甲骨卜辞语法研究》，广东高等教育出版社 2002 年版，第 17～18 页。

“六卜”的用语：

【例1】壬申卜……用一卜。（《合集》21401）

（译文：壬申日占卜……可以采用第一卜。）

【例2】王占曰：唯二卜……（《合集》17669）

（译文：商王推测说：可以采用第二卜……）

【例3】其用三卜。（《合集》31677）

（译文：可以采用第三卜。）

【例4】丁巳卜，王贞四卜：呼比征方。允获。（《合集》20451）

（译文：丁巳日占卜，商王对第四卜进行推测：可以命令联合征伐方方。真的有所俘获。）

【例5】五卜。（《甲》268）

（译文：可以采用第五卜。）

【例6】戊子卜，用六卜。（《合集》22046）

（译文：戊子日占卜，可以采用第六卜。）

这类明记“一卜”至“六卜”的用语都出现在命辞或占辞之中。殷商王朝的甲骨占卜，每每一事多贞，通常一块乃至几块甲骨同卜一事，卜用三骨是其常制。“一卜”至“六卜”是指同卜一事时所用的龟骨之数，“卜”在上引辞例中应为名词，取“兆象”之义，“用三卜”的意思是采用第三块甲骨所呈现的兆象。

二、“占”字之义

陈梦家认为：“卜辞通例，凡命辞都是发问，占辞都是预测也是发问。”① 张玉金认为“‘占’，《说文》解释为‘视兆问也’，用今天的话来讲，就是指占卜时察看甲骨上坼裂的兆象以揣度吉凶的行为”②。他还指出“‘王占曰’都应译为‘殷王看过卜兆后推测说’”③，而“这时说出的话必然是测度性的疑问句”④。张玉金直接把“占”解释为“推测”，而“推测”之义正是由“视兆问也”的“问”字得出的，在这里“问”恰恰不是“发问”之义。陈、张二家之说，对“占”与“王占曰”的解释是相互矛盾的，既解释为预测、推测，又解释为发问、疑问。按常理，绝对不能将两种相互矛盾的解释糅杂在一起。要么是预测、推测，要么是发问、疑问，二者绝不可能并存于同一条占辞之中。问题出在哪里呢？其症结在于囿于《说文》的说解，将“占”释为“发问”，同时无法否定占辞的预测功能。陈梦家只好说：“占辞是预测也是发问。”张玉金则一方面将“占”正确解释为“推测”，另一方面又错误地将占辞定义为“测度性的疑问句”，这些都实属不得已而为之。

① 陈梦家：《殷虚卜辞综述》，中华书局1988年版，第86页。

② 张玉金：《甲骨卜辞语法研究》，广东高等教育出版社2002年版，第87页。

③ 张玉金：《甲骨卜辞语法研究》，广东高等教育出版社2002年版，第87页。

④ 张玉金：《甲骨卜辞语法研究》，广东高等教育出版社2002年版，第88页。

“占”与“卜”在卜辞中又是什么关系呢？下面一条卜辞颇能说明问题：

【例7】王寻占光卜曰：不吉，有祟。（《合集》94反）

[张玉金译文：殷王不久根据“光”所得的卜兆（笔者注：卜兆即兆象）推测说：可能不会吉利，恐怕有祟。]①

“光”是甲骨卜辞仅见的几个可知名字的命龟取兆的“卜人”，“卜”指“兆象”是其明证。如果将“占”字之义释为“推测”（张玉金对例7的释文正是将“占”释为“推测”），自然“占，视兆问也”之“问”也应释为“推测”。如果视“占”之义为“发问”，那么商王是对“光”所得的兆象发问吗？显然，“发问”之对象应该是占卜时所用之龟，而不是卜人灼龟之后出现的兆象。“卜”为兆象，“占”为“推测”，“卜”为“占”关涉之对象。

三、“贞”字之义

既然《说文》“占，视兆问也”之“问”应释为“推测”，那么《说文》“贞，卜问也”之“问”同样可以释为“推测”。“卜问”即据卜以问——根据兆象来推测。卜辞有“贞卜”连用之例，颇能说明“贞”实为“推测”，而非“发问”。

【例8】庚戌卜，中贞卜，有祟。（《合集》26098）

（译文：庚戌日占卜，贞人“中”对兆象进行预测：可能有祸害。）

【例9】己丑卜，大贞卜，祟其于王。（《合集》26095）

（译文：己丑日占卜，贞人“大”对兆象进行预测：对商王可能有祸害。）

【例10】壬午卜，中贞卜曰：其尸*九月。丁亥卜，大贞卜曰：其又尽升岁自上甲。（《英藏》1924）

（译文：壬午日占卜，贞人“中”对兆象进行预测说：可以在九月举行尸*祭。丁亥日占卜，贞人“大”对兆象进行预测说：可以对上甲开始的诸位先公先王进行又祭、尽祭、升祭、岁祭。）

【例11】辛丑卜，争贞我卜，多不吉。（《合集》16）

（译文：辛丑日占卜，贞人“争”对卜人“我”所获兆象进行预测，可能很不吉利。）

有学者认为应将“贞”与“卜”之间点断，那么例8就只能译为：“庚戌这一天占卜，贞人“中”预测：兆象有祸祟。”而例9就只能译为：“己丑这一天占卜，贞人“大”预测：兆象对王有祸祟。”这种句读导致句意不畅，有生硬拆分之嫌。如果在“中贞卜曰”（例10）、“大贞卜曰”（例10）中间点断，就成为“中贞，卜曰”、“大贞，卜曰”，那么贞人“中”与“大”他们“贞”而不见内容，而“卜”（兆象）自说自话吗？将“中（大）贞卜曰”理解为“贞人‘中’（或‘大’）根据兆象预测说”则句意通畅。例11与例7相比较，有异曲同工之妙，“争贞我卜”译为“贞人‘争’对卜人‘我’所获兆象进行预测”顺理成章。因此“贞卜”、“贞卜曰”、“贞我卜”都不能从中强行拆开。

① 张玉金：《甲骨卜辞语法研究》，广东高等教育出版社2002年版，第68页。

卜辞里“贞四卜”之例也说明“贞”并非“发问”，而是“预测”。如果将例4标点为：“丁巳卜，王贞，四卜：呼比征方。允获。”那么“四卜”与前辞后语不相连属，几乎成为意义断片，显然“贞四卜”不能拆分。“贞四卜”意为“根据第四块龟甲（或兽骨）所显现的兆象进行预测”。总而言之，“贞卜”连用意为“根据兆象进行预测”，“贞卜曰”、“贞四卜”之义可依此类推。

四、“抑”、“执”字之义

自李学勤、裘锡圭等提出甲骨卜辞的“抑”、“执”是表示疑问的句末语气词以后，传统学派得到了有力支持，革新学派更加难以立足。其实我们只要认真分析这些卜辞用例的结构与语义，也可以对这个问题作出合理的解释。

【例12】癸酉卜，贞：方其围今二月抑，不执。余曰：不其围。允不…（《合集》20411）

［译文：癸酉日占卜，贞人预测：方方二月可能会围击我们，也可能不会围击我们。我（商王）推测说：可能不会围击我们。真的没有围击我们…］

卜辞中“贞：方其围今二月抑，不执”其实是对贞卜辞的一种特殊形式，只不过是将正反两意并于一条卜辞中，可改为：“贞：方其围今二月。贞：方不其围今二月。”从一般对贞卜辞的结构与语义推断，“抑”与“执”表示一种揣测性语气，应是表揣测的句末语气词，可译为“吧”，而不是表疑问的句末语气词。目前关于“执”、“抑”的甲骨文字形的隶定与释义尚有很大争议，而且后世文献也没有将与卜辞用法相对应的“执”、“抑”作为句末疑问语气词的用例，将“执”、“抑”视为句末疑问语气词未必可靠，因此我们认为把这类句子看作陈述句较为稳妥。

第三节 占卜程序与卜辞内容

对于甲骨卜辞命辞语言本质即材料属性的论争，传统学派视野局限于甲骨卜辞语言本身，往往撇开占卜程序，就语言论语言；而革新学派则多从宗教、文化的角度出发，热衷于提出新说，往往与商代甲骨卜辞语言的真实情形不相吻合。因此我们不仅要根据甲骨卜辞本身探求“卜”、“贞”、“占”之真正用法与意义，更需要从商代占卜程序入手，揭示“卜”、“贞”、“占”之间以及叙辞、命辞、占辞之间的有机联系与内在逻辑。

宋镇豪认为：“一般说来，殷代的占卜程序，在完成准备手续之后，先把所卜事情告之于甲骨，通谓之‘命龟’；然后灼龟视兆，依兆象定吉凶，有关占断语就是兆辞；最后再据兆辞决定事情的可行性。”① 一般认为，商代占卜分为五个基本步骤：①取龟、攻龟；②命龟；③灼龟（骨）取兆（卜兆）；④占龟；⑤刻辞。这五道程序目前在现存有字甲骨上只能看到“卜兆”与“刻辞”。刻辞中的“命辞”一般理解为“命龟”之辞，“占辞”

① 宋镇豪：《殷代“习卜”和有关占卜制度的研究》，《中国史研究》1987年第4期，第93页。

一般理解为“占龟”之辞。要研究刻辞中的“命辞”是否就是命龟之辞，就需要搞清楚“贞人”在占卜程序中主要从事哪道程序的工作，其职能和作用又是什么。甲骨卜辞所反映的商代从事占卜的人员有“卜人”、“贞人”、“占人”（多为商王）。卜辞中直书“卜人”之名字者极少，确知的只有“光”、“我”等人，而“贞人”则多达百人，“王”有时也参加占卜活动。我们认为商代占卜集团由卜人、贞人、占人三类主要成员构成，卜人司“卜”，贞人司“贞”，占人司“占”，各司其职，相互配合，共同完成一次占卜活动。从例7“王寻占光卜曰”与例11“争贞我卜”能够推定卜人“光”、“我”为命龟与灼龟取兆之人，他们承担命龟、灼龟取兆的职责。卜人将要询问的事情告诉神龟（命龟）并且烧灼甲骨，使其呈现各种兆象，为贞人、商王领悟神旨、预测未来做好基础性服务工作。因此卜人在占卜过程中必须完成“命龟”与“灼龟（骨）取兆”两道程序，具有“命龟取兆权”。贞人的主要职责是“占龟”，即根据卜人获得的兆象，认真仔细察看并对未来事物发展的信息作出初步推断预测，具有“信息初测权”。因此“命辞”应为贞人“占龟”之辞而非“命龟”之辞。贞人从事“贞”（预测信息）这项工作，主要是为商王进行最后的信息预测提供参考。贞人的预测结果在卜辞中以命辞形式出现。“王”也参加“占龟”，他一方面要听取贞人的初测意见，另一方面要亲自观察卜人所获得的兆象，将贞人之初测结果与龟甲或兽骨所显之兆象综合考察，对某件事情作出最终的推断预测，占卜结果由商王说了算，因此商王拥有“信息终测权”。商王的预测结果在卜辞中以“占辞”的形式出现。甲骨卜辞命辞与占辞关系密切，命辞往往规定了占辞的题材范围，占辞往往以命辞所涉及的内容作为预测的基础，这颇能说明贞人的初步预测是为商王最终预测做准备的，而商王在卜人和贞人工作的基础上完成最终的信息预测。从卜辞实际用例，便能更直观地看到卜人、贞人、商王的职能和作用。

【例13】甲辰卜，亘贞：今三月光呼来。王占曰：其呼来，迄至唯乙。旬有二日乙卯，允有来自光，以羌刍五十。（《合集》94正）

（译文：在甲辰日占卜，贞人“亘”预测：现在这个三月份，光可能会叫人来。商王预测说：可能会叫人来，可能乙日到。结果十二天以后，即乙卯那天，果真有人从光地来，带来了五十个羌方的畜牧奴隶。）

这则卜辞内容完整，包括叙辞、命辞、占辞、验辞，是在内容上具有内在联系的有机整体。卜人（卜辞未见其名）在甲辰日灼龟取兆，贞人“亘”作出初步预测，信息内容笼统粗略，商王根据贞人的预测结果与卜人所获兆象作出最终的预测，信息内容更为具体细致，而事后贞人之预测与商王之预测都得到了验证。“卜”、“贞”、“占”三字依次使用，叙辞、命辞、占辞依次排列，正反映出商代占卜是井然有序、环环相扣的系统工程，这种连续性极强的占卜活动是一个程序规范又颇具理性色彩的内在逻辑进程。而如果将命辞“亘贞：今三月光呼来”看成“贞人‘亘’问道：现在这个三月份光会叫人来吗”，命辞与占辞岂不成了贞人与商王之间的一问一答式的对话，那么我们不禁要问：贞人是向商王发问吗，商王是在回答贞人吗？命辞与占辞显然不是贞人与商王之间的问答对话。如果将命辞看成发问，将会发现这种占卜活动缺失一个关键环节，卜辞内容缺少一部分必须具备的内容，那就是占卜预测的结果，这正是占卜目的之所在。如果贞人在整个占卜过程中真的是只发问而不求预测结果，那么占卜又有什么意义呢？贞人在殷商王朝拥有尊贵的地位与显赫的权力，其职责只是发问，这无论如何都说不过去。诚然，“卜以决疑”，“决疑”需要发问，更需要通过具体的预测实现“决疑”之目的，“发问”只是决疑的第一步，更重要的一步是预测，只问无答或只问不测都无法达到“决疑”之根本目的。更何况卜用龟甲如此稀有昂贵，现存的十余万片甲骨卜辞若仅仅是为了记录无法提供任何答案的发问之辞，其成本未免过高。如果我们将贞人之命辞视为贞人预测之言，那么贞人之“贞”与商王之“占”的确也像是一场对话，贞人与商王相互切磋，交流各自预测结果的情状跃然纸上。因此，我们认为，甲骨卜辞命辞并非贞人发问之辞，而是贞人预测之言。卜人承担“命龟”职责而非贞人承担，卜人的发问之辞即“命龟”之辞，在龟甲或兽骨上并未加以记录，其原因大略有三：一是龟甲或兽骨等刻写材料稀有珍贵，若将卜人发问之辞一并刻上，势必增加成倍的书写材料，成本昂贵；二是发问之辞与预测之言相比较，预测之言的实用价值显然高于发问之辞，只记预测之言而不记发问之辞，也是正常合理的；三是发问之辞与预测之言内容相差不会太大，内容雷同不可避免，二者都记录确实没有多大必要。

第四节　对贞、选贞卜辞与预测结果多样性

甲骨卜辞命辞有单贞、重贞、对贞、选贞四种形式，而关于对贞、选贞是否为疑问句分歧较大。在讨论对贞、选贞卜辞与预测结果多样性问题之前，先引用一些甲骨卜辞用例：

【例 14】贞：我受黍年。不其受黍年。(《合集》376 正)

[译文：贞人预测：我（商王国）的黍可能会有好年成。我（商王国）的黍可能不会有好年成。]

【例 15】戊子卜，殻贞：帝及今四夕令雨。贞：帝弗其及今四夕令雨。王占曰：丁雨，不唯辛。旬丁酉，允雨。(《合集》14138)

(译文：戊子日占卜，贞人“殻”预测：到第四天晚上上帝可能会命令下雨。贞人预测：到第四天晚上上帝可能不会命令下雨。商王推测说：丁酉日可能会下雨，可能不会在辛卯日即第四天下雨。这一旬丁酉日果然下雨了。)

【例 16】戊寅卜，贞：雷凤其来。雷凤不其来。王占曰：(雷）凤其出，其唯丁。丁不出，其有疾。(《合集》3945 正反)

[译文：戊寅日占卜，贞人预测：雷凤（人名）可能会来。雷凤可能不会来。商王推测说：(雷）凤如果来，可能是在丁日。丁日不来，可能是他有病。]

【例 17】辛酉卜，殻贞：今春王比望乘伐下危，受有佑。辛酉卜，殻贞：今春王勿比望乘伐下危，弗其受有佑。(《合集》6482)

[译文：辛酉日占卜，贞人“殻”预测：今年春天商王联合望乘（部族首领）攻打下危，可能会受到保佑。辛酉日占卜，贞人“殻”预测：今年春天商王不联合望乘攻打下危，可能不会受到保佑。]

【例18】四鹿获。五鹿获。(《合集》28324)

(译文：可能猎获四头鹿。可能猎获五头鹿。)

【例19】戊辰卜，争贞：它*羌自妣庚。贞：它*羌自高妣己。王占曰：其自高妣己。(《合集》438正)

(译文：戊辰日占卜，贞人“争”预测：可以从妣庚开始用羌进行它*祭。贞人预测：可以从高妣己开始用羌进行它*祭。商王推测说：可以从高妣己开始祭祀。)

【例20】卯其五牢。其十牢。其十又五牢。(《合集》31107)

(译文：可以用五头圈养的牛进行祭祀。可以用十头圈养的牛进行祭祀。可以用十五头圈养的牛进行祭祀。)

【例21】翌日壬王其必于丧，无灾。于盂，无灾。于宫，无灾。(《屯南》258)

(译文：明天壬时商王从丧地经过，可能没有灾祸。从盂地经过，可能没有灾祸。从宫地经过，可能没有灾祸。)

【例22】贞：戠受年。贞：蜀受年。王占曰：戠暨蜀受年。(《乙》6423)

(译文：贞人预测：戠可能会有好年成。贞人预测：蜀可能会有好年成。商王推测说：戠暨蜀都可能会有好年成。)

【例23】己巳王卜贞：今岁商受年。王占曰：吉。东土受年。南土受年。吉。西土受年。吉。北土受年。吉。(《合集》36975)

(译文：己巳日商王占卜预测：今年商王国可能有好年成。商王推测说：吉利。东土可能有好年成。南土可能有好年成。吉利。西土可能有好年成。吉利。北土可能有好年成。吉利。)

例14～例17为对贞卜辞，例18～例23为选贞卜辞。对贞卜辞由意义正反相对的两句命辞构成，很自然地让人们认为是贞人从正反两方面向神龟发问，以求神龟的回答，这是传统学派得以轻易立说而不易被革新学派驳倒的客观原因所在。革新学派各家学说虽能解释表示“正”意的命辞，将这部分命辞视为陈述句，但无一不遇到表示“反”意的命辞恰恰又是其学说之反证这一不可逾越的障碍。于是舒莱提出“其”字能表达占卜者不期望的语气这种见解，以使正反两辞的语意基本趋于相同。① 问题是“其”不仅仅用在表达“反”意的命辞中，也出现在表示“正”意的命辞中。不管如何解释，都无法解决反证的存在。如果对贞卜辞只允许一种预测结果存在，那么对贞卜辞是陈述句的立论就站不住脚。而选贞卜辞由两条或两条以上命辞构成，分别表达了各自不同的内容，自然也让人们联想到这是贞人就不同问题多次向神龟发问，以期得到其中一种明确的选择。如果选贞卜辞只允许一种预测结果存在，那么选贞卜辞为陈述句的立论也同样站不住脚。

为什么甲骨卜辞命辞会出现四种不同形式？这是我们必须认真思考并作出明确回答的问题。其关键在于决定事物发展趋势的因素是单一性的还是多样性的问题，它具体反映在占卜预测之上，就有兆象显现的一种可能性与多种可能性及预测结果的单一性与多样性问题。决定未来事物发展的因素有时是单方面的，有时是多方面的，这就决定了事物的发展趋势有时只有一种，有时多种并存，也决定了事物未来发展的可能性有时只有一种，有时

① 转引自张玉金：《甲骨卜辞语法研究》，广东高等教育出版社2002年版，第41～42页。

则有多种。众所周知，商代占卜其实是人与神之间的对话，实现人神对话最重要的两个步骤是灼龟或骨取兆和视兆预测（占龟）。龟甲或兽骨经过烧灼之后，会出现纵横交错的裂纹（兆象）。这种兆象就是商代诸神对于卜人问龟的回答，就是未来事物发展趋势与可能性的特殊反映，贞人和商王就是根据这种兆象来预测未来的。在占卜时，有的兆象只呈现出一种可能性，预测时就只能获得一种预测结果；为了确保预测的正确，有时反复灼龟取兆几次，而这几次的兆象都显现出同一种可能性，预测时只能获得相同的预测结果，这就是单贞卜辞、重贞卜辞产生的主要原因。有的兆象呈现出两种相反的可能性或多种可能性，预测时就会出现两种相反的预测结果或多种不同的预测结果，这大概就是甲骨卜辞出现对贞卜辞和选贞卜辞的主要缘由。对贞卜辞正反两种预测结果在未来成为现实时只有一种预测结果能得到验证，或两种预测结果都得不到验证，这是否意味着占卜者就不能作出两种结果相反的预测呢？再者，为什么这一种预测结果最终出现，而另外一种预测结果最终没有出现呢？这完全取决于决定事物发展趋势的各种客观条件或具体因素，在事物发展处在十字路口的关键时刻，当某个决定性因素或条件尚未出现时，事物发展就可能出现两种完全不同的趋势，占卜者自然而然地作出两种完全相反的预测结果，这等于告知求卜者事物发展到了关键阶段，需要做好各种应对预案。其实这是十分重要的，一旦这个决定性因素或条件出现了，就可以预测出这两种相反的预测结果将出现哪一种，说到底就是看事物是否具备导致预测结果最终出现的客观条件。

由例16占辞可知，如果雷凤要来的话，就会在丁日来，雷凤不来可能是因为雷凤“有疾（病）”，因此“来”与“不来”的决定性因素就是雷凤是否生病。这则卜辞的占辞说明商王对贞人的两种预测结果出现与否的原因进行了分析，让我们清楚地看到贞人为什么会作出两种完全不同的预测结论，这就有力地证明了占卜时出现正反两种不同的预测结果是完全允许的，一种预测结果可能出现而另一种预测结果可能不会出现是有其原因的，只是大量卜辞对其原因未加记录而已。我们只要去民间进行田野调查，就会发现占卜者经常作出两种完全相反的预测结论，只不过占卜者还会清楚地为求卜者指出决定两种完全相反的预测结论出现与否的那个客观条件或具体因素是什么，这个决定性因素如果出现则产生一种结果，如果不出现则产生与之相反的另一种结果。虽然古今占卜的方法、手段不同，但基本原理应该是相同的，这或许有助于我们了解商代甲骨占卜以及对贞卜辞产生的原因。而选贞卜辞的几种预测结果有时确实只可能有一种预测结果真实发生，例18事关猎获数量，例19事关祭祀先妣的先后次序，二者只能有其一，而例20事关祭牲数量，例21事关商王经过的地点的选择，三者只能有其一，但这并不意味着占卜时就只允许出现一种预测结果，贞人提出两种或两种以上预测结果是完全可以的。因为例19～例21的几种预测结果都是供商王备选的方案，最终的决断权掌握在商王手中，例19提出两个可供商王选择的祭祀对象，例20提出三种可供商王选择的关于祭牲数量的祭祀规格，例21提出三个可供商王选择的地点。从例19可知商王作出了明确决断，而例20、例21对商王所作出的明确决断没有记录。例18涉及捕获猎物数量，贞人提出两种预测结果，对最终捕获结果未加记录。我们认为，如果例18真的是发问（疑问句）的话，绝不可能问得如此具体明确，而应该是问“几鹿”，遗憾的是，甲骨卜辞中尚未发现表示疑问的疑问代词和确凿无疑、毫无争议的表示疑问的句末语气词，所以传统学派认定选贞卜辞就是疑问句，这既缺乏可靠的材料依据，也不符合占卜提问的常规。实际上选贞卜辞中确实也有允许贞人同时提出两种或多种预测结果的例证，而且这些预测结果完全可能在未来真实发生。如例 22 事关方国庄稼收成，贞人提出两种预测结果，商王也认同了贞人的两种预测结果，“鹹”、“蜀”都可以“受年”，这说明贞人同时提出两种预测结果是完全可以的，而且两种预测结果都是可能成立的，并不是非此即彼的情况。例 23 事关商国四方的年成好坏，在占卜过程中，“卜”、“贞”、“占”三个环节全部由商王一人完成，但每一个环节都有明确区分并分别记载，作为贞人的商王在“贞”这个环节有四种预测结果，作为占人的商王在“占”这个环节有三种预测结果（按卜辞通例，“吉”为商王的占辞），无论是三种预测结果，还是四种预测结果，都是可能出现的，也并不存在什么矛盾冲突，只是甲骨卜辞对“占”这个环节为什么只提出三种预测结果的真正原因未加说明和记录而已。

在一次占卜预测过程中得出几种不同的预测结果十分正常，这是兆象所呈现的多种可能性造成的。不同占卜者或同一占卜者面对同一兆象时得出不同的预测结果，恰恰符合占卜本身的特点。兆象具有呈现多种可能性的特点，使得贞人对含有多种可能性的兆象只能如实提出多种预测结果，这就是上述对贞卜辞、选贞卜辞有几种预测结果的真正原因，因此我们不能误以为对贞卜辞、选贞卜辞只允许一种预测结果存在。兆象呈现的多种可能性不可避免地导致相反的预测结果或多种不同的预测结果，明白这点，对贞卜辞、选贞卜辞应为陈述句而非疑问句就不难理解。我们特别强调，占卜就是占卜，占卜就以预测为最终目的。预测出现相反或多种不同结果甚至是错误的结果，是自然而然的事情。

甲骨卜辞命辞是陈述句，而且所有甲骨卜辞都不存在疑问句，除极少数祈使句、感叹句外都是陈述句，这一判断主要基于以下几点：①甲骨卜辞中的“卜”为“灼龟取兆”之义，“贞”、“占”都是“预测”之义，虽然词义相同，但适用对象有别，贞人常用“贞”，商王常用“占”；②决定事物发展趋势的因素有时是单一性的，有时是多样性的，事物的未来发展有一种可能性，也有多种可能性并存，兆象正是以其独特形式来反映这种状况的。兆象呈现的一种可能性与多种可能性决定了预测结果的单一、相同、相反与多样，这正是单贞、重贞、对贞、选贞形式产生的主要原因。因此甲骨卜辞命辞都是贞人预测之信息，具有信息属性，这正是商代传播史研究最直接、最可靠的研究材料。

第二章　甲骨卜辞命辞类型

如果要问甲骨学学者们事关甲骨学研究全局最为重大的问题是哪个，谁也不会否认是甲骨卜辞命辞是否为疑问句的问题。这个话题无法绕开，不断引起争论与研究。平心而论，甲骨卜辞命辞是否为疑问句的问题仍然没有真正解决，我们应当拓宽学术研究视野，寻找新的突破口。但如果我们仍然就语言论语言，就文化论文化，这个问题恐怕永远也无法得到解决。

第一节　古今占卜命辞比较

为了考察甲骨卜辞中的对贞卜辞、选贞卜辞这些语言形式是否在当今占卜者占卜实践中仍然存在，我们对一位算命先生进行了长达半年的田野调查，主要记录求卜者与占卜者的对话。这位算命先生只根据求卜者的生辰八字来占卜预测。

【案例一】

求卜者：先生，请你算算我有多少兄弟姊妹。

算命先生：你命中只有一个弟弟，一个姐姐。你弟弟可能不在人世了，也可能长命百岁。如果你自己五岁时破了相，你弟弟健康长寿；如果你自己没有破相，你五岁那年弟弟就不在了。你姐姐早已不在人世了。

【案例二】

求卜者：先生，请你算算我先生最近的运气。

算命先生：你先生目前病得很重，病可能会好，也可能好不了了。你婆婆病得更重，如果母亲先走（死），你先生肯定会好起来的，如果不是这样，那就没有办法了。母子相克，天命难违啊！

【案例三】

求卜者：先生，请你算算我的婚姻大事。

算命先生：你千万不要找北方的女子做老婆。东方可以，西方可以，南方也行。你的命决定你的婚姻北方不成。我还告诉你，你26岁有婚姻，27岁有婚姻，28岁有婚姻，29岁到35岁没有婚姻，要到36岁以后才有婚姻。

【案例四】

求卜者：先生，请你算算我今年下半年做生意的运气。

算命先生：你去东边、西边、北边做生意都发财，但不能去南边，特别是广东。九月、十月、十一月生意好，十二月可能要亏点本，但亏得不多。

案例一、二的语言形式与对贞卜辞的语言形式一致，只不过当今占卜者说出了两种相反的结果都有可能发生的决定性因素是什么，而甲骨卜辞对导致两种相反的结果都可能发生的决定性因素是什么则没有记载。但《甲骨文合集》第3945版卜辞［戊寅卜，贞：雷凤其来。雷凤不其来。王占曰：（雷）凤其出，其唯丁。丁不出，其有疾。］的占辞则揭示了决定两种相反的结果哪一种出现的因素是雷凤是否生病。案例三、四的语言形式则与选贞卜辞的语言形式一致，当今占卜者不仅说了时间选择的几种可能性，而且说了空间选择的几种可能性，更加清楚明了。对贞卜辞、选贞卜辞都不记载产生不同预测结果的原因，之所以如此主要是因为龟甲或兽骨等刻写材料稀有珍贵，若将正反预测结果产生的决定性因素、多种预测结果产生的原因一并刻上，势必增加成倍的书写材料，成本昂贵。更何况占卜记录的命辞只需把占卜预测的结果完整地记载下来就够了，完全没有必要把作出这样预测的原因记载下来。

刘大钧先生是山东大学著名教授与易学专家，精通纳甲筮法占卜预测。他的著作《纳甲筮法》记载了这样一则用例：

【案例五】

“庚寅年甲申月乙丑日，夫占妻病，得《震》之《豫》：

妻财	戌	‖	世
官鬼	申	‖	
子孙	午	｜	应
妻财	辰	‖	
兄弟	寅	‖	
父母	子	△	（未）

此卦世爻戌财正值旬空，日辰丑又刑戌，应爻辰财自刑，卦中初爻之子水动化未土而遇日破，与世爻之戌土又相刑而受伤，故用神受制，病必重也。子孙为药，午爻自刑，显然用药差误，使病加重。逢巳午日，子孙旺生妻财，病方可见轻，若至日病仍重，必难疗也。[①]

按：求卜者之妻的病可能减轻，也可能加重，关键在于子女的运气对母亲是伤害还是佑助，有佑助则减轻，有伤害则加重。这则用例与案例一、二性质完全相同。

从田野调查与卜筮专著所反映的情况来分析，占卜者在情势未明的情形下，作出两种完全相反的预测在占卜实践中是非常常见的，只要能跟求卜者说清楚产生正反两种不同结果的具体原因，就算预测成功。当情势表明求卜者有多种可能性可加以选择时，占卜者总是一一明确指示，而且指出在某一时段或某一地区之内所不能做的事情。这说明占卜本身并不仅仅指向一种可能性，还可以指向多种可能性。我们认为对贞卜辞、选贞卜辞指向多种可能性，而不是指向一种可能性。单贞卜辞与重贞卜辞则指向一种可能性。

我们再从日常生活中的实际用例来考察是否存在对贞卜辞、选贞卜辞这些语言形式。

【案例六】

甲：今年你考不考公务员？

乙：我可能去考也可能不去考。

---

① 刘大钧：《纳甲筮法》，齐鲁书社1995年版，第99页。

甲：怎么啦？

乙：看准备情况吧！准备充分就去考一下，没准备好，也只好放弃啦。

【案例七】

甲：你说我敬奉多少斤油到庙里去拜佛好呢？

乙：五斤不为少，十斤不为多，二十斤也蛮好，量力而行吧。

类似上述两则对话我们再熟悉不过了，两种完全相反的选项或者三、四种甚至更多种不同的选项在日常生活中都可以作为备选，并不是非此则彼，至于最终选择哪一种或几种选项，就由主其事者根据当时、当地的具体情势自行决定了。此类两可之辞与多选之辞在日常生活中的运用非常普遍，这恐怕是最平常不过的事理了，当今占卜者其实也时时处处运用着它，只是大家习焉不察罢了。甲骨卜辞中的对贞卜辞与选贞卜辞恰恰就是日常生活的一种特殊反映形式。这说明商代占卜用语与当今民间占卜用语、当今日常生活用语在语言形式上具有同构性，本质精神是完全一致的。

我们如果按照商代甲骨卜辞命辞的语言形式对上述七个案例用语进行改写，情况就更加清楚明白了。

【案例一】贞弟其死/贞弟不其死。

【案例二】贞夫病其重/贞夫病不其重。

【案例三】a. 东方娶妻/西方娶妻/南方娶妻。

b. 26 岁有婚姻/27 岁有婚姻/28 岁有婚姻。

【案例四】a. 东边生财/西边生财/北边生财。

b. 九月生财/十月生财/十一月生财。

【案例五】贞妻病轻/贞妻病不其轻。

【案例六】我考公务员/我不考公务员。

【案例七】奉五斤油/奉十斤油/奉二十斤油。

经过改写后的案例一、二、五、六为对贞卜辞形式，案例三、四、七为选贞卜辞形式。面对改写后的实际用例，如果不是改写者本人，必定会有不少人把它们看成发问的疑问句，而实际上应该将其理解成陈述句，才符合当今占卜活动与日常生活的实际情形。以上所做的工作其实是试图还原或重构商代占卜的真实情形。我们完全有理由相信甲骨卜辞命辞是商代贞人与商王当时占卜时所留下的占卜预测结果的真实记录。

大多数甲骨学研究者一般都认为无论是对贞卜辞还是选贞卜辞，都如单贞卜辞和重贞卜辞一样，只能指向一个唯一的选项，即二者、三者或四者甚至更多选项只能必居其一，从来不曾深思过或者注意到日常生活或占卜活动中经常遇到两可之选与多选的实际情形。当占卜之事真正发生时，对贞卜辞确实只出现一个选项，甚至一个选项也不出现，而选贞卜辞可能只出现一个选项，也可能出现多个选项，又可能一个选项也不出现，但不能据此就认为占卜之时不能有两可之辞与多选之辞。说得更清楚明白一点，对贞卜辞就是两可之辞，选贞卜辞就是多选之辞，单贞卜辞和重贞卜辞就是单选之辞，甲骨卜辞命辞就只有这三种类型。大多数甲骨学学者往往把我们所认为的占卜预测的几种结果即命辞（大多数甲骨学学者所说的发问之辞）与真实发生的事情的最终结局等同视之，发生理解偏差就变得不可避免了，因为真实发生的事情与占卜预测所指出的可能发生的事情不可能完全一致，这是最起码的常识与常理。

罗振玉、董作宾、郭沫若等前辈学者在甲骨文被发现后不久，几乎一致认定甲骨卜辞命辞就是疑问句，对后世产生了长久而深远的影响。如果他们当中有人结合当时民间占卜实践活动研究甲骨卜辞命辞的语言性质，恐怕就不会众口一词了。尽管殷商时期距今已有三千多年了，占卜方式与占卜材料已发生了重大变化，但占卜的基本原理与原则不会有太大变化。既然当今占卜与日常语言交际仍有单贞、重贞、对贞、选贞这样活生生的语言形式存在，那我们为什么非要坚持甲骨卜辞命辞就是疑问句而不是陈述句呢？我们要把命辞说成疑问句极为容易，因为甲骨文中没有确切无疑的疑问代词和疑问语气词来加以区别和辨别，所有命辞都可以毫无障碍地理解成疑问句，但不能因为这种处理方法具有穷尽性、周遍性就理所当然地把命辞看成疑问句。虽然我们把命辞认定为陈述句时，首先遇到前辈学者先入为主的观点极其有力的拒斥，但我们同样可以做到把所有命辞都毫无障碍地理解成陈述句，这种处理方法同样具有穷尽性、周遍性。那么由什么来判别两者之间的是是非非呢？“仲尼有言，礼失而求诸野。”（班固《汉书·艺文志诸子略》）所幸的是民间还有几千年来代代相继的占卜活动，语言交际中还有日常生活智慧与实践帮助我们还原历史真实，让我们还有机会弄清甲骨卜辞命辞产生的真正原因。有时候田野调查材料或者日常生活智慧和实践对于解决许多悬而未决的问题具有意想不到的功效，过度依赖传世文献与时髦理论来解决甲骨卜辞命辞这样的问题，有时会制造更多学术陷阱与谜团，这些尤其要引起甲骨学学者们的高度警惕。从语言角度来看，甲骨卜辞命辞与占辞、验辞同样简单精练，但为什么占辞、验辞理解起来毫无障碍、明白如话，命辞却迷雾重重、欲说还休呢？这是甲骨卜辞命辞本身的特点所致，还是由于人们从开始释读甲骨卜辞的那一天起就陷入了难以自拔的错误怪圈呢？

第二节　甲骨卜辞命辞分类

关于甲骨卜辞命辞的分类，以主题类别来分类的做法最为常见，而影响力最大的著作非《甲骨文合集》莫属。《甲骨文合集》分类总目如下：

（一）阶级和国家

1. 奴隶和平民；2. 奴隶主贵族；3. 官吏；4. 军队、刑法、监狱；5. 战争；6. 方域；7. 贡纳。

（二）社会生产

8. 农业；9. 渔猎、畜牧；10. 手工业；11. 商业、交通。

（三）思想文化

12. 天文、历法；13. 气象；14. 建筑；15. 疾病；16. 生育；17. 鬼神崇拜；18. 祭祀；19. 吉凶梦幻；20. 卜法；21. 文字。

（四）其他

这种分类便于将甲骨文卜辞材料分类编纂，同时也便于研究者们查阅和使用甲骨文文献资料，毋庸置疑这种分类十分必要。

以语法功能来分类的方法多种多样，下面我们主要介绍沈培和张玉金两位先生是如何分类的。

沈培说："我们按照占卜主体对所卜之事的行为动作或状态变化（以下为了叙述方便，就用'行为动作'统称这两种情况）能否控制把表中48例（笔者注：48例都是对贞卜辞）分成两类。一类是占卜主体对所卜之事的行为动作能够控制，一类是占卜主体对所卜之事的行为动作不能控制。占卜主体指卜辞的主人（黄天树1995：126～127）。在我们这篇文章里讨论的龟腹甲刻辞大多数属于宾组卜辞（附表中只有第37例是子组卜辞）。宾组卜辞的占卜主体是'王'。占卜主体与贞人可以是'王'，但'王'亲自贞问的卜辞并不占多数，大多数是其他贞人代'王'而贞问。"① 沈培只是针对对贞卜辞做了这样的分类，而张玉金先生则把甲骨卜辞命辞全部切分成可以控制与不可以控制两类，这是全面、合理的，也是符合甲骨卜辞命辞实际的。②

关于占卜主体可控性问题，沈培在提出上述观点后紧接着分析了两则甲骨卜辞中的对贞卜辞，我们抄录如下：

（1）辛酉卜，𣪘贞：今春王比望乘伐下危，受有佑。/辛酉卜，𣪘贞：今春王勿比望乘伐下危，弗其受有佑。（《合集》6482正）

（2）a. 庚申卜，𣪘贞：乎王族延从受。一/庚申卜，𣪘贞：勿乎王族延从受。一

b. 雀其乎王族来。一二

甲子卜，争：雀弗其乎王族来。一二

甲子卜，争：雀弗其乎王族来。一二（《合集》6946正）

沈培先生认为（1）和（2）a的占卜主体与行为动作的发出者是统一的，即都是商王发出的，属于可以控制的行为动作。而（2）b中"乎（呼）"这个行为的发出者是"雀"，不是占卜主体"王"发出的，是占卜主体不能控制的。我们认为这种认定是不恰当的，理由是占卜主体可以控制的行为可以是占卜主体亲自参与的行为，也可以是在占卜主体授权或同意的情况下由其他人员实施的行为，比如"雀"是部族成员，他所采取的"乎"的行为是占卜主体"王"认可的，属于占卜主体可以控制的行为。王室成员与部族成员参与商代政治、经济、军事等活动往往都是占卜主体商王可以控制的行为，而王室成员与部族成员往来、禀报、疾患等行为则不是占卜主体商王所能控制的行为。王室成员与部族成员的哪些行为是商王可以控制的，哪些行为是商王不可以控制的，辨析起来其实并不困难。

甲骨卜辞命辞为什么能分为可以控制与不可以控制两类呢？这只能从人类与生俱来的本性与时刻面临的境遇加以分析和研究。

人类面对未来世界的发展时总是充满疑虑与惊惧，正因为如此，古今中外占卜预测之

---

① 沈培：《殷墟卜辞正反对贞的语用学考察》，见丁邦新、余蔼芹合编：《汉语史研究：纪念李方桂先生百年冥诞论文集》，台湾中央研究院语言学研究所2005年版，第203～204页。

② 张玉金：《甲骨卜辞语法研究》，广东高等教育出版社2002年版，第41～44页。

术总是代代相传。正如古人所说："卜以决疑，不疑何卜。"那么人类最主要的"疑"不外乎两个重要问题，一是人类自身不可控制的事物可能会怎样发展与演变的问题，二是对于人类自身可以控制的事物可以采取怎样的行为与行动的问题。换句话来说，一是世界万事万物发展的可能性问题，二是人类自身发展的可行性问题。具体到占卜预测而言，解决可能性问题的就是可能性占卜预测，解决可行性问题的就是可行性占卜预测。具体到甲骨卜辞命辞而言，可能性占卜预测形成"可能类命辞"，可行性占卜预测形成"可以类命辞"。甲骨卜辞命辞只有这两类命辞，除此别无第三类命辞。其实甲骨卜辞占辞也只有可能类占辞与可以类占辞两类。

第三节　可能类命辞

笔者对本人公开发表的16篇甲骨学研究论文引用的500条卜辞进行了分析研究，所有引用的卜辞都可以分别归入可能类命辞与可以类命辞，使用"可能"或"可以"能把所有用例翻译成白话文，而且通畅无碍，这说明我们对甲骨卜辞命辞的分类是可行合理的。可能类命辞有245例，可以类命辞有255例，各占总数的49%和51%（参见附录四：甲骨文分类读本）。我们对《甲骨文合集》所收录的甲骨卜辞命辞进行千分之一的抽样调查，可能类命辞与可以类命辞大致各占一半。限于篇幅，此处每种类型仅举一例。

一、祸福吉凶类：72例

（一）有+祸（祟）：3例

【例1】贞：多马亚其有祸。（《合集》5710）

［译文：贞人预测：多马亚（职官名）可能有灾祸。］

（二）无（亡）+祸（灾、尤、害）：26例

【例2】癸巳卜，殻贞：旬亡祸。王占曰：乃兹亦有祟。若偁。甲午王往逐兕，小臣叶车，马硪，驭王车，子央亦坠。（《合集》10405）

（译文：癸巳日占卜，贞人"殻"预测：此旬可能无祸。商王预测说：这次也有灾祸之象。确如占辞所说。甲午日商王去追逐犀牛，小臣协调马车时，马车歪倒了，驾驭商王的车子时，贵族子弟子央也坠落下来。）

（三）害、祟、疾、祸、孽：29例

【例3】庚寅卜，唯河害禾。（《合集》33337）

（译文：庚寅日占卜，黄河可能损害禾稼。）

（四）吉、若、受佑：14例

【例4】唯王飨受佑。（《合集》27644）

（译文：商王进行飨祭，可能受到保佑。）

二、王室事务类：15 例

（一）臣属部族：12 例

【例 5】甲辰卜，殻贞：奚来白马。（《合集》9177 正）

（译文：甲辰日占卜，贞人“殻”预测：奚可能送来白马。）

（二）王室成员：3 例

【例 6】戊辰卜，殻贞：妇好娩，嘉。丙子夕向丁丑娩，嘉。（《合集》14003 正）

（译文：戊辰日占卜，贞人“殻”预测：妇好分娩，可能会顺利。丙子日与丁丑日相交之际的夜晚分娩，可能会顺利。）

三、战争军事类：44 例

（一）军事情报：10 例

【例 7】己酉卜，宾贞：有来告，方征于寻。（《合集》6672）

（译文：己酉日占卜，贞人“宾”预测：可能有人来报告，方方到寻地侵伐。）

（二）敌方侵扰：17 例

【例 8】辛巳卜，方其大出。（《合集》6694）

（译文：辛巳日占卜，方方可能大举进犯。）

（三）打击敌方：17 例

【例 9】己亥历贞：三族王其令追召方及于或*。（《合集》32815）

（译文：己亥日，贞人“历”预测：商王命令三族之兵追击召方，可能在或*地赶上。）

四、经济活动类：43 例

（一）渔猎活动：24 例

【例 10】乙未卜，今日王狩光，擒。允获虎*二、兕一、鹿二十一、豕二、麑一百二十七、虎二、兔二十三、雉二十七。十一月。（《合集》10197）

（译文：乙未日占卜，今日商王在光地狩猎，可能会有擒获。真的猎获两只雌虎、一头犀牛、二十一头鹿、两头猪、一百二十七只小鹿、两只雄虎、二十三只兔子、二十七只野鸡。在十一月占卜。）

（二）年成丰收：19 例

【例 11】贞：韱受年。贞：蜀受年。王占曰：韱暨蜀受年。（《乙》6423）

（译文：贞人预测：韱可能会有好年成。贞人预测：蜀可能会有好年成。商王推测说：韱暨蜀都可能会有好年成。）

五、天气天象类：71 例

（一）雨：29 例

【例 12】乙酉卜，大贞：及兹二月有大雨。（《合集》24868）

（译文：乙酉日占卜，贞人“大”预测：到这二月份可能有大雨。）

（二）旱：8 例

【例 13】…丑卜，贞：不雨，帝唯旱*。（《合集》10164）

（译文：…丑日占卜，贞人预测：可能不会下雨，上帝可能降下旱灾。）

（三）启、雷、霎、雹、风、雾、霾、日：15 例

【例 14】癸未卜，宾贞：兹雹唯降祸。（《合集》11423 正）

（译文：癸未日占卜，贞人“宾”预测：这场冰雹可能会造成灾祸。）

（四）自然灾害：14 例

【例 15】丙午卜，亘贞：今日风祸。（《合集》13369）

（译文：丙午日占卜，贞人“亘”预测：今天刮风可能造成灾祸。）

（五）天象：5 例

【例 16】旬壬申夕月有食。（《合集》11482 反）

（译文：这一旬壬申日晚上发生月食。）

第四节　可以类命辞

可以类命辞有 255 例，可分为五类。限于篇幅，此处每种类型仅举一例。

一、王室事务类：41 例

（一）商王：21 例

【例 17】丁丑贞：王于卜伐。（《合集》32968）

（译文：丁丑日贞人预测：商王可以在占卜场所举行伐祭。）

（二）臣属：20 例

【例 18】贞：唯小臣令众黍。一月。（《合集》12）

［译文：贞人预测：小臣（职官名）可以命令众人种黍。在一月占卜。］

二、战争军事类：42 例

（一）发布命令：12 例

【例 19】王唯次令五族戍羌方。（《合集》28053）
（译文：商王可以命令五族戍守防御羌方。）

（二）打击敌方：24 例

【例 20】丁卯卜，㱿贞：王敦缶于蜀。（《合集》6860）
（译文：丁卯日占卜，贞人“㱿”预测：商王可以在蜀地攻击缶方。）

（三）禀告战况：6 例

【例 21】贞：告工方于上甲。（《合集》6131 正）
（译文：贞人预测：可以向上甲报告工方进犯并举行告祭。）

三、经济活动类：36 例

（一）商王：29 例

【例 22】乙丑王柞茣方。乙丑耨茣方。（《合集》20624）
（译文：乙丑日占卜，商王可以在茣方除去草木。乙丑日占卜，商王可以在茣方除去草木。）

（二）臣属：7 例

【例 23】辛未卜，作宀。（《合集》22246）
（译文：辛未日占卜，可以建造房屋。）

四、祭祀活动类：131 例

（一）有祭品祭祀：67 例

【例 24】…卜，争贞：燎册*百羊百牛百豕南五十。（《合集》40507）
［译文：…占卜，贞人“争”预测：可以用一百只羊、一百头牛、一百头猪以及五十头小猪（南）燎祭、册*祭祖先。］

（二）无祭品祭祀：64 例

【例 25】其御于父甲亚，吉。（《合集》30297）
（译文：在父甲之宗庙“亚”举行御祭，吉利。）

五、占卜事务类：5 例

【例 26】其用三卜。（《合集》31677）
（译文：可以采用第三卜。）

第三章　商代甲骨占卜制度

商代王室及其贵族成员日复一日、井然有序地进行占卜活动，建官立制势在必行。设置卜官方能保证占卜机构的有效运转，建立占卜制度方能保证占卜活动的有序开展。[①] 关于殷商时期的占卜制度，陈梦家、王宇信、宋镇豪、徐义华、刘学顺诸先生有过十分精辟的论述，我们综合各家之说并间以己见对甲骨占卜制度与商代信息传播之关系进行讨论。[②]

第一节　卜官制度

商代占卜是个复杂的过程，其繁杂的占卜事务是个人难以独自承担的，必须有一个合作的群体才能顺利完成占卜。[③] 陈梦家说："（殷人于）卜事是分工的，并非由一人包揽。"[④] 这是符合商代占卜实际状况的。

关于商代卜官制度，宋镇豪认为："三卜制的确立，是与殷商王朝卜官建制相应的……元卜、右卜、左卜，乃分指三卜的三块甲骨，或因三人同时占之，故亦指人，设职以称。"[⑤] 徐义华据此认为："商代已建立了占卜系统和相应机构。""商代已建成以商王为首的元卜和右卜、左卜三大卜官系统。"[⑥] 刘学顺认为，商代占卜人员可分卜人和贞人两种。[⑦] 我们必须承认殷商王朝确实建立了卜官系统，但是其由"元卜"、"左卜"、"右卜"构成这一说法则未必允当。

一、甲骨占卜程序

从甲骨卜辞来看，一次程序完整齐备的占卜活动由三道基本程序构成，即"卜"、"贞"、"占"。

【例 1】丁丑卜，宾贞：朿得。王占曰：其得唯庚，其唯丙其齿。四月庚申朿允得。十二月。(《合集》884)

[译文：丁丑日占卜，贞人"宾"预测：可能抓获朿（人名）。商王推测说：庚时可能抓获，否则丙时有灾祸。四月庚申日真的抓获了朿。在十二月占卜。]

---

① 宋镇豪：《夏商社会生活史》（上），中国社会科学出版社 1994 年版，第 522～532 页。

② 中国文物学会等编：《商承祚教授百年诞辰纪念文集》，文物出版社 2003 年版，第 256～266 页。

③ 中国文物学会等编：《商承祚教授百年诞辰纪念文集》，文物出版社 2003 年版，第 253 页。

④ 陈梦家：《殷虚卜辞综述》，中华书局 1988 年版，第 16 页。

⑤ 宋镇豪：《夏商社会生活史》（上），中国社会科学出版社 1994 年版，第 526 页。

⑥ 中国文物学会等编：《商承祚教授百年诞辰纪念文集》，文物出版社 2003 年版，第 254 页。

⑦ 中国文物学会等编：《商承祚教授百年诞辰纪念文集》，文物出版社 2003 年版，第 254 页。

【例2】癸巳王卜贞：旬亡祸。王占曰：吉。（《合集》39342）
（译文：癸巳日商王占卜预测：这一旬可能没有灾祸。商王推测说：吉利。）
【例3】辛丑子卜贞：用小牢龙母。（《合集》21805）
（译文：辛丑日贞人“子”占卜预测：可以用小的圈养的牛祭祀龙母。）
【例4】癸酉我卜贞：…妇。（《合集》21596）
（译文：癸酉日贞人“我”占卜预测：…妇。）

从例1看，“丁丑卜”意谓“丁丑这一天灼龟以取兆”，灼龟取兆者何人并未说明，从事“贞”者是一个名叫“宾”的人，从事“占”者为商王。从例2看，“卜”者、“贞”者、“占”者均为商王，这次占卜由商王一人操纵完成。从例3、4看，“卜”者兼“贞”者分别为“子”和“我”。从整个甲骨卜辞来看，“卜”者之名在卜辞中直接书出的情况极少，只见“王”、“子”、“我”、“光”等几人，而一般情况下“贞”者之名常常书出，“占”者大多数为商王，只有少数几例由“子”、“𠙹”、“扶”、“左卜”等从事“占”。我们认为，“卜”这道程序主要负责命龟以及灼龟取兆，就是灼烧龟甲或兽骨，使其产生纵横交错的裂纹，这种裂纹一般被称为“卜兆”或“兆象”；“贞”这道程序根据“卜”所呈现的兆象来进行解读和预测；“占”这道程序则根据“卜”之兆象和“贞”预测的结果综合分析作出最终的判断和预测，“占”一般由商王具体实施。因此“卜”、“贞”、“占”是前后相续、环环相扣的三道程序。一般情况下，商代甲骨占卜中“卜”、“贞”两道程序是必不可少的，但“占”这道程序在商王不参与占卜活动的情况下就自然而然地无须进行了。因此，如例1、2三道程序齐备，在甲骨卜辞中相应体现为“叙辞”、“命辞”、“占辞”的依次排列，就反映出商代占卜是井然有序、环环相扣的系统工程，这种连续性极强的占卜活动必然要依靠一套严格规范的程序来保证。

二、占卜人员的构成与职能

与“卜”、“贞”、“占”三道程序相适应，商代形成了由卜人、贞人、占人三类主要成员构成的占卜集团。

刘学顺认为，商代占卜人员，可分为卜人和贞人两种，“前辞（笔者注：即叙辞）的‘卜’、‘贞’当属两件事……贞人才是宣布命辞者”。“卜人是管灼龟呈兆的，需要的时候便契刻卜辞”，地位较低，而“贞人是商王左右奉旨问吉凶的近臣，虽然他们偶尔也灼龟卜问，但和专以灼龟见兆的卜人还是不同，他们是命龟者”。[①] 在这里我们必须对“命辞”、“命龟者”、“宣布命辞者”三个关键概念进行必要的辨正分析。以往大多数学者与刘学顺一样认为“命龟者”与“宣布命辞者”均为贞人，其实“命龟者”为卜人，而“宣布命辞者”才是贞人，所谓“命辞”也并非向诸神发问之辞，而是贞人预测之言。甲骨卜辞“王寻占光卜曰（《合集》94反）”和“辛丑卜，争贞我卜，多不吉（《合集》16）”颇能说明我们的观点。“王寻占光卜曰”意谓“商王不久根据卜人‘光’所得的兆象进行预测说”，“争贞我卜”意谓“贞人名‘争’者根据卜人‘我’所得的兆象预测”，

---

① 刘学顺：《关于卜辞贞人的再认识》，《甲骨学研究》1987年第1期。

因此“贞”字之义并非发问，而是预测，“贞”字之后的所谓“命辞”并不是贞人向商代诸神发问之辞，而是贞人根据卜人所获兆象进行推断的预测之言。贞人的确是“宣布命辞者”，而“宣布命辞者”之义是“宣布预测结果者”，而不是发布问辞者。一般认为“命龟”应在灼龟取兆之前进行，因此我们认为“命龟者”应该是卜人而不是贞人。

卜人是命龟与灼龟取兆之人，卜人具有“命龟取兆权”。虽然卜人地位较低，这从其名字在卜辞中往往没有被记载可证，但卜人的作用不容忽视。灼龟取兆其实是一项技术性很强、主观性明显的专门工作，其用火温度高低、用火距离远近全由卜人掌握，这与裂纹（兆象）形状及裂纹走向颇有关系。换句话说，卜人可以有意识、有目的地操控兆象而巧妙干预贞人之“贞”与商王之“占”，从而对占卜预测的结果产生直接影响，这往往是甲骨学学者容易忽视的。商王有时自卜、自贞、自占，就是为了全程控制占卜活动而获取自己所希望的预测结果，“卜”与“卜人”的作用由此可见一斑。

贞人是占卜活动的中心人物，具有“信息初测权”。贞人的名字常常出现在卜辞“贞”字之前，说明“贞人”具有较高的地位。在商代占卜活动中，每次占卜贞人都在场，具体负责兆象的解读与预测，并直接将占卜预测的结果报告商王。

商王是商代占卜集团的首领，具有“信息终测权”。商王在参与占卜活动时，往往亲自占卜预测，发布最终的预测结果，即“占辞”。

综上所述，我们可以得出这样的结论：殷商王朝建立了卜官系统，由卜人、贞人、占人组成。商代卜官的占卜权包括命龟取兆权、信息初测权与信息终测权。

商代占卜活动由“卜”、“贞”、“占”前后相续的三个程序构成，卜官由卜人、贞人、占人组成，是有其合理性、科学性的。从甲骨卜辞来看，商代卜官职务分工相当明确，卜人司“卜”、贞人司“贞”、占人司“占”，一般不得越位或兼司，卜人兼司“卜”、“贞”或兼司“卜”、“占”，贞人兼司“贞”、“卜”或兼司“贞”、“占”只有少数几个特例，这说明卜人只有命龟取兆权，一般不得拥有信息初测权和信息终测权，而贞人拥有信息初测权，一般不得拥有命龟取兆权和信息终测权，这样卜人和贞人在占卜过程中就很难独揽所有占卜事务从而独占占卜权。而商王是占卜集团的首领，很容易独揽占卜权，但商代前期（武丁至廪辛）商王参加占卜一般不亲自“卜”和“贞”，只是在卜人和贞人工作的基础上视兆象发布占辞，而占辞往往围绕贞人作出的命辞，这说明商王的占卜权受到很大的约束和限制，在占卜活动中商王也不可能为所欲为，违反占卜程序与占卜制度。卜官制度的建立就是为了避免占卜权的独揽独占，对占卜人员享有的占卜权进行有效的分散与制衡。①

关于“三卜制”及“元卜”、“右卜”、“左卜”为三大卜官系统的说法，我们认为商代卜官系统应由卜人、贞人、占人组成，似可借用“三卜制”及“三大卜官系统”之名命之。而“元卜”、“右卜”、“左卜”均属卜人，应归入“卜人”这个卜官系统之内，也就是说“卜人”是由“元卜”、“右卜”、“左卜”构成的。

总之，卜官制度的形成，不仅使占卜过程规范化、程式化，使占卜的各个环节有专人负责，保证占卜活动的有序开展，而且使卜官的占卜权得以层层分解，使三者不能擅自越

---

① 中国文物学会等编：《商承祚教授百年诞辰纪念文集》，文物出版社 2003 年版，第 258 页。

权而达到独占占卜权的目的。

第二节　一事多卜制

所谓“一事多卜”指在一版或两版以上的甲骨上反复占卜预测同一件事情。

【例5】甲午卜，宾贞：雩*丁无贝。一二三四五六七八九十

贞：雩*丁其有贝。一二三四五六七八九十（《合集》11423正）

［译文：甲午日占卜，贞人“宾”预测：对丁（先王名）进行雩*祭可以没有贝壳。（贞人“宾”）预测：对丁（先王名）进行雩*祭可以有贝壳。］

【例6】己亥卜，争贞：王勿立中。一（《欧美亚》200）

（译文：己亥日占卜，贞人“争”预测：商王不可以建旗聚众。）

己亥卜，争贞：王勿立中。二（《合集》7367）

（译文：己亥日占卜，贞人“争”预测：商王不可以建旗聚众。）

己亥卜，争贞：王勿立中。三（《合集》7368）

（译文：己亥日占卜，贞人“争”预测：商王不可以建旗聚众。）

例5是在同一版甲骨上反复占卜一件事情。卜辞中的“一二三四五六七八九十”指在同一块甲骨上灼龟时的占卜次序。“命辞”只记录第一次占卜的内容，第二至十次占卜内容因命辞内容相同而省略不记。这版卜辞显示反复烧灼龟甲或兽骨取兆十次，贞人“宾”反复占卜预测十次，其占卜预测结果相同。例6属一期卜辞，卜辞中“一”、“二”、“三”分别表示第一、二、三块卜骨，指卜同一事用多骨，每一卜骨上各自署上统一的数目字。这次占卜，卜人分别在三块卜骨上烧灼取兆，贞人“争”对不同卜骨的兆象分别预测三次，其预测结果都是一样的。这就是典型的“三卜制”。卜辞中还有“同事异问”、“同文异事对贞”、“同文异事同贞”用例，都属于一事多卜。

“综合说来，殷商王朝的甲骨占卜，每每一事多贞，通常利用一块乃至几块甲骨同卜一事，所用甲骨数，一期武丁时有同时‘四卜’、‘五卜’、‘六卜’的……武丁时龟卜有五龟一套，骨卜有九块牛胛骨一套者，但在一般场合已降为卜用三骨，以后渐成常制。”①一事多卜制的“目的在于利用甲骨为中介，充分进行人神间的沟通交流，以使人的意愿为神所细察，求得神的容纳和保佑”②。一方面，卜人在同一卜骨上或在不同卜骨上反复烧灼取兆，而贞人对各种各样的兆象反复占卜预测，揣摩领悟商人诸神的神谕神命，确保神谕神命之类信息准确可靠地被采集与采信；另一方面，“一事多卜制正是对贞人决断权的分散，这有利于商王对占卜权的把握”③。

① 王宇信、杨升南主编：《甲骨学一百年》，社会科学文献出版社1999年版，第214页。

② 王宇信、杨升南主编：《甲骨学一百年》，社会科学文献出版社1999年版，第206页。

③ 中国文物学会等编：《商承祚教授百年诞辰纪念文集》，文物出版社2003年版，第258页。

第三节　习卜制和选卜制

甲骨卜辞中有“习卜”的记载：

【例7】习兹卜。（《合集》31667）

（译文：可以再行占卜此卜。）

【例8】习二卜。癸未卜，习一卜，习二卜。（《合集》31672）

（译文：可以再行占卜第二卜。癸未日占卜，可以再行占卜第一卜，可以再行占卜第二卜。）

【例9】己…习二卜，习三卜，习四卜。（《合集》31674）

（译文：己日…可以再行占卜第二卜，可以再行占卜第三卜，可以再行占卜第四卜。）

【例10】…习龟卜，又来执其用。（《合集》26979）

（译文：…可以再行占卜，又可以用送来的俘虏祭祀。）

【例11】…卜，习龟一卜，五…（《合集》31670）

（译文：可以再行占卜，五…）

“关于习卜之制，习者，袭也，重也，因也，习卜是后因前的占卜。”[①]“言‘习一卜’是续前一卜的重卜，至‘习四卜’是第五轮占卜，‘习兹卜’是专就原一事数贞中的某一次的再行占卜，其占卜时间都是前后叉开的。习卜一般是在原先卜用的甲骨上施行，三番五次地因袭占卜，其实并没有增用新甲骨，当然也偶有另外起用新甲骨的，如先前用龟卜，后又改用骨卜，牛胛骨上所见‘习龟卜’、‘习一卜’者，大抵属于此类情况。习卜之制，其要素在于不同时间因袭前事而继续占卜该事或该事的后继，无非为了使甲骨占卜兆象获得更理想的结果，更适应事情的可变性，也是殷商王朝出于应变复杂事态而力图在占卜场合发挥其主观能动因素的努力所致。”[②]习卜制其实就是针对前一轮或几轮占卜当中某轮占卜的结果，再次灼龟取兆，再度视兆预测，“以求保持人神之间的深入沟通，从而达到人的意愿与神的意志的统一性”[③]，以获取更为准确可靠的预测结果。

甲骨卜辞中也有“贞卜”、“用卜”的记载：

【例12】贞三卜。（《合集》17673）

（译文：贞人对第三卜进行预测。）

【例13】…未卜，王贞三卜。（《合集》5330）

（译文：…未日占卜，商王对第三卜进行预测。）

【例14】丁巳卜，王贞四卜：呼比征方。允获。（《合集》20451）

（译文：丁巳日占卜，商王对第四卜进行推测：可以命令联合征伐方方。真的有所

---

① 王宇信、杨升南主编：《甲骨学一百年》，社会科学文献出版社1999年版，第211页。

② 王宇信、杨升南主编：《甲骨学一百年》，社会科学文献出版社1999年版，第212页。

③ 宋镇豪：《夏商社会生活史》（上），中国社会科学出版社1994年版，第524页。

俘获。)

【例15】其用三卜。(《合集》31677)

(译文：可以采用第三卜。)

【例16】戊子卜，用六卜。(《合集》22046)

(译文：戊子日占卜，可以采用第六卜。)

【例17】庚申卜，旅贞：唯元卜用。在二月。(《合集》23390)

(译文：庚申日占卜，贞人“旅”预测：可以采用元卜。在二月占卜。)

【例18】己酉卜，大贞：唯右卜用。(《合集》25019)

(译文：己酉日占卜，贞人“大”预测：可以采用右卜。)

“贞某卜”、“用某卜”之“某卜”指某块卜骨所呈现的兆象。例12指贞人对第三块卜骨所显兆象进行占卜预测，例13、14指商王分别对第三块、第四块卜骨所呈兆象进行占卜预测，例15、16分别指采用第三块、第六块卜骨所显兆象来占卜预测，例17、18“元卜”、“右卜”分别指“一卜”、“二卜”，即分别采用第一块、第二块卜骨所显兆象来占卜预测。[①] 例12、13都是选用某块甲骨所呈兆象进行占卜预测，例14不仅选用某块甲骨所呈兆象进行占卜预测，而且据此得出具体的占卜预测结果（命辞），而例15至例18只记录选用哪块卜骨的兆象来占卜预测，但没有记录具体的占卜预测结果。“贞某卜”、“用某卜”均为选卜制，即从已卜的多种结果中选出符合自己意志的一次占卜预测结果。[②]

正如徐义华所指出的：“通过习卜制和选卜制，商王即使在多次占卜的结果与自己的意愿都不符合的情况下，也能找到最贴近自己意志的一次结果，从而达到神权为王权服务的目的。”[③] 但我们还必须指出的是，采用习卜制和选卜制与采用一事多卜制一样，都是企图通过多种预测结果的比较分析和选择而获取一种更为准确可靠的预测结果。

综上所述，商代甲骨占卜制度包括以下几个方面：一是卜官制，二是一事多卜制，三是习卜制和选卜制。甲骨占卜制度的建立是为了使占卜预测与信息采集、采信、宣示、传播能够顺畅高效地进行，为殷商王朝治国理政提供较为科学、正确的决策依据。卜官制的确立，确保了占卜预测与信息传播事务的有序开展；一事多卜制、习卜制、选卜制等制度的实行，确保了占卜预测的准确率与复杂多样信息的选择和采信。这样一方面商王能对卜人、贞人的占卜权实行有效分散和制衡，从而达到对占卜权的逐步掌握和控制；另一方面也是信息选择与采信的必要措施，其主要目的是为殷商王朝提供更为可靠的信息，以应对复杂多变的内政外交形势和事态。

① 王宇信、杨升南主编：《甲骨学一百年》，社会科学文献出版社1999年版，第215页。

② 中国文物学会等编：《商承祚教授百年诞辰纪念文集》，文物出版社2003年版，第259页。

③ 中国文物学会等编：《商承祚教授百年诞辰纪念文集》，文物出版社2003年版，第259页。

第四章　商代传播制度

商代已经建立了信息上传下达的相关制度，同时也相应建立了信息传播赖以进行的驿传制度，这些都为殷商王朝的信息传播提供了制度保证。

第一节　商代信息上传制度

一、告祭制度

与商代诸神进行充分的沟通交流，使商王的意愿为神所知晓与细察，求得神的容纳和保佑，是殷商王朝的头等大事。殷商时期形成了较为严密的告祭制度，保证了人神沟通交流的经常化、正常化。

从甲骨卜辞来看，商代祭祀名目繁多。商代的祭名，据不完全统计有一百多种，其中就有“告祭”。赵诚先生认为告祭是上告神祖之祭。① 姚孝遂、肖丁认为“卜辞‘告’的内容可分为二类：一为祭告，其对象为神祖，如‘告疾于祖丁’（《前》1.12.5），‘于大甲告工方出’（《后上》29.14），‘告秋于河’（《佚》525）等等。一为臣属之报告，如‘畝其来告’（《乙》4578），‘翌辛丑出告麦’（《前》4.40.7），‘犬中告麋’（《粹》935）等等，臣属之报告内容多为有关田猎之情报及敌警等。凡称‘告曰’者，均为臣属之报告，无例外”②。无论是告祭还是臣属之报告，都与信息传播密不可分。在专为上告神祖而举行的祭祀（即告祭）中，有的直接向神祖禀告某种信息，这些信息主要有以下几类：

（一）疾病信息

商王患病而将病况上告神祖并举行告祭，以求除疾患。

【例1】贞：疾齿，告于丁。（《英藏》1122正）
［译文：贞人预测：（商王）牙齿有病，可以向祖丁禀报并进行告祭。］

（二）出行信息

商王出行或巡视而将情况上告神祖而举行告祭，以求神佑。

【例2】贞：王其往出省从西，告于祖丁。（《合集》5113反）
（译文：贞人预测：商王打算从西边出去前往省视，可以向祖丁禀报并举行告祭。）

---

① 赵诚：《甲骨文与商代文化》，中华书局2000年版，第181页。
② 姚孝遂、肖丁：《小屯南地甲骨考释》，中华书局1985年版，第158页。

（三）田猎信息

商王将举行田猎活动而向先祖先王禀告并举行告祭，以求福佑。

【例3】王其田其告妣辛，王受佑。（《合集》27558）
（译文：商王为进行田猎活动而向妣辛禀告并举行告祭，商王可能受到福佑。）

（四）天文气象信息

商王获知某种天文气象信息而向先祖先王禀告并举行告祭。

【例4】辛巳贞：日戠，其告于父丁。（《合集》33710）
（译文：辛巳日贞人预测：出现日食现象，可以向父丁禀告并举行告祭。）

“日戠”指“日食（蚀）”。

（五）农业生产信息

秋季禾谷成熟之时向先公先王禀告并举行告祭，卜辞称为“告秋”。

【例5】甲申卜，宾贞：告秋于河。（《合集》9627）
（译文：甲申日占卜，贞人“宾”预测：秋季禾谷成熟，可以向河禀告并举行告祭。）

（六）军事战争信息

商王对周边方国的侵犯极为关切，凡有敌方侵袭骚扰或讨伐敌方之事则向先公先王禀告，并举行告祭，以获得福佑。

【例6】贞：令禽伐东土，告于祖乙于丁。八月。（《合集》7084）
[译文：贞人预测：商王可以命令禽（人名）讨伐东土而向祖乙、祖丁禀告并举行告祭。在八月占卜。]

从以上卜辞可以看出，商王对先祖神灵等极其敬重和崇拜，商国的大事小情都要向先祖神灵禀报，小到疾齿疾臂，大到战争灾变。“告”不仅仅是一种程式化的祭祀制度，在这种祭祀制度背后，还隐含着一种信息上告制度，即商王及时向先祖神灵报告情况信息，形成了自商王至先祖神灵的信息传播渠道。这不仅仅是祭祀，而是“祭”与“告”紧紧结合在一起的。

二、臣属报告制度

在殷商时期，商王既向神祖禀告情况，同时又能接到臣属的情况报告，形成了自臣属至商王的信息传播渠道。臣属向商王报告的信息大致有以下几类：

（一）农业生产信息

商代农作物的丰歉关系到国家的安定，各地农业生产的情况必须上报商王，这已成为一种惯例。

【例 7】…亥卜，宾：翌庚子有告麦。允有告麦。(《合集》9620)
［译文：亥日贞人“宾”预测：明天庚子日，可能有（臣属）来报告麦子成熟。真的有（臣属）来报告麦子成熟。］

（二）田猎信息

商王举行田猎活动时，臣属要及时报告与田猎有关的情况。

【例 8】乙酉卜，犬来告有鹿，王往逐［鹿］。(《屯南》997)
［译文：乙酉日占卜预测：犬（职官名）前来报告有鹿，商王可以前去追猎鹿。］

“犬”为主管田猎事务的职官名。“犬”跟随商王田猎，随时报告狩猎对象的有无及猎物的出没之地。

（三）天文气象信息

天象变化情况，臣属往往要向商王报告。

【例 9】己酉卜，攸亢告启商。(《屯南》312)
［译文：己酉日占卜预测：攸亢（人名）可能向商王报告惊蛰已到。］

时届启蛰（惊蛰），臣属将向殷王报告，以备农耕。

（四）军事战争信息

商代与周边方国战争较为频繁，凡有战事，臣属往往要向商王禀报军情，以引起商王的高度重视。卜辞有“来告”、“呼告”、“告曰”之语，均为臣属向商王禀报军事情况的专用语。

【例 10】癸巳卜，殻贞：旬亡祸。王占曰：有祟，其有来艰。迄至五日，丁酉允有来艰自西。沚馘告曰：土方征于我东鄙，戋*二邑，工方亦侵我西鄙田。(《合集》6057 正)
（译文：癸巳这一天占卜，贞人“殻”预测：这一旬可能没有灾祸。商王预测说：有祸祟，可能有灾祸到来。到了第五天丁酉日，真的有灾祸从西边到来了。沚馘报告说：土方侵犯了我国的东部边鄙，侵害了二邑，工方亦侵犯我国西部边鄙的土地。）

此例是甲骨文中记录战争的一条文字较长、完整无缺的卜辞，颇具价值。

综上所述，商朝不仅形成了商王向先祖神灵禀报信息的制度，也形成了臣属向商王及时报告信息的制度，其信息内容及类型大致相同，对农业生产、出行田猎、天文气象、战争军事等方面较为关注。

三、信息闻报制度

殷商王朝除建立臣属报告制度，保证各地信息及时上传外，也建立了信息闻报机构及制度，由专门的闻报机构搜集各地信息以及时上报商王。从甲骨卜辞来看，商代闻报机构及制度主要表现在“闻”上。

【例11】贞：工方无闻。(《合集》6077)

(译文：…贞人预测：可能工方没有消息。)

【例12】…争贞：有闻曰：工…(《合集》6076)

(译文：…贞人“争”预测：可能有消息说：工方…)

【例13】庚子卜，王贞，王占曰：其有来闻，其唯甲不…(《合集》1075正)

(译文：庚子日占卜，商王预测，商王推测说：可能有送来的消息，甲日不…)

【例14】癸未卜，争贞：旬亡祸。三月乙酉月有食，闻。八月。(《合集》11485)

(译文：癸未日占卜，贞人“争”预测：这一旬可能没有灾祸。三月乙酉日有月食，可能有消息。在八月占卜。)

关于“闻”字，李圃认为：“本义当为闻，负责闻报之机关亦可称闻，闻当为商代的政治制度。方国设此机构以通情报于时王（笔者注：时王指当时在世的商王），后字义逐渐扩大，闻又具有听到的消息、消息传闻布达等义。”① 董作宾先生认为：“‘闻’是一种公文程式，是方国诸侯对王朝的一种书面报告。”“闻为报告，奏事之专字”，与《汉书·五行志》中屡见的“史官不见，郡国以闻”所记载的“如出一辙”、“一脉相承”。他还认为：“在殷代闻之一字，似已成为公文中习用之语，如称‘有闻’，称‘有来闻’。‘月有食’之‘闻’，即‘有闻’、‘有来闻’之省语也。月有食而方国奏报以‘闻’，则日食亦必有奏报可知，盖殷人视日月食为同样重要之天变也。”② 陈炜湛则说得更为明确，他认为：“有闻是指有报告、消息，有来闻，是指有边境送来的消息。工方无闻，意即工方方面没有什么消息，这几条关于闻的占卜，说明了殷王对边境战事的关切，也说明了‘闻’的范围确实超过了一般的听，乃是指有确切内容的消息、报告，犹如现今之所谓的新闻、要闻。”③ 董、陈二位先生对“闻”的分析十分精当，由此可见，商代的信息闻报制度是较为完善的。

第二节　商代信息下传制度

殷商王朝是以子族为核心的许多方国部族的联合体，为了实施对方国部族的有效统治与管理，势必要建立信息下传制度，以保证政令传达畅通。从甲骨卜辞来看，商代确实建立了信息下传制度。“令”是信息下传制度的具体表现。

“令”在甲骨文中的主要用法是动词，有“命令”之义，主要有“帝令”、“王令”、“臣令”等专用语。“帝令”说明上帝具有神威，主宰着自然界和人间万事。“王令”主要指商王发布各种政令以管理和统治国家。卜辞中也有少数“臣令”的内容，“臣令”指主管某一部门事务的官员发布政令，以履行其职责。“令”虽然属于诰命政令，但包含着商王或臣属政治经济活动的信息，同样属于信息传播。

① 于省吾主编：《甲骨文字诂林》，中华书局1996年版，第663页。

② 于省吾主编：《甲骨文字诂林》，中华书局1996年版，第664~667页。

③ 于省吾主编：《甲骨文字诂林》，中华书局1996年版，第669页。

一、“帝令”与信息传播

“帝令”主要是上帝命令风、雷、雨等自然神祇刮风、打雷、下雨。

【例 15】丙寅卜，争贞：今十一月帝令雨。(《合集》5658 正)

[译文：丙寅日占卜，贞人“争”预测：现今十一月上帝可能命令（雨神）降雨。]

【例 16】贞：帝其及今十三月令雷。(《合集》14127)

[译文：贞人预测：上帝到了现今十三月可能命令（雷神）打雷。]

【例 17】翌癸卯，帝不令风，夕雾。(《合集》672 正)

[译文：明天癸卯日上帝可能不命令（风神）刮风，夜里可能起雾。]

这些卜辞虽然记录的是上帝之行为，但从侧面反映了对未来天气状况的一种预测，同样传达出未来天气的相关信息。

二、“王令”与信息传播

（一）农业与建筑信息

商王发布政令，或指导农田开垦、耕种，或命令建造王宫以供其使用，反映出商代农业与建筑活动信息。

【例 18】癸亥贞：王令多尹裒田于西，受禾。(《合集》33209)

[译文：癸亥日贞人预测：商王命令臣属多尹开垦西部农田，禾稼可能丰收。]

【例 19】[王] 大令众人曰：协*田。其受年。十一月。(《合集》1)

(译文：商王可以威严地命令众人说：翻耕土地，年成可能丰收。在十一月占卜。)

【例 20】甲午贞：其令多尹作王寝。(《合集》32980)

[译文：甲午日贞人预测：(商王) 可以命令多尹（职官名）建造商王的寝宫。]

（二）军事战争信息

商王对军队或军队首领发布命令，或讨伐敌国，或开展军事活动，反映了商代军事战争的众多信息。

【例 21】己卯卜，王令御方。(《合集》20451)

(译文：己卯日占卜，商王可以命令抵御方方侵犯。)

【例 22】丁未卜，争贞：勿令禽以众伐工。(《合集》25)

[译文：丁未日占卜，贞人“争”预测：可以不命令禽（人名）率众讨伐工方。]

【例 23】癸巳卜，古贞：令师般涉于河东。(《合集》5566)

[译文：癸巳日占卜，贞人“古”预测：(商王) 可以命令师般（军事首领）(率师) 渡水到河东。]

（三）其他信息

有些卜辞只记载了商王发布政令，或有发布命令之对象，或无具体对象，但从卜辞句意，可以窥见商王发布政令的严肃与庄重。

【例 24】甲午卜，㱿贞：唯王令唯黄。(《合集》5044)
(译文：甲午日占卜，贞人“㱿”预测：商王可以向黄方发布命令。)
【例 25】贞：王大令。(《合集》5034)
(译文：贞人预测：商王可以威严地命令天下。)
【例 26】贞：于乙门令。(《合集》13601 正)
[译文：贞人预测：(商王) 可以在乙门发布政令。]
【例 27】贞：于甲门令。(《合集》13603)
[译文：贞人预测：(商王) 可以在甲门发布政令。]

“甲门”、“乙门”应为商王发布政令之场所，从中可见商王发布政令之正规、严肃和庄重。

三、“臣令”与信息传播

除“帝令”、“王令”外，还有“臣令”，它们共同构成三级命令发布系统，这个系统上下分明，井然有序。

【例 28】贞：唯小臣令众黍。一月。(《合集》12)
[译文：贞人预测：小臣 (职官名) 可以命令众人种黍。在一月占卜。]

第三节　商代驿传制度

甲骨文中有“驿*”字。“驿*”指驿传，为驿车。商代驿车的主要用途体现在以下几个方面：

一、商王及官吏贵族出行往来

【例 29】丁丑卜，狈*贞：王其田，驿*往。(《合集》29084)
(译文：丁丑日占卜，贞人“狈*”预测：商王举行田猎，可以乘驿车前往。)
【例 30】贞：勿供右示，既葬，驿*来归。(《合集》296)
(译文：贞人预测：可以不用对右示进行供祭，已经埋葬，可以乘驿车归来。)
【例 31】壬戌卜，狈*贞：亚旋其陟，驿*入。(《合集》28011)
(译文：壬戌日占卜，贞人“狈*”预测：亚旋登山，可能乘驿车进入。)

例 29 说明商王田猎时使用驿车出行。例 30、31 说明商代官吏、贵族往来于王都或者从王都到各地普遍使用驿车。

二、使用驿车传达军情和运送军队

【例32】戍辟驿*之，戈*。(《合集》28034)

(译文：戍辟乘驿车到达某地，可能出现伤亡。)

【例33】癸丑贞：召立，唯戎于西。召方立，唯戎。己未贞：王令驿*于西土，无戈*。(《屯南》1049)

[译文：癸丑日贞人预测：召方举事（侵犯商国之事），可能在西部发生战斗。召方举事，可能发生战斗。己未日贞人预测：商王命令用驿车运送军队到达西部，可能不会出现伤亡。]

【例34】其大出，吉。醜其驿*往于攸，若。王占曰：大吉。(《合集》36824)

[译文：(人方) 大举出兵，可能会吉利。醜（将领名）乘驿车到达攸地，可能会顺若。商王预测说：非常吉利。]

例32之“戍辟”是戍卒之官，“之”是代词，指所至之地。例33是有关在对召方的战争中用驿车传运军队的卜辞。例34指征人方而使用驿车。卜辞“大出”常是边将向王室报告敌情的用语，“攸”是晚期卜辞中征讨人方路线上的一个重要地点，用“驿*”往于攸，显示与战事相关。①

商代有驿车，同样也有与之相配套的驿站，这就是“羁”。古时国家在主要交通干道上均设有驿站，供来往人员食宿。甲骨文卜辞中的“羁”字，许进雄等认为是设于商代道路上的驿站名。② 甲骨文中的“羁”常以数量计，设有一羁至五羁。

【例35】弜*又一羁。(《合集》27250)

(译文：可能无法到达一羁。)

【例36】至于二羁，于之若，受佑。(《合集》28157)

(译文：到达二羁，在此处顺若，可能受到保佑。)

【例37】弜*至三羁。(《合集》28157)

(译文：可能无法到达三羁。)

【例38】贞：四羁，又。(《甲》199)

(译文：贞人预测：可能到达四羁。)

【例39】在五羁。(《合集》28153)

(译文：可能到达五羁。)

宋镇豪认为：“一羁至五羁，自此及彼，由近而远，相互关系明确，各羁舍间应保持有一定的距离。”③ 并推测出羁间相距二三十里。

综上所述，商代驿传与驿站已经普及，除用于交通运输之外，也用于信息传递，这就确保了商王与臣属、商王都与各地信息的互通和传递，特别是边境军情的传送。

---

① 裘锡圭：《古文字论集》，中华书局1992年版，第173页。

② 许进雄：《明义士收藏甲骨释文篇》，加拿大皇家安大略博物馆1977年版。

③ 宋镇豪：《夏商社会生活史》(上)，中国社会科学出版社1994年版，第210页。

关于商代信息传播制度我们有如下总结：

（1）“告”是商代信息上传制度之一。“告”的主要功能是信息上传，包括两个层次，一是商王向先祖神灵禀报国情，二是臣属向商王呈报下情，形成了三级信息传播网络。

（2）“令”是商王及臣属发布政令的重要制度，是商代重要的信息下传制度，其传播途径是自商王至臣属、方国部族首领或者自臣属、方国部族首领至下层民众。“令”主要是商王发布政令，从卜辞看，商王政令多与农业生产、军事战争有关，由此可见，商代是以农业为主的社会，商代边境战事颇多。

（3）商代已经建立了信息闻报机构和制度。商王通过“闻”这类机构来获取信息，了解国情，以保证国家管理与统治的正常进行。正如有的学者指出的“闻当为商代的政治制度”①。

（4）“驿*”和“羈”分别是商代信息传播极为重要的交通工具和基础设施。一方面，商王巡视各地，商王室成员及方国部族首领来往于王都与属地之间以及运送军队与军需物品等都必须依靠驿道、驿站、驿车；另一方面，王都与属地、商王与臣属下民的信息传播也依赖于驿车、驿站的有效运行和驿道的畅通无阻。

① 于省吾主编：《甲骨文字诂林》，中华书局1996年版，第663页。

第五章　商代传播模式

商代传播的本质特点是以甲骨占卜作为获取信息的主要方式，以预测性信息作为信息的主体部分。商代以后历代王朝获取信息的主要方式是对已发生的现实信息进行采集，其信息大都是实际发生过的事情，属于真实性信息。尽管商代在信息获取方式与所获信息的本质属性上与后世相比有其独特之处，但就传播模式而言非常相似，这是值得从事传播史研究的学者们高度重视的。

第一节　商代传播过程诸要素

“传播的基本过程，指的是具备传播活动得以成立的基本要素的过程。”[①] 自古就有传播，只要有传播活动存在，其传播的基本过程就值得我们分析研究。

殷商时期不论大事小情都要通过占卜以决疑。商代形成了庞大的占卜集团，专门进行人与神灵之间的意识沟通，预测未来的吉凶福祸。这种占卜集团诸成员与神灵的意识沟通过程，实际上已经形成了信息的传播过程。一次占卜活动，就是一次信息获取的过程，就是一次信息传播的过程。完成一次占卜活动，涉及上帝诸神、卜人、贞人、商王，他们四者之间关系密切，互动性强，他们往往既是传播者，又是受传者。

一般认为，一个基本的传播过程，是由五个要素构成的：①传播者；②受传者；③讯息；④媒介；⑤反馈。[②] 通过占卜获取信息的商代信息传播过程的构成要素同样也有这样五个要素。

（1）传播者及受传者。传播者，又称信源，指的是传播行为的引发者，即以发出讯息的方式主动作用于他人的人。受传者，又称信宿，即讯息的接收者和反应者，是传播者作用的对象。由于商代占卜活动“卜”、“贞”、“占”依次按序进行，商代诸神、卜人、贞人、商王互为传播者和受传者。在“卜”这个环节上，卜人命龟以及灼龟取兆，将要询问之事告之于商代诸神（以神龟作代表），卜人是询问者（传播者），而商代诸神是受传者。卜人灼烧甲骨而看见兆象，兆象是商代诸神对于卜人所问之事作出回答的一种特殊的符号表示，此时商代诸神成为传播者，卜人又是最早见到兆象的人，是兆象的受传者。在“贞”这个环节上，贞人是兆象的最初解读者，是商代诸神意旨的受传者，而贞人将兆象的解读之言（预测之言）告之于商王，此时其又成为传播者，其预测之言在卜辞中表现为“命辞”。在“占”这个环节上，“王”要察视兆象和参考贞人的初测意见，商王成为上帝

① 郭庆光：《传播学教程》，中国人民大学出版社 1999 年版，第 57 页。
② 郭庆光：《传播学教程》，中国人民大学出版社 1999 年版，第 58 页。

诸神与贞人的受传者，但商王必然要将预测结果告之于占卜集团成员、王室成员或其他方国部族首领，此时他又是一个传播者，其预测之言在卜辞中表现为“占辞”，而王室成员或其他方国部族首领是信息的终端受传者，这些甲骨卜辞中没有道出其名的信息受传者会将得到应验的信息反馈出来，又成为信息的传播者。显然，在商代占卜活动中，受传者和传播者并不是固定不变的角色，这两者能够发生角色的转变或交替，一个人在发出讯息时是传播者，而在接收讯息时则又在扮演受传者的角色。

（2）讯息。讯息是由一组相互关联的有意义的符号组成的，能够表达某种完整意义的信息。讯息是传播者和受传者之间社会互动的介质，通过讯息这个中心环节，两者之间发生意义的交换，达到互动的目的。在殷商时期商代诸神作为人间万事的主宰者，自然是人间各种事件的制造者，它对占卜者的回答是通过兆象来传达、实现的，它能传达的讯息是“符号”，商代诸神是符号化者。而贞人、商王则是“符号解读者”，其讯息表现为命辞、占辞，其信息性质为预测性信息。验辞是占卜完成后对占卜结果的一种验证，反映的是真实讯息，其信息性质为真实性信息。

（3）媒介。又被称为传播渠道、信道、手段或工具。媒介是讯息的承载者，也是将传播过程中的各种因素相互连接的纽带。由于商代获取信息的特殊性，人与商代诸神的信息交流，不是通过人类语言，而是通过龟甲或兽骨烧灼后显现的裂纹即兆象来实现的，因此其信息传播的媒介为龟甲或兽骨。而贞人和商王之间的信息交流的媒介则是他们之间所进行的谈话或禀报，这往往又是人们习焉不察的。

（4）反馈。指受传者对接收到的讯息的反应或回应，也是受传者对传播者的反作用。获得反馈信息是传播者的意图和目的，发出反馈的信息是受传者能动性的体现。反馈是体现社会传播双向性和互动性的重要机制，其速度与质量依媒介渠道的性质而不同，但它总是传播过程中不可或缺的要素。① 商代占卜活动与甲骨卜辞中也明显反映出反馈的双向性与互动性。甲骨卜辞中的重贞卜辞显然是贞人对商代诸神意图所显兆象进行反复解读的结果，其信息解读与反馈的过程常常反复几次，有时甚至在十次以上。贞人与商王之间的信息反馈更为频繁。验辞是对命辞、占辞的一种信息反馈，不过其信息反馈者并没有在甲骨卜辞中显形露影。龟甲与兽骨这种信息传播媒介是隐性的纯抽象符号，兆象显示出一种可能性或多种可能性。兆象呈现的多种可能性往往造成贞人、商王对兆象的不同解读。而贞人与商王之间的传播媒介——谈话或禀报则是显性的人类语言符号，信息表达较为清晰明确。商王的占辞往往是围绕贞人的命辞而得到的，其中有赞同，也有否定或修正，其信息的反馈能较为有效地进行。而那些难以知其名的信息受传者在接收信息之后将应验的结果反馈出来的“验辞”其实是一种信息反馈形式。

第二节 商代传播过程直线模式

在人类传播史上，第一位提出传播模式的是美国学者 H. 拉斯韦尔。H. 拉斯韦尔认

① 郭庆光：《传播学教程》，中国人民大学出版社 1999 年版，第 59 页。

为，任何一个传播过程都可分解为以下五个部分：

1. “谁”（Who）——传播主体（或称传播者）
2. “说什么”（Says what）——传播内容（或称讯息）
3. “通过什么渠道”（In which channel）——传播媒介（或称媒介）
4. “对谁说”（To whom）——传播对象（或称受传者）
5. “产生什么效果”（With what effect）——传播效果

若按照一定结构顺序将它们排列，就形成了后来人们称之为“五 W 模式”或“拉斯韦尔模式”的传播过程模式。这“五 W 模式”可以用于商代占卜活动以及商代占卜的文字记录——甲骨卜辞的分析和研究。

商代占卜活动的详细过程我们无从得知，商代甲骨卜辞只记录了“叙辞”、“命辞”、“占辞”、“验辞”等几项内容。卜人与商代诸神作为传播者和受传者，其所传播的信息内容在卜辞中并没有记载，因此研究商代信息传播过程的模式，只能从“叙辞”、“命辞”、“占辞”、“验辞”入手。“叙辞”一般记载占卜的时间、地点和贞人名。贞人是传播主体，但有的卜辞“叙辞”部分没有贞人名。“命辞”是贞人预测的信息，是传播内容。“占辞”是商王预测的信息，也是传播内容，商王是传播主体。“验辞”是对贞人和商王预测之言的验证，但信息的传播主体卜辞本身并没有被记录。大多数卜辞并不都包括“叙辞”、“命辞”、“占辞”、“验辞”，往往缺少其中的一两项甚至三项。如果“命辞”、“占辞”都在一条卜辞中出现，就涉及两个传播主体和传播对象，这其实是一种传播过程的循环和互动模式，而“命辞”、“占辞”不同时出现的卜辞则涉及一种信息传播过程的直线模式。我们先讨论后一种模式。若根据“叙辞”、“命辞”、“占辞”、“验辞”各自组合的情况，甲骨卜辞可分为以下八类：

一、叙辞 + 命辞 + 验辞

【例 1】［叙辞］甲申卜，㱿［命辞］贞：妇好娩，不其嘉。［验辞］三旬又一日，甲寅娩，允不嘉，唯女。（《合集》14002 正）

（译文：甲申这一天占卜，贞人“㱿”预测：妇好分娩，可能不太吉利。过了三十一天，甲寅这一天妇好分娩了，真的不太吉利，生了女儿。）

这则卜辞的“叙辞”记录了占卜时间及传播主体；“命辞”记录了传播内容；“验辞”是对贞人预测结果的检验，是一种真实性信息，可以视为传播效果。传播对象在这里并没有出现，一般来说，贞人只将预测结果告诉商王，这个隐身的传播对象应该是商王，其传播媒介当然是禀报，以下几类情况类此，不再一一说明。

二、叙辞 + 命辞

【例 2】［叙辞］戊寅卜，争［命辞］贞：王于生八月入于商。（《合集》1666）

（译文：戊寅这一天占卜，贞人“争”预测：商王可以在生八月进入商。）

【例 3】［叙辞］甲子卜［命辞］贞：羌甲害王。［叙辞］三月。（《合集》1804）

（译文：甲子这一天占卜，贞人预测：可能是羌甲祸害商王。在三月占卜。）

例 2 记录了传播主体以及传播内容，例 3 只记录了传播内容。

三、命辞 + 验辞

【例 4】［命辞］贞：今癸亥不其雨。［验辞］允不雨。（《合集》892 正）
（译文：贞人预测：今天癸亥日可能不下雨。真的没有下雨。）

例 4 只记录了传播内容及传播效果。

四、占辞 + 验辞

【例 5】［占辞］王占曰：有祟，其有来艰。［验辞］迄至九日辛卯允有来艰自北，叹*敏妥*告曰：土方侵我田十人。（《合集》6057 反）

［译文：商王推测说：可能有祸祟，可能有灾祸来。到了第九天辛卯日这一天，灾祸真的从北边来了，叹*敏妥*（人名）报告说：土方侵略我们的土地，掳走了十人。］

例 5 记录了传播主体、传播内容以及传播效果。

五、叙辞

【例 6】［叙辞］甲子卜，王。（《怀特》1176）
（译文：甲子这一天占卜，商王。）

例 6 只记录了传播主体，这类卜辞较少见，大致是省略了其他占卜的内容。

六、命辞

【例 7】［命辞］贞：其雨三月。［命辞］贞：其不得三月。（《合集》12534）
（译文：贞人预测：三月可能下雨。贞人预测：三月可能不下雨。）

例 7 只记录了传播内容。

七、占辞

【例 8】［占辞］王占曰：吉，受有年。（《乙》6726）
（译文：商王推测说：吉利，可能会有好收成。）

例 8 只记录了传播主体和传播内容。

八、验辞

【例 9】［验辞］丙寅允雨四月。（《合集》12546）

（译文：四月丙寅日这一天，真的下雨了。）

例9只记录了传播效果。

从上述例证的分析可以看出，只有“叙辞+命辞+验辞”这种类型完全包含了“五W”要素，其传播过程的模式最为完整明晰，所包含的信息量也最多最全。而其他类型总是缺少“五W”要素之中的某一项或某几项，其传播过程的要素或模式并不完整，其所承载的信息量随所含要素的减少而相应减少，导致卜辞信息不全，这给后人释读卜辞和了解信息带来诸多困难和不便。大多数甲骨卜辞以“叙辞+命辞”或“命辞”形式出现，说明商代占卜只注重记录占卜者、占卜内容或只注重记录占卜内容，较少考虑其他要素。从传播学角度来说，商代只注重信息传播过程的传播主体和传播内容或仅仅是传播内容。大多数情况下，占卜只是为商王服务的，其传播对象往往只有商王一人，出现只注重预测结果，只记录预测结果，只注重单向的直线传播的模式就不足为奇了。

第三节　商代传播过程的循环和互动模式

人类信息传播过程的模式不单单局限于单向的直线传播，更为普遍的是循环和互动模式，该模式由美国传播学家施拉姆提出。这个模式的特点是：①该模式没有传播者和受传者的概念，传播双方都作为传播行为的主体，通过讯息的接受处于你来我往的相互作用之中；②该模式的重点不在于分析传播渠道中的各个环节，而在于解析传播双方的角色功能，参加传播过程的每一方在不同阶段都依次扮演着译码者（执行接收和符号解读功能）、解释者（执行解释意义功能）和编码者（执行符号化和传达功能）的角色，并相互交替着扮演这些角色。[①] 在甲骨卜辞中，一部分卜辞兼有“命辞”和“占辞”，这说明贞人和商王都参与了占卜预测，他们各自对兆象作出解读，并得出各自的预测结果，但这种预测并不是无序的，是先“贞”后“占”的，商王之“占”往往是对贞人之“贞”的肯定、补充或修正，显然，贞人与商王之间进行了信息的彼此交流与互通，在信息的双向互通过程中，事实上形成了传播过程的循环和互动模式。能反映出这种模式的甲骨卜辞大致可以分为以下三类：

一、叙辞+命辞+占辞+验辞

【例10】［叙辞］戊子卜，㱿［命辞］贞：帝及今四夕令雨。［命辞］贞：帝弗其及今四夕令雨。［占辞］王占曰：丁雨，不唯辛。［验辞］旬丁酉，允雨。（《合集》14138）

（译文：戊子日占卜，贞人“㱿”预测：到第四天晚上上帝可能会命令下雨。贞人预测：到第四天晚上上帝可能不会命令下雨。商王预测说：丁酉日可能会下雨，可能不会在辛卯日即第四天下雨。这一旬丁酉日果然下雨了。）

【例11】［叙辞］癸丑卜，争［命辞］贞：自今至于丁巳，我𢦏*宙。［占辞］王占

① 郭庆光：《传播学教程》，中国人民大学出版社1999年版，第61～62页。

曰：丁巳我毋其𢦏*，于来甲子𢦏*。［验辞］旬有一日癸亥，车弗𢦏*，之日向甲子允𢦏*。（《合集》6834）

（译文：癸丑日占卜，贞人“争”预测：自今天到第五天丁巳日，我们可能战胜宙方。商王推测说：丁巳日我们不可能战胜，到未来十二天甲子日才可能战胜。十一天后的癸亥日，战车没能克敌，到这天至甲子日之交的黎明时果然战胜敌方。）

例10、11中“叙辞”、“命辞”、“占辞”、“验辞”一应俱备，贞人与商王既是传播者，又是受传者，彼此交流了预测结果，但贞人与商王的预测结果有时是存在差异的。例10中商王从贞人两种相反的预测结果中选择了其中一种，并且被后来发生的事实证实。例11中商王完全否定了贞人的预测结果而提出了自己的预测结果，并且得到了事实的验证。

二、叙辞+命辞+占辞

【例12】［叙辞］己巳卜，𡧊［命辞］贞：允不死。［占辞］王占曰：吉，勿死。（《合集》734正）

（译文：在己巳这天占卜，贞人“𡧊”预测：允这个人可能不会死。商王预测说：吉利，可能不会死。）

【例13】［叙辞］癸巳王卜［命辞］贞：旬亡祸。［占辞］王占曰：吉。（《合集》39342）

（译文：癸巳日商王占卜预测：这一旬可能没有灾祸。商王预测说：吉利。）

例12、13都没有“验辞”内容。例12贞人与商王都对“允”之病情进行了预测，其预测的结果相同。例13较为特殊，商王一人承揽“卜”、“贞”、“占”三项工作，卜辞非常明确地分别记录“贞”与“占”的内容，这说明“卜”、“贞”、“占”必须各司其职，即使由商王一人独当，也要明确区分其承担的角色，这说明商人占卜程序明确，井然有序，贞人与商王（例12）甚至商王自身（例13）交流信息也是双向互动的。

三、命辞+占辞+验辞

【例14】［命辞］贞：翌辛丑不其启。［占辞］王占曰：今夕其雨，翌辛丑启。［验辞］之夕允雨，辛丑启。（《菁》8）

（译文：贞人预测：明天辛丑日可能不会天晴。商王预测说：今天晚上可能下雨，明天辛丑日可能天晴。这天晚上真的下雨，辛丑日天晴了。）

例14贞人与商王的预测结果不同，事实验证商王的预测结果完全正确。虽然贞人名没有出现，但贞人与商王交流信息的事实显然是存在的。

虽然以甲骨卜辞为代表的商代信息传播也存在循环和互动模式，但从卜辞本身来看，其用例是不太多见的，更多的是贞人对商王的直线的、单向的信息传播，这与占卜的性质有关，贞人只负责向商王报告占卜预测的结果，其传播对象是单一的。我们还必须明确的是，商代信息传播过程的循环和互动模式并不意味着贞人与商王的地位相等，占卜预测的结果仍由商王说了算。

综上所述，我们认为商代信息传播过程的模式有其较为明显的特点：①商代占卜活动较多地体现出信息传播过程的循环和互动模式；②大多数甲骨卜辞体现出商代信息传播过程的直线模式，贞人将预测的信息单向直线式地传播给商王；③甲骨卜辞只有部分卜辞体现了商代信息传播过程的循环和互动模式，贞人与商王各自预测结果的交流互通就是明证。

中编

第六章　社会环境与商代传播

要研究与探讨某一特定历史时期的传播历史，首先必须对那个历史时期的社会环境（主要由政治、经济、战争、交通等诸多要素构成）有全面的认识与总体的把握。只有这样，才能获得对某一特定历史时期的传播历史的深层的、真切的认识。[①] 因此，认真研究商代社会环境及其对信息传播产生的影响与作用，有利于我们深入地了解商代的传播历史与传播文化。

第一节　政治因素

商朝是继夏朝之后在我国建立起来的第二个统一王朝。关于商的国家政治体制，学术界普遍认为有内服与外服的区别。内服是王畿，外服是诸侯。从地理区划上讲，殷商王朝的统治区域包括王畿和四土。从行政意义上讲，王畿是商王的直辖地区，是天下的政治中心，也是王朝政府机构所在地；四土则为方国部族之所在，以王畿为中心环绕四周。宋镇豪等学者认为，殷商时期，不论是商朝内服王畿地区还是外服方国部族统治地区，其组织模式自上至下呈金字塔式等级式结构，构成一个以商王都为中心的分级分层的网状政治系统。[②] 因此，在政治上殷商王朝是天下的宗主国，负有统治天下方国部族的责任，而方国部族首领以商王为天下共主，商王作为宗主国的最高政治领袖，通过对方国部族首领的控制间接地在这些区域内有效地行使主权。

商朝作为一个统一王朝，在传播与贯彻国家政令方面，内服、外服上下统一显得尤为重要。在传世文献《尚书·酒诰》中有这样一段商王强调戒酒的文字记载："自成汤咸至于帝乙，成王畏相惟御事，厥棐有恭，不敢自暇自逸，矧曰其敢崇饮？越在外服，侯甸男卫邦伯，越在内服，百僚庶尹惟亚惟服宗工越百姓里居，罔敢湎于酒。不惟不敢，亦不暇，惟助成王德显越，尹人祗辟。"[③] 这说明商朝从成汤到帝乙期间，不管是外服的方国部族首领，还是内服的各级官员，都必须服从国家的统一政令，即使是饮酒这样的事情也不敢置国家政令于度外。"由此可以看出，商朝的政令在内外服地区基本上是统一的，并在实际的政治运作中具有相当的贯彻力度。"[④] 殷商王朝国家政令自上至下的层级传播由此可见一斑。

---

① 尹韵公：《中国明代新闻传播史》，重庆出版社 1990 年版，第 7 页。

② 宋镇豪：《夏商社会生活史》（上），中国社会科学出版社 1994 年版，第 26 页。

③ 江灏、钱宗武译注：《今古文尚书全译》，贵州人民出版社 1990 年版，第 290 页。

④ 杜勇：《商朝政区蠡测》，见王宇信、宋镇豪、孟宪武主编：《2004 年安阳殷商文明国际学术研讨会论文集》，社会科学文献出版社 2004 年版，第 196 页。

从甲骨卜辞来看，殷商王朝非常重视内外服之间的信息沟通与传播，已形成与当时国家政治体制相适应的信息传播网络和较为完备的信息上传下达制度，是殷商王朝政治制度的有机组成部分之一。具体来说有三个方面：①“告”是商代信息上传制度。“告”的重要功能是信息上传，它包括两个层次，一是商王向先祖神灵禀报国情，如：“甲申卜，宾贞：告秋于河。”（《合集》9627）（译文：甲申日占卜，贞人“宾”预测：秋季禾谷成熟，可以向河禀告并举行告祭。）二是殷商王朝臣属向商王呈报下情，如臣属“犬中告麋”（《合集》27902）即向商王报告发现有麋鹿，以便商王狩猎。②“闻”是商代的一种闻报机构。商代诸王通过“闻”这类机构来获取信息，了解国情，以保证国家管理与统治的正常运行，相关记载见于《合集》6076、11485等版。③“令”是商代诸王及其部属发布政令的重要制度，也是商代重要的信息下传制度，其传播途径是自商王至臣属或自臣属至下层民众，形成了三级信息传播网络。例如：“癸亥贞：王令多尹裒田于西，受禾。”（《合集》33209）（译文：癸亥日贞人预测：商王命令臣属多尹开垦西部农田，年成可能丰收。）“贞：小臣令众黍。”（《合集》12）［译文：贞人预测：小臣（职官名）可以命令民众种黍。］

总之，商代所形成的自上而下、层级分明的信息传播网络以及信息传播制度，与商代金字塔式等级式的国家政治体制相适应。这种信息传播形态是由当时的国家政治形态所决定的，商代国家政治体制为商代信息传播的发展提供了政治保障与制度保障。

第二节　经济因素

中外学者曾对商代经济形态特征进行了深入的研究，认为商代经济具有以下两个主要特征：

（1）商代内外服经济一体化特征。[①] 甲骨文云：“己巳王卜贞：今岁商受年。王占曰：吉。东土受年。南土受年。吉。西土受年。吉。北土受年。吉。”（《合集》36975）（译文：己巳日商王占卜预测：今年商王国可能有好年成。商王推测说：吉利。东土可能有好年成。南土可能有好年成。吉利。西土可能有好年成。吉利。北土可能有好年成。吉利。）卜辞中的“商”与“四土”分别指商朝的王畿地区与环绕其外的方国部族领地，商王祈求“商”和“四土”丰年，表明方国部族与王畿一样，其农业的丰歉与殷商王国的经济利益休戚相关。而方国部族首领负有向商王及时报告当地农业生产情况的义务。例如：“庚子卜，宾：翌辛丑有告麦。”（《合集》9620）（译文：庚子日占卜，贞人“宾”预测：明天辛丑日可能有人来报告麦子成熟。）“告麦”当是报告麦子长势情况，胡厚宣先生认为告麦之辞决非祭名，“余谓告麦者乃侯白（伯）之国君来告麦之丰收于殷王”[②]。由此可见，商王和方国部族首领都十分关注农业的丰歉信息，共同的一体化的经济利益是内外服

① 杜勇：《商朝政区蠡测》，见王宇信、宋镇豪、孟宪武主编：《2004年安阳殷商文明国际学术研讨会论文集》，社会科学文献出版社2004年版，第196页。

② 胡厚宣：《卜辞中所见之殷代农业》，见王宇信、杨升南主编：《甲骨学一百年》，社会科学文献出版社1999年版，第537页。

之间信息互通共享的最大动力。

（2）商代经济资源向上和向心流动特征。[①] 商代是一个以农业为主，以畜牧业、渔猎业、手工业为辅的社会。方国部族对殷商王朝的经济资源的输入主要表现为贡纳。《诗经·商颂·玄鸟》中记载商王武丁时国力鼎盛，“四海来假，来假祁祁”，众多的方国部族都来朝贡。贡品包括粮食谷物如黍（《合集》235）、米（《屯南》189）等，畜牧产品如牛（《合集》8965）、羊（《合集》8959）、马（《合集》500）等，捕获猎物如象（《合集》8984）、鹿（《合集》10308）等，手工产品如卣（《合集》27301）、玉（《合集》10171 正）等，作为劳动力和祭品的俘虏如刍（《合集》93）、羌（《合集》286）等。商王占卜使用的大量龟甲多为方国部族所献，殷商王朝大量制造青铜器所需的矿石除来自王畿外，也有可能来自臣服于商的其他方国部族的贡纳。[②] 商王有权力在方国部族地区从事各种活动，并向方国部族首领索取财物，甲骨卜辞屡屡记载商王在羌（《合集》21532）、杞（《合集》24473）、盂（《合集》37381）等方国部族土地上从事游猎活动，有征取财物、开垦农牧场、为田除害等多种经济目的。[③] 商王国是由数百个具有内在等级关系的方国部族构成的，它们的经济资源基本上是以一种向上和向心模式进行着不断的流动。[④] 伴随着各种原料、产品、差使和命令不断往来穿梭于商王都与各个方国部族之间，口头的和书面的信息交流与传播就必然成为商代国家网络体系形成中的又一个前提。[⑤] 经济资源与产品的流动必然包含着信息的流通；经济活动的活跃，意味着信息传播的加剧。信息在经济活动的过程中，是必不可少的媒介，没有它的流转与穿梭，经济产品的生产与交换，几乎是不可能进行的。[⑥] 商代社会经济的发展和繁荣，为商代的信息传播提供了极其重要的物质基础和条件，经济发展与信息传播互相影响、互相促进。

第三节　战争因素

夏、商、周三代，“国之大事，在祀与戎”。从甲骨卜辞来看，仅在商代武丁时期同商交战的方国部族就有六七十个之多，而商代各王室所征伐的方国部族共计 136 个。[⑦] 商王把臣属于商的方国部族遭受敌国侵扰视为对自己的直接侵略，时时派出“王师”支援，这表明方国部族的边境也是殷商王国领土的组成部分，因此商代内外服在国防及领土利益上具有一致性。[⑧] 殷商时期战事频繁，直接导致军事情报收集、传报活动极为活跃，极大地刺激了军事信息传播的发展。

---

① 张光直著，张良仁等译：《商文明》，辽宁教育出版社 2002 年版，第 228 页。

② 朱凤瀚：《古代中国青铜器》，南开大学出版社 1995 年版，第 493 页。

③ 陈双新：《也论商王田猎的意义》，《殷都学刊》2002 年第 3 期，第 17～22 页。

④ 张光直著，张良仁等译：《商文明》，辽宁教育出版社 2002 年版，第 234 页。

⑤ 张光直著，张良仁等译：《商文明》，辽宁教育出版社 2002 年版，第 236 页。

⑥ 尹韵公：《中国明代新闻传播史》，重庆出版社 1990 年版，第 11 页。

⑦ 王宇信、杨升南主编：《甲骨学一百年》，社会科学文献出版社 1999 年版，第 499 页。

⑧ 杜勇：《商朝政区蠡测》，见王宇信、宋镇豪、孟宪武主编：《2004 年安阳殷商文明国际学术研讨会论文集》，社会科学文献出版社 2004 年版，第 196 页。

（1）商代建立了军情传报系统，其主要形式为“告”。无论是商朝大臣还是方国部族首领，一旦发现敌国侵略，必须向商王报告敌情。例如方国部族“沚”的东部和西部边境的田邑分别遭到土方和工方的侵扰，其首领沚䤕亲自向商王报告敌情，以获得商王的军事支援（《合集》6057 正）。甲骨卜辞中还有商朝大臣向商王报告大方出动攻伐商朝军队，商王急令马小臣准备战马迎敌的文字记载（《合集》27882）。这都说明商代内外服对军情传报十分重视。

（2）商代建立了军情侦察系统，其主要形式为“望”。例如：“贞：勿登人，呼望工方。”（《合集》6182）（译文：贞人预测：先不要征召兵员，可以命令侦伺工方。）这则卜辞是关于商王命人去观察西北方的劲敌工方动静的例子，表明先不要征召军队，对工方情况进行侦察后再作决断。又如：“贞：登人，唯王自望捍。”（《合集》7218）（译文：贞人预测：征召兵员，商王可以亲自侦察前线。）这则卜辞说明在决定征召军队之前，身为军队最高统帅的商王亲临前线侦察了解敌军动态。商王对军事情报侦察的重视程度可想而知。卜辞中还有“目工方”（《合集》6194）（译文：可以监视工方）、“呼见工”（《合集》6175）（译文：可以命令监视工方）这样的辞例，“目”、“见”与“望”均指军事侦察形式。

总之，频繁发生的战争客观上要求内外服必须给商王提供大量准确可靠的军事情报以进行军事决策与行动，商代的军事观察和传报系统应该说是比较完备的，军事信息传播已经相当发达。[1] 毫无疑问，当时的军事战争形势对商代信息传播的发展起着推波助澜的作用。

第四节　交通因素

在殷商王国这个复杂的网状社会系统中，商王都与方国部族之间的政治、经济、文化、军事诸方面的社会联系媒介中极其重要的一项就是交通。没有交通网络及与之相配套的交通工具与设施，殷商王朝的政治、经济、文化、军事等各种国家事务以及与之相生相伴的信息传播活动就难以有效进行。因此，交通不仅是商代国家和社会重要的联系纽带和媒介，而且是商代信息传播重要的物质基础和条件。

宋镇豪先生认为，商代晚期已形成了以殷墟王邑（今安阳小屯）为中心向四方辐射的国家道路交通大网络。[2] 甲骨学研究者认为商代王邑通往全国各地的交通道路有六条：①西行道，通往今陕西省西安市及扶风、岐山地区；②南行道，通往今湖北、湖南、江西等省的荆楚地区；③东南行道，经今河南商丘南下通往今安徽省境内；④东行道，通往今山东省境内；⑤东北行道，通往今河北省卢龙地区；⑥西北行道，通往今晋中地区。这些主要干道其宽不下于三米，宽者可达六米，可供车辆通行。[3] 商代的交通工具主要是车和

① 郭旭东：《商代的军情观察与传报》，《殷都学刊》1993 年第 1 期，第 6 ~ 9 页。

② 宋镇豪：《夏商社会生活史》（上），中国社会科学出版社 1994 年版，第 284 页。

③ 王宇信、杨升南主编：《甲骨学一百年》，社会科学文献出版社 1999 年版，第 586 页。

舟。车用于陆上交通，有马车、人力车和牛车三种。马车有时供商王出行田猎之用（《合集》10405），有时用于作战（《合集》6834）。甲骨卜辞中所见人力车是“辇”（《合集》29693），可供商王出行之用。而牛车是“牵”（《合集》34677），卜辞记载一次用150辆牛车（《合集》34674），其运输量十分巨大。[①] 舟用于水上交通，甲骨卜辞中有商王乘舟于“河”（《合集》24609）、“滴水”（《合集》24608）的辞例。商代还建立了一套较为完备的交通制度。一是驿传的设置。甲骨文中有“驿*”字，指驿传（车），商代驿传使用较为普遍，商王游猎使用“驿*”（《合集》29084），官吏贵族来往于王都亦用“驿*”（《合集》296、《合集》28011），军事上以“驿*”传达军情或运送军队（《屯南》1049）。二是驿站的设置。商代有驿传，同样也有与之相配套的驿站，在国家主要干道上设置驿站，以作来往人员食宿之所。甲骨卜辞中有一“羁”字，许进雄等认为是设于商代道路上的驿站名。[②]

交通干道、工具、设施及制度的出现与完善，为商王巡视各地，方国部族首领来往于王都与属地之间，以及运送军队、军需物品、经济产品等提供了重要的基础设施，并为殷商王朝与方国部族之间的信息交流与传播提供了重要的物质条件，这就确保了商王与方国部族首领、商王都与各地信息畅通无阻地交流与传播，特别是边境军情的及时传达。[③] 更为重要的是，它们把幅员辽阔的中华大地有机地联结起来，对殷商王朝的统一和安定起到了重要作用。

政治、经济、军事、交通等社会环境要素是商代信息传播发展的重要外因，为商代信息传播事业发展提供了极其肥沃的土壤。除上述要素之外，宗教、文化、科技、教育等社会环境要素也对商代信息传播产生过重大影响与作用，这些都有待我们进一步深入地研究与探索。

---

① 王宇信、杨升南主编：《甲骨学一百年》，社会科学文献出版社1999年版，第588页。

② 王宇信、杨升南主编：《甲骨学一百年》，社会科学文献出版社1999年版，第590页。

③ 巫称喜：《商代信息传播制度》，《江汉论坛》2008年第11期，第141~143页。

第七章　神权政治与商代传播

美国传播学家丹尼尔·勒纳对政治与传播的关系有一段精辟的论述："生活于同一政治形态中的人们，形成信息传播的特定方式，犹如形成其他商品流通的特定方式。这些信息流动的方式在许多点上，都与权力、财富、地位及其他有价值事物的方式相互作用，形成一个大的系统。也就是传播方面的深刻变化，总是伴随着其他方面一定的有规模的变化。"① 换言之，传播形态的变化往往是由政治形态变化引起的，政治形态的特点往往决定了传播形态的特点。商代的政治形态与传播形态实际状况如何？它们之间具有怎样的关系？这是我们试图解决的问题。

第一节　商代神权政治特点

关于商代神权政治特点，王晖先生在其专著《商周文化比较研究》中有过精当的概括："神权独尊、神权统治的商代是神本时代。祭祀的权力高度集中在以商王为首的商王室手中。在这个时代，甲骨占卜是沟通神鬼与商王关系的手段，巫祝贞人是沟通神鬼与商王关系的神人，构成了神权至上的时代特色。"②《礼记·表记》说："殷人尊神，率民以事神，先鬼而后礼。"这也说明了商代尊神事鬼，崇信上帝鬼神，商代以神权为主的政治特点是十分明显的。神权政治是如何实施的呢？意大利哲学家维柯的一番话对此不无启示，维柯在《新科学》这部经典著作中提出了一个非常著名的历史发展"三部曲"——神的时代、英雄的时代和人的时代。他认为："神的时代，其中诸异教民族相信他们在神的政权统治下过生活，神通过预兆和神谕来向他们指挥一切，预兆和神谕是世俗史中最古老的制度。"③ 所谓神权政治就是人间统治者依靠预兆和神谕的神权力量来统治国家、管理民众。在商人心目中，商代诸神各自拥有不同的权能，是人间万事的主宰者，同时又是人间万事的制造者，直接左右着殷商王朝未来发展的历史进程。④ 大量殷墟甲骨卜辞表明，商代诸王及其王室成员对每天发生以及将要处理的大事小情都要征询上帝和祖先神的意见、看法，上至祭祀、征伐、任免、婚丧大事，下至生育、疾病、田猎、出行、天气等都要利用甲骨进行占卜，然后决定何去何从。我们可以认为，殷商时期是神的时代，商代统治者通过祭祀和占卜获取并发布神谕神命以实施神权统治。甲骨是统治者获取神谕神命的主要媒介，甲骨占卜使商代诸王及其王室成员与商代诸神之间持续不断的沟通交流成为可

---

① 张国良主编：《20世纪传播学经典文本》，复旦大学出版社2003年版，第315页。

② 王晖：《商周文化比较研究》，人民出版社2000年版，第460页。

③ ［意］维柯著，朱光潜译：《新科学》（上册），商务印书馆1989年版，第28页。

④ 巫称喜：《商代诸神与商代信息传播》，《韩山师范学院学报》2008年第4期，第57页。

能，这种人神之间的沟通交流事实上是一种双向互动的信息传播活动，是适应当时神权统治的需要而产生的。一方面，神权政治使商代人神之间交流沟通这种特殊的传播形态得以高度发展，而另一方面，这种特殊的传播形态又极大地维护与巩固了商代的神权统治。从整个商代历史来看，随着商代神权政治的衰微，人神之间交流沟通这种特殊的信息传播方式也逐步淡出政治历史舞台，因此神权政治与人神传播的相互依存关系尤为明显。

第二节 人神传播发展历程

殷商时期是神权政治与人神传播的鼎盛时期。神权政治与人神传播的发展经历了一个漫长而曲折的历史进程，这首先必须从传说中的颛顼时代禁止“民神同位”，实行“绝天地通”谈起。《尚书·吕刑》说：“民兴胥渐，泯泯棼棼，罔中于信，以覆诅盟……上帝监民，罔有馨香德，刑发闻惟腥。皇帝哀矜庶戮之不辜，报虐以威，遏绝苗民，无世在下。乃命重、黎，绝天地通，罔有降格。”这一传说亦见于《墨子·非攻下》、《随巢子》以及《国语·楚语下》，而《国语·楚语下》言之最详：“（楚）昭王问于观射父，曰：‘《周书》所谓重、黎实使天地不通者，何也？若无然，民将能登天乎？’对曰：‘非此之谓也。古者民神不杂……及少皞之衰也，九黎乱德，民神杂糅，不可方物，夫人作享，家为巫史，无有要质，民匮于祀，而不知其福。烝享无度，民神同位。民渎齐盟，无有严威。神狎民则，不蠲其为。嘉生不降，无物以享。祸灾荐臻，莫尽其气。颛顼受之，乃命南正重司天以属神，命火正黎司地以属民。使复旧常，无相侵渎，是谓绝天地通。其后，三苗复九黎之德，尧复育重、黎之后，不忘旧者，使复典之，以至于夏、商。故重、黎氏世叙天地，而别其分主者也……’”上述典籍均说明，在传说中的颛顼和尧的时代，曾对“民神杂糅”现象进行过整顿，企图恢复“古者民神不杂”的传统，实现“绝天地通”的神权政治目的。所谓“民神不杂”，“民”指民众，亦指民事，“神”指诸神，亦指神事，“民神不杂”指民众与诸神分开，民事与神事分开，民众不与诸神交流沟通。这主要是因为原始社会时期，贫富分化并不严重，阶层阶级区别也不明显，那时处于神权的萌芽阶段，只是“万物有灵”时期，并无专一的神灵崇拜，还没有形成有意识、有目的的人神交流沟通。所谓“民神杂糅”、“民神同位”是指民众百姓自作巫史直接向鬼神沟通交流、祈福求佑。由于贫富进一步分化与阶级阶层出现，出现了酋邦社会，也出现了凌驾于人类社会之上的拥有神权的神灵世界。但此时正如《国语·楚语下》所描写的那样，最初的神权并未完全掌握在统治者手中，“夫人作享，家为巫史”，人人自为巫史，则人人都可以与神相通，可以与神直接对话交流。“‘地天’可以相通，在当日人的精神里面，是一种非常具体的事实，绝不只是一种抽象的观念。”① 上神与下民可以相互交流和沟通，意味着庶民百姓的意愿可以自由地上达天神，而天神的意志也可以下传到民间。人人祭祀鬼神、家家都有巫史的这种“民神杂糅”、“民神同位”现象，显然不利于酋长君主的统治。所谓“绝天地通”实际上是禁止民众自作巫史沟通鬼神，将“天地通”的权力集中垄断于

① 张光直：《中国青铜时代》（二集），生活·读书·新知三联书店1990年版，第47页。

统治者手中。颛顼时代，这种神权已为统治者所专有，神鬼祭祀一类的神事专由南正重管理，人间的民事专由火正黎管理，这样就把民事与神事彻底分开，不再杂糅混淆。“也就是说统治者把天神祭祀专管起来，交给自己的巫职人员管理，形成了为统治者自己服务的巫史集团，使神权成为自己统治的有力工具。而另一方面则严禁民众百姓自作巫史直接向鬼神祈福求佑，形成了一个‘民神不杂’社会。”① 《尚书》、《墨子》与《随巢子》等书所记“遏绝苗民”即对苗民进行镇压甚至灭绝，说明从“民神杂糅”到“绝天地通”，民众百姓与统治者对神权的反复争夺是异常激烈、残酷的。这场斗争的最终结局是统治者将上神与下民分开，完全剥夺了民众百姓与上神相通的权力，实现并巩固了神权统治。这种神权政治在殷商时期达到了巅峰，《国语・楚语下》谓：“尧复育重、黎之后，不忘旧者，使复典之，以至于夏商。”《礼记・表记》亦云：“殷人尊神，率民以事神，先鬼而后礼。”恰恰说明了这一点。商代统治者无事不卜，无事不占，毫无疑问商代是一个“民神不杂”、祭祀与沟通上帝鬼神的权力高度集中的社会，是一个神权政治与人神传播高度发达的社会。

综上所述，“民神杂糅”、“民神同位”现象出现于神权政治并未完全确立的时期，民众百姓人人都有权与诸神进行双方互动的信息传播活动，而“民神不杂”、“绝天地通”则标志着颛顼、尧乃至夏商诸王禁止民众百姓与诸神相通，独自垄断和占有人神相通这种信息传播的权力，使人神传播成为维护和巩固神权统治的有力工具。

第三节　商代人神传播媒介

商代诸王及其王室成员与商代诸神进行“天地通”，主要依靠甲骨这个特殊的信息传播媒介来占卜预测。“占卜源起原始宗教中的前兆迷信，属于巫术占验范畴。人们在与自然界的交往中，往往把一些没有因果联系的事象的偶合，视为神所示征兆，久之乃有利用占具为中介，进行人神间的沟通，人为制造兆象，以测未来的吉凶祸若。”②

正因为甲骨是沟通神鬼与商王及其王室成员的重要媒介，商代诸王及其王室成员极其重视并广泛使用甲骨来占卜预测以实施神权统治。《礼记・祭义》说：“昔者圣人建阴阳天地之情，立以为《易》。易抱龟南面，天子卷冕北面。虽有明知之心，必进断其志焉。示不敢专，以尊天也。”由此可见，君王在治国理政时，尽管自己的心愿、打算十分明确，也不敢独断专行，要以甲骨占卜来获取神谕神命。这种情况虽然说的是周礼，但更符合殷人的礼仪。

《尚书・洪范》是周武王克商后与殷商遗臣箕子的谈话记录，其中涉及商代甲骨占卜的情况。《尚书・洪范》说：“汝则有大疑，谋及乃心，谋及卿士，谋及庶人，谋及卜筮。汝则从，龟从，筮从，卿士从，庶民从，是之谓大同。身其康强，子孙其逢，吉。汝则从，龟从，筮从，卿士逆，庶民逆，吉。卿士从，龟从，筮从，汝则逆，庶民逆，吉。庶

① 王晖：《商周文化比较研究》，人民出版社2000年版，第106～107页。
② 宋镇豪：《夏商社会生活史》（上），中国社会科学出版社1994年版，第514页。

民从，龟从，筮从，汝则逆，卿士逆，吉。汝则从，龟从，筮逆，卿士逆，庶民逆，作内吉，作外凶。龟筮共违于人，用静吉，用作凶。”从这些表述可见，在商代政治事务中，有五个方面的决定因素，即王、卿士、庶民、龟和筮。在这五个因素中，前三者属人的因素，后二者代表鬼神的因素，五种因素均表赞同，叫做“大同”；只要后二者赞同，即使前三者有反对，仍算“吉”；不管前三者赞同与否，只要后二者有一方反对，就“作内吉，作外凶”，即只可处理内部事务，不可对外用兵；倘若“龟筮共违于人”，即使前三者都赞成，其结果也只能是“用静吉，用作凶”，殷人只能无所作为。这表明商代政治事务的最后决策权掌握在龟、筮所代表的主宰者——鬼神手里，龟筮占卜的力量比人的力量更为重要，鬼神的意志远远高于人的意志，不用说庶人、卿士，即使是商王的意志，也仅供参考而已。

从甲骨卜辞来看，商代诸王充分利用甲骨这个能够实现“天地通”的重要媒介占卜预测以获取神谕神命之类的信息，作为治国理政的重要决策依据。甲骨文云：“辛亥贞：王征召方，受佑。”（《屯南》4103）（译文：辛亥日贞人预测：商王征伐召方，可能受到保佑。）“己卯卜，殻贞：工方出，王自征，下上若，受我佑。”（《合集》6098）（译文：己卯日占卜，贞人“殻”预测：工方出动，商王亲自征伐，上神下祇可能顺若，我们可能受到保佑。）“辛未卜，殻贞：王勿逆伐工方，下上弗若，不我其受佑。六月。”（《合集》6204 正）（译文：辛未日占卜，贞人“殻”预测：商王不要迎击征伐工方，上神下衹可能不顺若我们，我们可能不能受到保佑。在六月占卜。）这三则卜辞都用占卜预测征伐敌方的可行性，均涉及征伐行动是否能够得到上帝鬼神的福佑，“若”而“受佑”即行，“弗若”不“佑”即止，因此商代诸王在对敌方进行征伐之前，无不通过甲骨占卜来听取神谕神命。商代诸王无事不卜，事事都要听从神谕神命，而神谕神命的获得无不通过甲骨这一媒介来实现，因此甲骨这个信息传播媒介在商代神权政治与人神传播中发挥着极其重要的作用。

商代诸王及其王室成员不仅利用甲骨这个重要媒介，而且运用山、树、动物等日常所见的自然之物以及仪式、法器、酒、药物、饮食、歌舞等人工之物作为沟通神鬼的媒介，充分地进行人神之间的沟通联系，以使人的意愿为神所细察，求得鬼神的允诺和福佑。①

第四节　商代人神传播参与者

商代诸王及其王室成员与商代诸神实现“天地通”，他们交流沟通的中介人主要是巫祝贞人（有时商王亲自担任巫祝贞人之职）。他们通过甲骨占卜上窥神意，下传神谕，为天上神意通达人间发挥着受传者与传播者双重职能的作用。

巫祝贞人在商代王室中有着十分重要的地位，是商史上公认的事实。② 传世典籍中有名的商巫有巫咸、巫贤、巫彭。《殷本纪》中谓：“伊陟赞言于巫咸，巫咸治王家有成。”

① 张光直：《中国青铜时代》（二集），生活·读书·新知三联书店 1990 年版，第 52 页。
② 张光直：《中国青铜时代》（二集），生活·读书·新知三联书店 1990 年版，第 40 页。

“帝祖乙立，殷复兴，巫贤任职。”王逸《楚辞注》：“彭、咸，殷贤大夫。”在这三个在传世典籍中屡次出现的商巫中，彭、咸并见于甲骨卜辞。这些巫祝贞人是仅次于君王的最高官吏，甚至君王本人也是一身兼二任，既是政治领袖，又为群巫首长。陈梦家说：“由巫而史，而为王者的行政官吏；王者自己虽为政治领袖，同时仍为群巫之长。”[①] 李宗侗亦云：“君及官吏皆出自巫。”[②] 此说极有见地，在甲骨卜辞中出现大量贞人，整个殷商时期贞人在百人以上，“贞人是神权的体现者，由贞人沟通神与人的联系。贞人可以宣告神命，他们在殷代政治生活中是举足轻重的”[③]。巫祝贞人均为王室重臣和神职人员，直接秉承神谕神命而宣布王朝大事，其政治地位与社会地位十分显赫。因此，巫祝贞人在占卜事务中始终与商代诸神保持密切的沟通与交流，使商代诸王之意愿能够上达诸神，并将商代诸神的谕命下传诸王，人神之间的信息交流与传播活动畅通自如，有力地维护与巩固了商代神权统治。

第五节　商代人神传播社会历史条件

正如维柯所言，世界诸民族都经历过三个时代，即神、英雄和人先后衔接的三个时代，古希腊、古罗马、古埃及以及古老的中国都曾经历过神的时代，神权政治与人神传播高度发达是神的时代的重要特征。[④] 但从目前的考古发现来看，世界其他民族关于神权政治与人神传播的第一手材料极为罕见，而甲骨卜辞的发现为商代神权政治与人神传播这个典型个案的研究提供了坚实的史料基础。晁福林认为：“关于殷代神权的研究有着很好的条件，那就是丰富的甲骨卜辞材料……这些卜辞材料虽然涉及了殷代社会生活的各个方面，但无不直接或间接地与神权发生关系。从某种意义上可以说这些材料全部是殷人神权崇拜的记录。关于一个时代神权情况的资料如此完整而丰富，这是后世的文献记载难以比拟的，也是世界上古历史中极为罕见的。”[⑤] 从某种意义上也可以说甲骨卜辞材料不仅是殷人神权崇拜的记录，也是殷人与诸神之间对话（信息交流传播）的记录，这是研究人类传播史特别是中国古代传播史非常重要的史料。

商代是一个以神为本的神权统治时代。[⑥] 与这种政治形态相适应的人神相通的传播形态随之发展并达到鼎盛，这是由商代当时的社会历史条件所决定的。殷商王朝的国家体制有内服与外服的区别，同西周王朝一样，内服是王畿，外服是诸侯。从地理区划上讲，殷商王朝统治区域包括王畿和四土；从行政意义上讲，王畿为商王的直辖地区，四土则为方国部族之所在。因此有人认为，殷商王朝是一个以王畿为中心的方国统一体，也有人认为

---

① 陈梦家：《商代的神话与巫术》，《燕京学报》1936 年第 20 期，第 485 ~ 643 页。

② 李宗侗：《中国古代社会史》，华冈出版有限公司 1954 年版，第 118 页。

③ 晁福林：《天命与彝伦：先秦社会思想探研》，北京师范大学出版社 2012 年版，第 60 页。

④ ［意］维柯著，朱光潜译：《新科学》（下册），商务印书馆 1989 年版，第 489 页。

⑤ 晁福林：《论殷代神权》，《中国社会科学》1990 年第 1 期，第 99 页。

⑥ 王晖：《商周文化比较研究》，人民出版社 2000 年版，第 104 页。

是以子族为核心的许多部族的联合体。[①] “殷代政治结构是王权、方国联盟势力、族权等的联合体”[②]，实际上，方国与部族只是同物异名之别。《诗经·商颂·玄鸟》云：“天命玄鸟，降而生商，宅殷土芒芒，古帝命武汤，正域彼四方。方命厥后，奄有九有。”这些都说明商王朝是当时天下的宗主国，行使天命，负有统治天下方国部族的责任。[③] 殷商王朝在方国林立、疆域广大的历史背景下，如何承担宗主国的责任呢？商代诸王主要以神权统摄方国部族势力从而行使王权，这可以从各个方国部族向殷商王朝选派贞人与殷商王朝对方国的祭祀影响两方面得到证实。商灭夏实际上得到“诸侯群后”（《史记·殷本记》）的大力支持，殷商王朝的形成实际上是众多方国部族不断汇合发展的结果。一方面，商代贞人多为各个方国部族的首领，他们有自己的属地和经济力量，并在殷商王朝担任贞人之职，主要负责占卜事务，贞人是人事和神事的沟通者，是商代诸神的代言人，通过开展人神之间的信息交流与传播活动直接参与殷商王朝的军政大事，这样在神权的名义下，王权与方国部族势力等各方利益得到平衡。另一方面，占卜是商王行使神权的重要手段，商王与诸神交流沟通的主要媒介是甲骨，在大多数情况下由贞人从事占卜，但判定吉凶的“占辞”统统由商王发布（仅几例除外），商王甚至亲自充当卜人与贞人，主持命龟取兆并发布命辞，由此可见，商代的“王”确实是全国的最高宗教首领。尽管各个方国部族的贞人参与占卜事务，但占卜预测的主导权始终被操控在商代诸王手中，从而保证商代诸王能够有效地实行神权统治。以臣服的方国部族的代表为贞人，是商王对方国部族实行有效控制的一种重要手段。祭祀是“国之大事”，同时也是加强殷商王朝与方国部族联系以及加深商王与诸神沟通与交流的重要手段。殷商王朝统治者在通过军事征伐或武力威慑使方国部族臣服之后，往往会在祭祀方面对方国部族施加影响。首先，商王祭祀时方国部族要助祭。如：“乙亥卜，争贞，酒*危方以牛自上甲。一月。”（《合集》10084）（译文：乙亥日占卜，贞人“争”预测：可以用危方送来的牛酒*祭自上甲以来的先王先公。在一月占卜。）这表明祭祀上甲及其他先公时，危方要送来牛作牺牲用。其次，商王在要求方国部族助祭的同时，还常常到方国部族内举行祭祀活动。如：“贞：匚于黄。”（《合集》748）（译文：贞人预测：可以在黄方境内举行匚祭。）此辞记载的是商王武丁巡视南方重地时在黄方举行的一次名为“匚”的祭祀活动。

殷商王朝通过用方国部族代表为贞人、令方国部族助祭以及到方国进行祭祀等手段，以占卜与祭祀活动为切入点，在潜移默化中对方国意识形态施加影响，因此殷商王朝经“四衰”而能“四兴”，前后能经历十七世、三十一王、六百余年，并且控制着“正域彼四方”的广大疆域，这与其神权政治手段和人神传播方式的巧妙运用有着密切关系。[④] 神权政治与人神传播相生相伴、相辅相成，创造出辉煌的商代文化。

---

① 岳红琴：《商王朝对方国的祭祀影响》，《殷都学刊》1998 年第 3 期，第 9～12 页。

② 晁福林：《论殷代神权》，《中国社会科学》1990 年第 1 期，第 112 页。

③ 连劭名：《殷墟卜辞所见商代的王畿》，《考古与文物》1995 年第 5 期，第 38 页。

④ 岳红琴：《商王朝对方国的祭祀影响》，《殷都学刊》1998 年第 3 期，第 9～12 页。

第八章　商代诸神与商代传播

商代是一个以神为本的神权统治时代。① "殷代神权基本上呈现着三足鼎立之势。以列祖列宗、先妣先母为主的祖先神，以土（社）、河、岳为主的自然神，和以帝为代表的天神，三者虽然互不统辖，但都或多或少地各自干预着同一个人世间的风雨晴旱和吉凶祸福，其影响嵌入到社会生活的每个角落。"② "商人赋予以上各类神灵以不同的权势、意志与能力，因而它们也就具有不同的影响及人世和自然界的权能。"③ 在商人心目中，商代诸神各自拥有不同的权能，是人间万事的主宰者，同时又是人间万事的制造者，直接左右着殷商王朝未来发展的历史进程。可以说，商代诸神是未来事物或事件发生、发展的最大动因，是商人占卜预测、获取信息的重要信源。

第一节　商代诸神及其权能

殷墟甲骨卜辞中所见商代诸神众多，晁福林将诸神分为三大类：祖先神、自然神、天神，朱凤瀚则将晁福林所认为的"自然神"细分为两类，他把"土"、"方"归为自然神，而将"河"、"岳"归入"有明显自然色彩的祖神"，这样就将商代诸神划分为四种类型："（一）帝（上帝）。无任何附着物的、超出于自然神与祖先神之外的天神。（二）自然神：包括土（社）、方等。（三）由自然神人神化而形成的故有明显自然神色彩的祖神：河、岳属此。（四）非本于自然物的祖神：又包括以下三种亚型：1. 与商王有血缘关系，但年代久远、世系关系已不可考的祖神，如夏*、兕、夒、王亥……2. 与时王有明确世系关系的祖神，包括上甲及其以后的诸先王、先妣（母）。3. 部分在商王朝发展中有影响的旧臣，如伊尹、黄尹及部分戊（巫），虽未必属子姓，但可以认为是商民族的祖神。"④ 关于商代诸神的权能问题，朱凤瀚也有其精辟的见解，他将诸神权能分为三种：①神灵影响及于天象、年成的权能称为自然权能；②神灵施作用于战争的权能称为战事权能；③神灵施作用于王以及其他贵族成员人身的权能称为人事权能。⑤

---

① 王晖：《殷商为神本时代说》，《殷都学刊》2000 年第 2 期，第 12 ~ 17 页。

② 晁福林：《论殷代神权》，《中国社会科学》1990 年第 1 期，第 112 页。

③ 朱凤瀚：《商周时期的天神崇拜》，《中国社会科学》1993 年第 4 期，第 193 页。

④ 吴荣曾等：《尽心集：张政烺先生八十庆寿论文集》，中国社会科学出版社 1996 年版，第 73 页。

⑤ 朱凤瀚：《商周时期的天神崇拜》，《中国社会科学》1993 年第 4 期，第 193 页。

第二节　商代诸神与各类信息

一、商代诸神与天象信息

商代诸神中上帝、土（社）、方、岳、河、夒、王亥、上甲、部分上甲以后的直系先王与部分旧臣有干涉和控制天象发生的能力和行为，表现为明显的自然权能，由此形成了与上述神灵相关的天象信息。

【例 1】贞：今一月帝令雨。（《合集》14132 正）

（译文：贞人预测：现今一月上帝可能命令下雨。）

【例 2】贞：帝其及今十三月令雷。（《合集》14127）

［译文：贞人预测：上帝到了今十三月可能命令（雷神）打雷。］

【例 3】翌癸卯，帝不令风，夕雾。（《合集》672 正）

［译文：明天癸卯日上帝可能不命令（风神）刮风，夜里可能起雾。］

【例 4】己未卜，宁雨于土。（《合集》34088）

（译文：己未日占卜，可以对土神举行宁祭以止雨。）

【例 5】…侑于方，有大雨。（《合集》30395）

（译文：…对方神进行侑祭，可能会有大雨。）

【例 6】庚申卜，永贞：河害雨。（《合集》14620）

（译文：庚申日占卜，贞人“永”预测：祖神河可能阻止下雨。）

【例 7】甲子卜，宾贞：于岳祟雨。（《合集》12864）

（译文：甲子日占卜，贞人“宾”预测：祖神岳可能阻止下雨。）

【例 8】唯夒害雨。（《屯南》2438）

（译文：高祖夒可能阻止下雨。）

【例 9】唯王亥害雨。（《合集》32064）

（译文：高祖王亥可能阻止下雨。）

【例 10】唯上甲害雨。（《合集》12648）

（译文：先王上甲可能阻止下雨。）

【例 11】丁未卜，唯伊害雨。（《合集》32881）

（译文：丁未日占卜，旧臣伊尹可能阻止下雨。）

二、商代诸神与农业信息

上帝、土（社）、方、岳、河、夒、王亥、上甲、部分上甲以后的直系先王与部分旧臣掌控着殷商王国的农业生产与年成丰歉，显现出明显的自然权能，从而形成了与上述诸神相关的农业信息。

【例 12】贞：唯帝害我年。二月。（《合集》10124 正）

（译文：贞人预测：上帝可能会损害我们的年成。在二月占卜。）

【例 13】其祷年于方，受年。(《合集》28244)
(译文：向方神祈求好年成，可能得到好年成。)
【例 14】贞：勿祷年于邦土。(《合集》846)
[译文：贞人预测：不可以向邦社（神）祈求好年成。]
【例 15】庚寅卜，唯河害禾。(《合集》33337)
(译文：庚寅日占卜，黄河可能损害禾稼。)
【例 16】唯岳害禾。(《合集》33338)
(译文：祖神岳可能损害禾稼。)
【例 17】庚寅卜，唯夒害禾。(《合集》33337)
(译文：庚寅日占卜，高祖夒可能损害禾稼。)
【例 18】贞：于王亥祷年。(《合集》10108)
(译文：贞人预测：可以向高祖王亥祈求好年成。)
【例 19】丁丑卜，宾贞：祷年于上甲，燎三小宰*卯三牛。一月。(《合集》10109)
(译文：丁丑日占卜，贞人“宾”预测：可以对上甲用三只小的圈养的羊进行燎祭、用三头牛进行卯祭祈求好年成。在一月占卜。)
【例 20】乙巳贞：其祷禾于伊。(《合集》33282)
(译文：乙巳日贞人预测：可以向旧臣伊尹祈求禾稼丰收。)

有的神灵有“害年”、“害禾”之行为，说明其有祸祟之权能，而有的神灵尚未表现出“害”之行为与权能，但从商人“祷年”、“祷禾”的行为（祈求神灵保佑农业丰收）来看，这些神灵也同样有“害”之权能。

三、商代诸神与殷商王国信息

上帝、方、岳、河、王亥、上甲、部分上甲以后的直系先王及旁系先王与部分旧臣等神灵对殷商王国（卜辞以“我”来表示）产生影响，或福佑，或祸害（以祸害的情形居多），构成了与上述诸神相关的殷商王国信息。

【例 21】丁卯卜，争贞：王作邑，帝若我。(《合集》14200)
(译文：丁卯日占卜，贞人“争”预测：商王建造城邑，上帝可能保佑商王国。)
【例 22】戊申卜，争贞：帝其降我旱*。一月。(《合集》10171 正)
(译文：戊申日占卜，贞人“争”预测：上帝可能要把旱灾降临商王国。在一月占卜。)
【例 23】…唯西方害我。(《合集》33094)
(译文：…西方之神可能祸害商王国。)
【例 24】庚…争贞：岳害我。(《合集》14488)
(译文：庚日…贞人“争”预测：祖神岳可能祸害商王国。)
【例 25】乙未卜，争贞：王亥祟我。(《合集》7352)
(译文：乙未日占卜，贞人“争”预测：高祖王亥可能祸祟商王国。)
【例 26】癸巳卜，成祟我。(《合集》32444)

（译文：癸巳日占卜，先王成可能祸祟商王国。）

【例 27】…黄尹不我祟。（《合集》3484）

（译文：…旧臣黄尹可能不会祸祟商王国。）

商代诸神福佑或祸害殷商王国的方式、范围从卜辞中难以得知，是施以自然权能还是施以战事权能也很难断定。

四、商代诸神与战事信息

商代诸神中上帝、岳、河、王亥、上甲、部分上甲以后的直系先王与部分旧臣都关涉并影响着殷商王国与敌对方国的战事，“告某方”一般指向神灵禀告敌方入侵之消息，以求神灵佑助战争，“匄某方”与“祷某方”应理解为祈求佑助以战胜敌方，这些神灵显现出战争权能，这就形成了与上述诸神相关的战事信息。

【例 28】甲辰卜，争贞：我伐马方，帝受我佑。一月。（《合集》6664）

［译文：甲辰日占卜，贞人“争”预测：我（商王）讨伐马方，上帝可能会保佑我们。在一月占卜。］

【例 29】贞：于河告工方。（《合集》6132）

（译文：贞人预测：可以向高祖河禀告工方入侵之事以求佑助。）

【例 30】…王亥匄工［方］…（《合集》6157）

（译文：…可以向高祖王亥祈求佑助战胜工方…）

【例 31】贞：匄工方于上甲。（《英藏》558）

（译文：贞人预测：可以向先王上甲祈求佑助战胜工方。）

【例 32】贞：于唐告工方。（《合集》6139）

（译文：贞人预测：可以向先王唐禀告工方入侵之消息以求佑助。）

【例 33】告工［方］于黄尹。（《合集》6141）

（译文：可以向旧臣黄尹禀报工方入侵之消息以求佑助。）

五、商代诸神与商王信息

商王对自身安危及身体状况十分关心，占卜人员经常为商王个人进行占卜。上帝、河、上甲、部分上甲以后的直系先王和旁系先王、直系先王配偶或商王已故配偶、旧臣、戊（巫）都会对商王施加祸祟，体现出明显的人事权能，因此形成了与上述诸神相关的商王信息。

【例 34】贞：唯帝肇王疾。（《合集》14222）

（译文：贞人预测：上帝可能使商王患病。）

【例 35】…帝其作王祸。（《合集》14182）

（译文：…上帝可能给商王带来灾祸。）

【例 36】壬寅卜，㱿贞：河害王。（《合集》776 正）

（译文：壬寅日占卜，贞人“㱿”预测：祖神河可能祸害商王。）

【例 37】贞：上甲祟王。(《合集》6122)

(译文：贞人预测：上甲可能祸祟商王。)

【例 38】御疾趾于父乙，孽。(《合集》13688)

(译文：为脚趾患病而对父乙举行御祭，可能有祸孽。)

【例 39】卜丙害王。(《合集》8969 正)

(译文：旁系先王卜丙可能祸害商王。)

【例 40】贞：多妣祟王。(《合集》905 正)

(译文：贞人预测：多妣可能祸祟商王。)

【例 41】丙子…贞：黄尹害王。(《合集》3483 正)

(译文：丙子日…贞人预测：旧臣黄尹可能祸害商王。)

【例 42】贞：尽戊祟王。(《合集》3251)

(译文：贞人预测：旧臣尽戊可能祸祟商王。)

六、商代诸神与贵族信息

上甲、上甲以后的诸直系先王、直系先王配偶或商王已故配偶以及部分旁系先王对商王以外的子姓贵族有佑助、保护行为，具有人事权能，从而形成了与上述诸神相关的贵族信息。

【例 43】贞：祷戌于祖乙。贞：有戌于上甲成。(《英藏》594 正)

(译文：贞人预测：可以为贵族戌向祖乙祈求佑助。贞人预测：可以为贵族戌向上甲、成唐祈求佑助。)

【例 44】贞：御子央于母庚。(《合集》3010)

(译文：贞人预测：可以为子央对母庚进行御祭。)

七、商代诸神与诸妇信息

部分上甲以后的直系先王及部分先王配偶或商王已故配偶能为王室诸妇给予佑助或攘除灾祸，具有明显的人事权能，从而形成了与上述诸神相关的诸妇信息。

【例 45】贞：勿于甲御妇嘉龋。(《合集》13663)

(译文：贞人预测：不可以为妇嘉的齿疾祈求福佑而对甲进行御祭。)

【例 46】…御妇食* 于祖丁。七月。(《合集》2787)

(译文：…可以为妇食* 祈求福佑御祭祖丁。在七月占卜。)

【例 47】贞：御妇好于妣甲。(《合集》2616)

(译文：贞人预测：可以为妇好祈求福佑御祭妣甲。)

八、商代诸神与生育信息

直系先王配偶或商王已故配偶对王室妇女生育常常给予佑助和保护，具有独特的人事权能，甲骨卜辞有此类与上述神灵相关的生育信息的记载。

【例 48】乙亥贞：其祷生于妣庚。(《屯南》1089)

(译文：乙亥日贞人预测：可以为生育之事向妣庚祈求佑助。)

【例 49】…辰贞：其祷生于祖丁母妣己。(《合集》34083)

(译文：…辰日贞人预测：可以为生育之事向祖丁的配偶妣己祈求佑助。)

【例 50】戊申卜，祷生五妣。(《合集》22100)

(译文：戊申日占卜，可以为生育之事向五位先妣祈求佑助。)

第三节　商代各类信息成因

商代诸神对殷商王国、商王及其子姓贵族、王室成员有福佑或祸害的权能，但并非每个神灵都具有相同的神威神力，其施权范围与对象各有侧重，因此商代事件与信息的成因也因诸神施权范围与对象不同而不同。大致说来，有以下七种情形：

(1) 绝大多数神灵都拥有作祟于王的能力，但甲骨卜辞中未见土（社）、方、河、岳祸祟商王的用例，另有少数先王与妣母不祸祟商王，这有可能是卜辞资料不完整所致。甲骨卜辞记载的灾难性事件大都与诸神的作祟能力和行为有关，因此他们是灾难性事件与信息形成的根源所在。

(2) 上帝具有对风、雨、雷等自然天象的特殊控制权和使令权，这是其他神灵所不具备的权能。此外，上帝还有施以殷商王国自然灾害与人事灾难的主动权。上帝对于个人人身只作祸于商王，并不涉及商王以外的任何贵族、王室成员。上帝所拥有的特殊权能，是天气变化与商王得咎发生之因，也是天象、农业、战事、商王、殷商王国相关事件与信息得以形成之因。

(3) 方、土（社）、夒等几位先公高祖共有的权能是影响天象与农业年成（自然权能），但不直接干预人世间的事务，这是他们与上帝和夏*之外的其他祖先神的最大区别。他们是呼风唤雨者，是天象、农业相关事件与信息的制造者。

(4) 河、岳、王亥如同方、土（社）、夒等神灵一样具有自然权能，但他们还具有方、土（社）等所没有的人事权能，如影响战事与其他人事的权能。河、岳、王亥的权能大致与上帝相同，他们可以影响并制造与天象、农业、战事、商王、殷商王国相关的事件与信息。

(5) 上甲及其以后的直系先王诸神灵大都被作为祷年的对象，因而他们具有保佑农业收成的权能，部分先王（如上甲、示壬、大乙）有影响降雨的能力，但他们的主要权能是人事权能，有作祟或福佑商王人身的权能，有佑助殷商王国战胜敌对方国的权能，有佑助子姓贵族、王室诸妇的权能。他们具有上帝、自然神、先公高祖所不具有的人事权能。这些神灵的施权范围更广，影响和制造的事件更多，因此所涉信息类型、数量也更多。

(6) 所有直系先王配偶等女性神灵的权能在于作祟或佑助商王与王室诸妇，而且她们是商王“祷生”即祈求王室诸妇生育的唯一一类神灵。她们也多能作祟或保护非王贵族。她们实施针对商王、贵族、诸妇生育的各种行为，由此形成了与此相关的种种信息。

(7) 王室旧臣中伊尹能影响降雨、年成，黄尹能影响战事，他们具有自然权能与战事权能，是天象、农业、战事、商王相关事件与信息的主要制造者。①

综上所述，甲骨卜辞所反映的与商代诸神相关联的事件与信息，确实表明商代诸神对信息传播具有重要作用。商人具有浓厚的“万物有灵”的观念与多神崇拜倾向，他们将自然天象、战事、人事等发生之动因归于诸神。在商人心目中，诸多神灵是人间万事的主宰者与创造者，即使大量甲骨卜辞所记载的事件并未言明与哪些神灵有关，但我们不难推断出哪些事件是由哪些神灵施加影响而造成的。因此，我们认为商人“万物有灵”的观念与多神崇拜的行为决定了商代信息传播的观念与运作。商代诸神不仅是万事万物之源，而且是万千信息之源。商代诸神不仅是各类事件与信息的制造者，而且是各类事件与信息的传播者。

① 吴荣曾等：《尽心集：张政烺先生八十庆寿论文集》，中国社会科学出版社 1996 年版，第 61 ~ 63 页。

第九章　商代诸王与商代传播

“商代是政教合一的国家，商王是政治首领的同时又是宗教首领。商王在日常生活中不仅参与政治、军事事务的决断，还经常参与祭祀、占卜等宗教事务。”[①] 商代诸王在占卜事务及信息传播中发挥着领导作用。

第一节　商代诸王具有信息终测权

商代诸王是通过亲自参加占卜活动并发布占辞来行使其信息终测权的。占辞记载着商王占卜预测的结果，“一条完整的卜辞由叙辞、命辞、占辞和验辞组成，其中占辞是对卜兆的占断，是个人意志在神圣体制中体现的关键，也是神权的中心环节……卜辞所记录的占辞占断绝大多数都来自于王，王在占卜中具有绝对的权威”[②]。

【例1】癸丑卜，争贞：旬亡祸。王占曰：有祟有梦。甲寅允有来艰。左告曰：又往刍自益十人又二。(《合集》137)

[译文：癸丑日占卜，贞人“争”预测：这一旬可能没有灾祸。商王推断说：有祸祟，有噩梦。甲寅日真的发生了灾祸。左（人名）报告说：在益地又有十二名畜牧奴隶逃跑了。]

其中“癸丑卜，争”是叙辞，意为在癸丑这天进行占卜，由贞人“争”主持占卜事务，叙辞记录时间和主其事者。“贞：旬亡祸”是命辞，是贞人对兆象作出的初步的信息解读和预测。“旬亡祸”指在上一旬的末日癸日，预测下旬是否有灾祸发生。十日一旬以十干的甲日始，癸日止。甲骨文中卜旬的卜辞特别多，这就是商人重视“卜旬”这种风气的反映。“王占曰：有祟有梦”是占辞。《说文》：“占，视兆问也。”段玉裁注：“《周礼·占人》注曰：占蓍龟之卦兆吉凶。”即视龟的兆象断吉凶。“王占曰”即商王视龟骨上的兆象来断定吉凶。“有祟有梦”是商王对兆象作出的判断，也就是信息的最终预测。“有祟”指有灾祸，“有梦”大致是商王头天晚上曾做了一个不祥之梦，恰与今日之兆象相应。“甲寅”之后的一段文字为“验辞”，是表示商王的判断预测是否得到应验之辞。“验辞”的内容是真的发生了灾祸，有位名为“左”的大臣前来报告说在益地又有十二名畜牧奴隶逃跑了，这更证明商王占辞的准确无误。[③] 商王的占辞得到事实的验证，从而否定了贞人的预测，显示了商王高超非凡的预测能力。

---

① 中国文物学会等编：《商承祚教授百年诞辰纪念文集》，文物出版社2003年版，第253页。

② 中国文物学会等编：《商承祚教授百年诞辰纪念文集》，文物出版社2003年版，第255～256页。

③ 杨升南：《商代的王权和对王权的神化》，《中国史研究》1997年第4期，第21页。

在占卜过程中，发布占辞是最为主要的环节。商人特别相信兆象所示结果和作“占辞”的人，能作“占辞”的人实际上就操纵着一件事情的决定权。“在甲骨文中，我们遍检所出土的十余万片甲骨，除有几例的占辞不是‘王占曰’外，其余全是‘王占曰’。这样，不管进行问卦的贞卜人是谁，所有占卜的吉凶最后决断权皆在商王。所以，商代的占卜，实是由商王所垄断着的。”① 由此可见，商代诸王不仅是世俗社会的政治领袖，而且是商代诸神的代言人。他们在商代信息传播中极为重视神谕神命之类信息的控制与垄断，尤其在重大事件上，更是牢牢地掌握着神谕神命之类信息的终测权与发布权，以达到强化王权、稳固政权的政治目的。

第二节　商代诸王约束限制贞人权力

商代诸王虽然对占卜预测具有信息终测权，但他们不可能事必躬亲地决断一切占卜事项，许多事务必须委托于贞人，而在商代前期（武丁至廪辛）贞人集团拥有很高的地位和显赫的权力，是神权势力的代表，神权几乎成为一种独立的权力。“为了限制贞人权力的扩大，使贞人之间互相牵制，商王采取多种方法，分散贞人的神权，加强贞人之间的权力监督与牵制。”② 贞人所拥有的占卜权逐步被削弱，商王自身的权威和权力不断强化，致使商代后期（康丁至帝辛）贞人逐渐沦为王权的附庸，而商王则逐渐摆脱王权对神权的依附而完全取得占卜权。这种控制与垄断是通过采用一事多卜、习卜、选卜、贞人共贞等方式来实现的。

卜辞中常见一事多卜，有的是在同一版甲骨上反复占卜预测同一件事情，有的是就同一件事情在不同甲骨上反复占卜预测信息。商王让同一贞人或不同贞人为同一件事情对不同甲骨上显现的兆象进行预测，有利于防止贞人滥用占卜权，操纵占卜预测结果。“一事多卜正是对贞人决断权的分散，这有利于商王对占卜权的把握。”③

在贞人占卜之后有了预测结果的情况下，商王依然有从中选择的余地。从已卜结果中选择的方式大致有两种：习卜与选卜。商王采用习卜方式能够顺理成章地根据自身需要要求贞人对某次占卜结果再度占卜，获取符合自己意愿的占卜预测结果。商王采用选卜方式则能够从贞人已经预测到的多种结果中选出符合自己意愿的那一种预测结果。商王有时还会采用贞人共贞的方式，所谓贞人共贞，是指由两位或两位以上贞人就同一件事情共同占卜预测。例如：

【例2】癸酉卜，争𠧞贞：旬亡祸。（《合集》6929）

（译文：癸酉日占卜，贞人“争”和“𠧞”共同预测：这一旬可能没有灾祸。）

【例3】癸巳卜，㱿𠧞贞：旬亡祸。（《合集》3610）

（译文：癸巳日占卜，贞人“㱿”和“𠧞”共同预测：这一旬可能没有灾祸。）

---

① 杨升南：《商代的王权和对王权的神化》，《中国史研究》1997年第4期，第22页。

② 中国文物学会等编：《商承祚教授百年诞辰纪念文集》，文物出版社2003年版，第258页。

③ 中国文物学会等编：《商承祚教授百年诞辰纪念文集》，文物出版社2003年版，第258页。

例2由“争”与“𠱄”两人同事共贞，例3由“㱿”与“𠱄”两人同事共贞。这种共贞形式显然是要加强贞人之间的相互监督与牵制，以达到商王对占卜活动实施控制的真正目的。

商代还在甲骨占卜之外进行筮占，更增加了商王对预测结果进行选择的范围和自由度，商王得以更灵活巧妙地操纵兆象的占断和信息的选择，满足对神谕神命之类信息的不同需求。

第三节　商代诸王逐步垄断占卜权

“殷王朝是以子姓为核心的许多部族的联合体，贞人则是诸部族势力在王朝中的代表之一。”① 贞人具有沟通神与人的特殊禀赋和能力，是神权的体现者。商代诸王为了冲破神权的桎梏，逐步强化和巩固王权，采取了一系列更为具体的措施来控制并垄断占卜权，以达到利用神权为王权服务的最终目的。

一、商王亲自选派贞人占卜，亲临占卜现场监督占卜或亲自占卜

商王通过选派王室成员担任贞人来打破各方国部族代表担任贞人的垄断局面。武丁时的贞人“韦”，卜辞又称“子韦”（《后》下18.2）；祖甲时的贞人“洋”，又称“子洋”（《拾》9.1）；廪辛时的贞人“何”，又称“子何”（《合集》12311正）；鼓*又称“子鼓*”（《合集》16976正）。这几位贞人都是与殷商王室关系甚近的多子族首领，他们直接参与占卜事务，直接对商王负责，有利于商王对占卜事务实施控制。②

商王还通过委派亲信大臣直接占卜的方式，获取自己所需的占卜预测结果，以免受制于贞人。

【例4】辛未王卜曰：余告多君曰：般卜有祟。（《合集》24135）

（译文：辛未日商王预测说：我可以告诫多君说：师般所获兆象表明可能有祸祟。）

这则祖庚卜辞表明商王派大臣师般去占卜。③

有时商王还会亲临占卜场所，指导、监督占卜过程，以获取有利于自身的占卜结果。如以下的武丁卜辞：

【例5】癸酉卜，永贞：旬亡祸。王率矢于卜。（《合集》16846）

（译文：癸酉日占卜，贞人“永”预测：这一旬可能没有灾祸。商王在占卜场所举行率祭、矢祭。）

【例6】丁丑贞：王于卜伐。（《合集》32968）

（译文：丁丑日贞人预测：商王可以在占卜场所举行伐祭。）

① 晁福林：《试论殷代的王权与神权》，《社会科学战线》1984年第4期，第96页。
② 晁福林：《试论殷代的王权与神权》，《社会科学战线》1984年第4期，第97页。
③ 晁福林：《试论殷代的王权与神权》，《社会科学战线》1984年第4期，第96～102页。

商王如果对贞人的占卜不放心，有时候就自己进行占卜。① 如：

【例7】丁卯王卜贞：今骨筮九备，余其比多田于多伯征盂方伯炎。唯辛翌日步，无左，自上下于祭示，余受佑。不曹* 戋* ［告］于兹大邑商无害在祸*。弘吉。在十月遘大丁翌。(《合集》36511)

(译文：丁卯日商王占卜预测：今天卜骨和筮草九次显示兆象，我可以联合多田与多伯征伐盂方伯炎。辛日进行翌祭、日祭之后征伐盂方可能不会有祸，从上神下祇到先祖诸神都可能会保佑我。我向大邑商宣告，我们可能不会失败。商王推测说：大吉大利。在十月为大丁举行翌祭而进行遘祭。)

这则卜辞表明商王亲自进行灼龟取兆与预测，联合多田与多伯征伐盂方伯炎，将得到诸神佑助而获胜，不会给大邑商带来祸害。商王不仅自卜自贞，而且自占，“弘吉”就是商王的占辞，意为大吉大利。这次占卜的每一个环节都由商王自始至终亲自实施，以获得令自己满意的预测结果。

二、商王对占卜内容的选定

对占卜内容的选定其实就是对占卜权力的一种规定和限制。商代前期的卜辞占测内容多由贞人选定，而且内容广泛，涉及征伐、田猎、行止、祭祀、垦殖、生育、丰歉、疾病、任免等诸多方面，商代后期的占卜内容多由商王选定，且多为卜旬之类的卜辞。正如吉德炜所说：“到帝乙、帝辛时代，情况已经有了极大的变化。那时的占卜记录已经远不如武丁时代真实，操纵玩弄的痕迹也更为明显。”② 从这种变化可以看到商王地位的逐步提高和贞人地位的日渐下降，商王逐步控制并最终夺取了贞人的占卜权。下列卜旬辞例也可以说明这一点：

【例8】癸未卜，宾贞：旬亡祸。八月。(《合集》16679)

(译文：癸未日占卜，贞人“宾”预测：这一旬可能没有灾祸。在八月占卜。)

【例9】癸未卜，王在丰贞：旬亡祸。六月。(《后》上10)

(译文：癸未日占卜，商王在丰地占卜预测：这一旬可能没有灾祸。在六月占卜。)

【例10】癸卯贞：旬有祟，王亡祸。(《合集》32970)

(译文：癸卯日贞人预测：这一旬可能有灾祸，但商王可能没有灾祸。)

【例11】癸亥卜，黄贞：王旬亡祸。(《合集》36487)

(译文：癸亥日占卜，贞人“黄”预测：商王这一旬可能没有灾祸。)

【例12】癸巳王卜贞：旬亡祸。王占曰：吉。在六月甲午彡羌甲，唯王三祀。(《合集》37838)

(译文：癸巳日商王占卜预测：这一旬可能没有灾祸。商王推断说：吉利。在商王三年六月甲午日彡祭羌甲。)

① 晁福林：《试论殷代的王权与神权》，《社会科学战线》1984年第4期，第100页。

② ［美］吉德炜：《中国正史之渊源：商代占卜是否一贯正确?》，见陕西省考古研究所、中国古文字研究会、中华书局编辑部合编：《古文字研究》(第十三辑)，中华书局1986年版，第126页。

例 8 为武丁时期卜旬标准辞例，是由某位贞人占卜预测整个殷商王朝是否有灾祸；例 9 为庚甲卜辞，虽然还是占卜预测整个殷商王朝是否有灾祸，但已经是由商王亲自占卜预测了；例 10 为武文卜辞，指出即使整个殷商王朝有灾祸，商王也无灾祸；例 11、例 12 为帝乙卜辞，例 11 不是占卜预测殷商王朝，而是占卜预测商王个人有无灾祸，例 12 中不仅卜人、贞人都是商王，发布占辞者也是商王。大体说来，商代前期的卜旬是对整个殷商王朝负责的，后期则是对商王个人负责的。①

总之，从商代历史来看，商代诸王与贞人集团对于占卜权的争夺是贯穿整个殷商时期的。随着神权的衰微和王权的加强，贞人的权力逐渐被削弱，而商王的权力则不断得到强化。商代占卜权逐步从贞人实际掌握转移到商王手中，商王完成了对占卜权的完全控制与垄断。对占卜权的争夺，实质上是神权与王权两种不同力量的较量，而占卜活动本身是一种采集与传播商代诸神神谕神命之类信息的重要政治活动，商代诸王对占卜权的控制与垄断，归根结底是对神谕神命之类信息的控制与垄断。毫无疑问，商王最终取得了占卜权。

① 晁福林：《试论殷代的王权与神权》，《社会科学战线》1984 年第 4 期，第 96 ~ 102 页。

第十章 商代贞人与商代传播

商代贞人在百位以上，他们大多为方国部族首领，拥有自己的属地和经济力量，也为殷商王朝担任贞人之职，力图通过神权左右殷商王朝的军政大事。贞人在占卜活动中，主要负责占龟，领悟神意，传达神谕，实际上是通过占卜预测获取、传播信息，因此，贞人是占卜活动的中心人物。贞人不仅是殷商王朝政治集团的中流砥柱，而且是商代信息传播的中坚力量，为商代信息传播作出了独特而重大的贡献。

第一节 贞人来源与政治地位

在甲骨卜辞中存在大量贞人，贞人署名于卜辞“贞”字之前。1933 年董作宾发表《甲骨文断代研究例》，提出“贞人说”，统计出贞人 33 位。[①] 1965 年董作宾著述《甲骨学六十年》，统计贞人已达 73 位。[②] 其后，陈梦家和岛邦男也分别对贞人作了系统的统计与研究，陈梦家认定有 120 位[③]，岛邦男认定有 110 位[④]。对贞人作最细致深入研究的当属饶宗颐，饶氏于 1959 年出版《殷代贞卜人物通考》，对甲骨文中的贞人资料作了详尽的梳理，共得贞人 142 位。[⑤] 尽管各家统计数字有异，但整个殷商时期贞人在一百人以上已成共识。如此众多的贞人从事占卜预测工作，学术界称之为“贞人集团”。甲骨卜辞中有 5 位贞人同版占卜例（《合集》11546），有 4 位贞人同版占卜例（《合集》667 正、《合集》3297 正），也有 3 位贞人同版占卜例（《合集》15515 正、《合集》11274 正），还有两位贞人同条卜辞例（《合集》3755、《合集》3756、《合集》3610），这说明商代确实存在过这样的“贞人集团”。因此贞人身份来源及其政治地位问题的确有研究的必要。

“殷王朝是以子姓为核心的许多部族的联合体，贞人则是诸部族势力在王朝中的代表之一。”[⑥] “贞人集团中，属于已经与商融合的部族的贞人是少数，多数贞人仍属于那些尚未与商融合却又臣属于殷的部族。在卜辞中有不少贞人名同时又是地名、部族名。”[⑦] 以“亘”为例颇能说明问题：

【例 1】己亥卜，争贞：令弗其获执亘。（《合集》6952）

---

① 中国文物学会等编：《商承祚教授百年诞辰纪念文集》，文物出版社 2003 年版，第 253 页。
② 中国文物学会等编：《商承祚教授百年诞辰纪念文集》，文物出版社 2003 年版，第 253 页。
③ 陈梦家：《殷虚卜辞综述》，中华书局 1988 年版，第 202 页。
④ ［日］岛邦男：《殷墟卜辞研究》，鼎文书局 1975 年版，第 11 页。
⑤ 中国文物学会等编：《商承祚教授百年诞辰纪念文集》，文物出版社 2003 年版，第 253 页。
⑥ 晁福林：《试论殷代的王权与神权》，《社会科学战线》1984 年第 4 期，第 96 页。
⑦ 晁福林：《试论殷代的王权与神权》，《社会科学战线》1984 年第 4 期，第 97 页。

（译文：己亥日占卜，贞人“争”预测：可以命令不要抓获、拘执亘方人员。）

【例2】亘入十。（《合集》9289）

（译文：亘方进贡十件贡品。）

【例3】癸卯卜，亘贞：我受黍年。（《合集》9951）

［译文：癸卯日占卜，贞人“亘”预测：我（商王国）的黍可能会有好年成。］

【例4】壬辰卜，贞：亘无祸。（《合集》10184）

（译文：壬辰日占卜，贞人预测：亘方可能没有灾祸。）

例1、2、3、4分别说明“亘”曾为殷商王朝敌对方国，“亘”后臣服于商并进贡，“亘”的首领到商国充当贞人，“亘”成为商的亲信而商王对其安危倍加关注。此外，如宾、内、充、彀、何、彭、寅、逆、犬、永、大等都是人名、地名、族名合一的。这正说明这些人在自己方国部族的属地为首领，供职于殷商王朝则为贞人。正因为这些人是方国部族的代表，有方国部族势力作后盾，所以他们在殷商王朝中颇有政治地位。祖庚、祖甲时期的“中”、“骨”，廪辛时期的“口”等贞人曾担任殷商王朝十分重要的职务“小臣”。有些贞人曾为“亚”职，有些贞人被封为“侯伯”，有些贞人所属方国部族的女子往往成为殷商王室之妇，这些足见方国部族势力相当可观。

许多贞人有自己的属地和经济力量，所以卜辞中有不少贞人封域及纳贡的记载：

【例5】我来三十。（《合集》248反）

（译文：我方进贡三十件贡品。）

【例6】丁丑卜，韦贞：使人于我。（《合集》5525）

（译文：丁丑日占卜，贞人“韦”预测：可以派人出使到我方。）

【例7】永入十。（《合集》18911反）

（译文：永方进贡十件物品。）

【例8】壬寅王卜，在呈次贞：今日步于永，无灾。（《英藏》2562）

［译文：壬寅日商王占卜，在呈次（地名）预测：今日出行到永方，可能没有灾祸。］

例5、6分别指“我”有纳贡和封域，例7、8分别指“永”有纳贡和封域。由于“殷前期的贞人多数为部族首领，他们有自己的属地和经济力量，他们入于殷王朝担任贞人之职，力图通过神权左右殷王朝的军政大事”①。贞人对商代王权具有了强大的牵制和约束作用。贞人拥有占卜权，实际上就是拥有神谕宣示权，也就是信息传播权，他们无不直接或间接地影响着商代诸王治国安邦的决策与行动。

第二节 贞人的职能与作用

关于商代贞人问题，晁福林先生有一番十分精当的论述：“贞人是神权的体现者，由

① 晁福林：《试论殷代的王权与神权》，《社会科学战线》1984年第4期，第98页。

贞人沟通神与人的联系。贞人可以宣告神命，他们在殷代政治生活中是举足轻重的。”①

贞人是卜人所获兆象的最初的解读者与预测者。其主要职责是“占龟”，即认真仔细地察看卜人获得的兆象，并对事物发展的信息作出初步推断，具有“信息初测权”。贞人从事“贞”（信息预测）这项工作，主要是为商王进行最后的信息预测提供参考。贞人的预测结果在卜辞中以命辞的形式出现。

贞人在占卜过程中对征伐、田猎、祭祀、任免、天象、生产、生活等各个方面进行信息预测，发布命辞，宣示神谕神命，为商王治国理政提供决策依据，特别是贞人可以借助诸神的名义直接指令王室大臣或贵族代行王事，处理殷商王朝的军政大事，或对商王的大政方针提出自己的建议，力图通过神权左右殷商王朝的政治生活。

【例9】乙巳卜，殻贞：插各化载王事。（《合集》5440）

（译文：乙巳日占卜，贞人“殻”预测：可以由插各化处理王事。）

【例10】庚申卜，殻贞：吴载王事。（《合集》5459）

（译文：庚申日占卜，贞人“殻”预测：可以由吴处理王事。）

【例11】己卯卜，奚贞：令多子族比犬侯璞周，载王事。五月。（《合集》6812正）

（译文：己卯日占卜，贞人“奚”预测：可以命令多子族联合犬侯攻击周国，处理王事。在五月占卜。）

【例12】壬子卜，争贞：我其作邑，帝弗佐若。三月。癸丑卜，争贞：勿作邑，帝若。（《合集》14206）

（译文：壬子日占卜，贞人“争”预测：我建造城邑，上帝可能不会佑助顺若。在三月占卜。癸丑日占卜，贞人“争”预测：不建造城邑，上帝可能佑助顺若。）

例9至例11中的“载王事”指处理殷商王朝的军政大事，某人“载王事”是指某人代行王事，并非处理商王委派之事。“‘载王事’都是由贞人卜问的卜辞，尚未见到由王来贞问的辞例，这说明选派某人‘载王事’乃是贞人的意愿。‘载王事’的卜辞从未有王的占辞，说明王与‘载王事’人员的选派无涉。‘载王事’是部落联盟时代诸部落首领轮流执掌权力的原始民主形式的遗存。”② 例12为武丁卜辞，“这两条卜辞无论哪一条灵验，结论都是不应当‘作邑’，表现出贞人不赞成修筑城邑的态度”③。这些都是贞人通过发布命辞以神权名义行使政治权力的证明。

商王所作占辞是商王预测能力的最好体现，商王通过发布占辞显示其作为政治领袖和宗教领袖的权威，而贞人对于占而不准的商王的占辞，往往在验辞部分如实记载，并没有为尊者讳，有时贞人还对商王的占辞表示怀疑而进行占卜预测，对商王的占辞的权威性提出质疑，这是对商王信息终测权的一种挑战，也是对自身信息初测权的维护。

【例13】癸酉卜，亘贞：臣得。王占曰：其得唯甲乙。甲戌臣涉舟延，弗告。旬又五日丁亥执。十二月。（《合集》641正）

① 晁福林：《试论殷代的王权与神权》，《社会科学战线》1984年第4期，第96页。
② 晁福林：《试论殷代的王权与神权》，《社会科学战线》1984年第4期，第99页。
③ 晁福林：《试论殷代的王权与神权》，《社会科学战线》1984年第4期，第99页。

（译文：癸酉日占卜，贞人“亘”预测：可能抓到逃臣。商王推测说：可能在甲日或乙日抓到。甲戌日逃臣乘船涉河，没有人报告。十五日后的丁亥日逃臣被抓获。在十二月占卜。）

【例 14】贞：王占曰：遘勿执。（《合集》5930）

［译文：贞人预测：商王可能推测说：遘（人名）可能不会被抓住。］

例 13 意谓贞人“亘”预测能抓获逃跑的臣子，商王发布占辞说在甲日或乙日可以抓获。验辞证明商王说得不对，既非甲日，也非乙日，而是十五天以后的丁亥日才捉到的，卜辞如实记载商王占卜预测失误。例 14 就是贞人对商王的占辞进行占卜预测，由此可见商王的占辞并不一定是最终裁决。

从信息传播的过程模式来看，贞人之“贞”处于信息传播的中心环节，贞人是整个信息传播过程中不可或缺的中心人物。由于商代占卜活动“卜”、“贞”、“占”依次按序进行，商代诸神、卜人、贞人、商王互为传播者、受传者。在“卜”、“贞”、“占”这三个环节中，“贞”处于中间环节，不可缺少。如果没有贞人之“贞”，卜人命龟取兆变得徒劳无益、毫无意义，诸神意志难以得到解读和传达。而商王之“占”并不是每卜必有，只是偶尔为之，且多以贞人之“贞”为“占”的起点，这就决定了“贞”和贞人在占卜预测中处于中心地位。我们看看甲骨卜辞中“甲子卜，争贞”（《合集》811 反）这一辞例，就更加清楚了。虽然卜人已经命龟取兆，但没有贞人的“命辞”内容，人们除了知道贞人为“争”以外，就没有其他具有实质性内容的信息可以获取了，这次占卜至少在我们后人看来是毫无信息价值的。

第三节　贞人占卜预测内容

绝大多数甲骨卜辞只有贞人的命辞，这说明大多数情况下由贞人独自承担占卜预测职能，独自拜受商代诸神的神谕神命。我们仅对武丁时期著名贞人“㱿”所涉卜辞加以研究，从而更为全面地了解商代贞人占卜预测的大致内容。

一、战争消息

【例 15】丁酉卜，㱿贞：今春王登人五千征土方，受有佑。三月。（《合集》6409）

（译文：丁酉日占卜，贞人“㱿”预测：今年春天商王征集五千兵员征伐土方，可能受到诸神佑助。在三月占卜。）

【例 16】辛酉卜，㱿贞：今春王比望乘伐下危，受有佑。辛酉卜，㱿贞：今春王勿比望乘伐下危，弗其受有佑。（《合集》6482）

［译文：辛酉日占卜，贞人“㱿”预测：今年春天商王联合望乘（部族首领）攻打下危，可能会受到保佑。辛酉日占卜，贞人“㱿”预测：今年春天商王不联合望乘攻打下危，可能不会受到保佑。］

【例 17】辛丑卜，㱿贞：工方其来，王勿逆伐。（《合集》6197）

（译文：辛丑日占卜，贞人“殻”预测：工方来侵犯，商王不可以亲自前去征伐。）

二、农业生产信息

【例18】乙巳卜，殻贞：［王］大令众曰：协田，其受年。（《合集》1）

（译文：乙巳日占卜，贞人“殻”预测：商王可以威严地命令众人说：翻耕土地，年成可能丰收。）

【例19】乙巳卜，殻贞：西土受年。三月。（《合集》9744）

（译文：乙巳日占卜，贞人“殻”预测：西土可能有好年成。在三月占卜。）

【例20】丁巳卜，殻贞：黍田年鲁。四月。（《合集》10133正）

（译文：丁巳日占卜，贞人“殻”预测：黍田可能有好年成。在四月占卜。）

三、自然天象信息

【例21】己未卜，殻贞：今十三月不其雨。（《合集》12648）

（译文：己未日占卜，贞人“殻”预测：如今十三月可能不会下雨。）

【例22】辛卯卜，殻贞：帝其旱*我。三月。（《合集》10172）

［译文：辛卯日占卜，贞人“殻”预测：上帝可能会使我（商王国）遭受旱灾。在三月占卜。］

四、商王信息

【例23】乙丑卜，殻贞：甲子向乙丑王梦牧石麋，不唯祸，唯佑。（《合集》376正）

（译文：乙丑日占卜，贞人“殻”预测：甲子日与乙丑日相交之际，商王梦见牧石之地的麋鹿，可能不会有祸，可能受到保佑。）

【例24】甲子卜，殻贞：疾役不延。（《合集》13658正）

（译文：甲子日占卜，贞人“殻”预测：疾病可能不会持续。）

【例25】丁卯卜，殻贞：王勿往出。（《合集》5111）

（译文：丁卯日占卜，贞人“殻”预测：商王不可以出行。）

【例26】乙酉卜，殻贞：王于八月入。（《合集》5167）

（译文：乙酉日占卜，贞人“殻”预测：商王在八月可以进入。）

【例27】丙辰卜，殻贞：王其逐鹿获。（《合集》10302）

（译文：丙辰日占卜，贞人“殻”预测：商王追逐鹿，可能有擒获。）

五、诸妇、贵族信息

【例28】戊辰卜，殻贞：妇好娩，嘉。丙子夕向丁丑娩，嘉。（《合集》14003正）

（译文：戊辰日占卜，贞人“殻”预测：妇好分娩，可能会顺利。丙子日与丁丑日相交之际的夜晚分娩，可能会顺利。）

【例29】辛卯卜，系骨凡有疾。（《合集》13888）

［译文：辛卯日占卜，系（人名）可能骨头有疾病。］

六、进贡信息

【例30】甲辰卜，㱿贞：奚来白马。(《合集》9177正)

(译文：甲辰日占卜，贞人“㱿”预测：奚可能送来白马。)

【例31】我来十，㱿。(《合集》795反)

(译文：我方进贡十件物品，由贞人“㱿”签收。)

七、祭祀信息

【例32】癸未卜，㱿贞：翌甲申王宾上甲日。王占曰：吉，宾。允宾。(《合集》1248正)

(译文：癸未日占卜，贞人“㱿”预测：明天甲申日商王可以为日祭上甲而举行宾祭。商王预测说：吉利，可以举行宾祭。真的举行了宾祭。)

【例33】癸未卜，㱿贞：告于妣己暨妣庚。(《合集》1248正)

(译文：癸未日占卜，贞人“㱿”预测：可以对妣己和妣庚进行告祭。)

【例34】乙亥卜，㱿贞：有伐于黄尹，亦侑于蔑。(《合集》970)

(译文：乙亥日占卜，贞人“㱿”预测：可以对黄尹举行伐祭，也可以对蔑举行侑祭。)

八、政务信息

【例35】乙巳卜，㱿贞：插各化载王事。(《合集》5440)

(译文：乙巳日占卜，贞人“㱿”预测：可以由插各化处理王事。)

【例36】庚申卜，㱿贞：吴载王事。(《合集》5459)

(译文：庚申日占卜，贞人“㱿”预测：可以由吴处理王事。)

我们必须指出的是贞人“㱿”占卜预测的内容远不止这些，而且甲骨卜辞字数较多、篇幅较长的卜辞大多是由“㱿”参与占卜而留下的，如《合集》6057正、《合集》6057反、《合集》10405正、《合集》11497正等版。仅从上述卜辞内容来看，兵员征集（例15）、联合作战（例16）、农业耕作（例18）、商王出行田猎（例25、26、27）、先王先妣旧臣祭祀（例32、33、34）、官员选派（例35、36）等“国之大事”都由贞人“㱿”来占卜预测并宣示神谕神命。占测内容广泛，几乎无所不包，贞人所拥有的这种广泛而重要的政治权力都是其特殊的政治地位赋予的。

占卜的目的是宣扬天命，占卜通神是国家的重要职能。商代前期贞人的权力几乎可与商王的权力分庭抗礼。但“到殷代后期，由于王权的提高和各部族力量的削弱，贞人的地位也逐渐衰退。帝乙帝辛时期虽然有黄、派等贞人出现，但这些贞人都不是某个部族的代表，也没有自己的属地和经济实力。他们是王权的附庸，其地位和权力远非昔日可比”①。商代前期与后期贞人的地位与权力差别显著，这显然是由神权与王权力量此消彼长造成的。

---

① 晁福林：《试论殷代的王权与神权》，《社会科学战线》1984年第4期，第98页。

下 编

第十一章 商代方国与战争传播

第一节 商代方国概况

夏商时代，华夏大地方国林立，数量众多。《礼记·王制》郑玄注说："夏末既衰，夷狄内侵，诸侯相并，土地减，国数少。殷汤承之，更制中国方三千里之界，亦分为九州，而建此千七百七十三国焉。"《吕氏春秋·用民》："当禹之时，天下万国。至于汤而三千余国。"《史记·周本纪》记载殷之末世"诸侯不期而会盟津者八百"。而《战国策》说："大禹之时，诸侯万国；及汤之时，诸侯三千。"甲骨文所见的方国名，陈梦家认为有45个，岛邦男考证有65个，钟柏生统计有85个；而分封的诸侯，董作宾认为有59个，胡厚宣统计有101个，陈梦家考证有59个。[①] 虽然至今各家说法不尽一致，但从甲骨卜辞所记商代方国来看，肯定也是数以百计。

殷墟甲骨卜辞所记载的国家，一般称为"某方"。如：

【例1】癸卯卜，宾贞：井方于唐宗彘。(《合集》1339)

(译文：癸卯日占卜，贞人"宾"预测：井方可以到唐宗献彘祭祀。)

【例2】壬寅卜，贞：兴方以羌用自上甲至下乙。(《合集》270)

(译文：壬寅日占卜，贞人预测：可以用兴方送来的羌方奴隶作为祭牲对上甲至祖乙诸先王进行祭祀。)

甲骨文把某国称为"某方"，学术界因而把殷墟甲骨卜辞所记商代各国称为方国。

殷墟甲骨卜辞所记方国的首领，有的称为侯，有的称为伯，如周方的首领称为周侯，卢方的首领称为卢伯，凡是称为某侯、某伯者皆是某国首领。如：

【例3】呼比丹伯。(《合集》716正)

[译文：可以命令联合丹国首领（丹伯）行动。]

【例4】己卯卜，奚贞：令多子族比犬侯璞周，载王事。五月。(《合集》6812正)

(译文：己卯日占卜，贞人"奚"预测：可以命令多子族联合犬侯攻击周国，处理王事。在五月占卜。)

上述这种不以"某方"而以"某伯"、"某侯"方式标出国名的国家，在甲骨卜辞中有40来个，而称"某方"的国家有70多个，二者加在一起共有100多个。

与征伐有关的动词之后的地名，虽无方字，也大多是方国之名。如：

① 李雪山：《商代分封制度研究》，中国社会科学出版社2004年版，第5页。

【例5】丁卯卜，㱿贞：王敦缶于蜀。(《合集》6860)
(译文：丁卯日占卜，贞人“㱿”预测：商王可以在蜀地攻击缶方。)
【例6】庚…雀其戋*㽙。(《合集》6981)
(译文：庚日…商王重臣雀可以打击㽙方。)

将上述三者（称某方者、称某伯或某侯者、省去方者）综合起来看，殷墟甲骨卜辞所记载的方国就有近150个。这比起后代的诸侯国显然要多得多。

第二节　商代军队概况

一、商代军队体制

商代军队在甲骨卜辞中称作“师”。商代国家体制实行内外服制度，因此商代军事力量主要由国家军队、诸侯国军队和贵族武装三个部分组成。①

(一) 国家军队

国家的军队称为“王师”、“朕师”、“我师”、“我旅”、“王旅”、“王行”等。

【例7】甲…来方来…邑，今夕弗震王师。(《合集》36443)
(译文：甲日…方方侵犯城邑，今晚可能不会骚扰商王的军队。)
【例8】…来告大方出伐我师。(《合集》27882)
[译文：…有人来报告：大方可能出动攻伐我（商王）的军队。]
【例9】己未卜，㱿贞：缶其啬*我旅。(《合集》1027正)
[译文：己未日占卜，贞人“㱿”预测：缶方可能供应粮食给我（商王国）的军队。]

(二) 诸侯国军队

诸侯国的军队以“某师”之名称之，见于卜辞的如“吴师”（《合集》5812)、“禽师”（《合集》6051)、“雀师”（《合集》8006)、“犬师”（《合集》27915)、“虎师”（《英藏》2326）等。“师”前一字为诸侯名或地名，以这种方式称呼的“师”，说明它们均为诸侯国的地方军队。② 诸侯国的军队要受王室制约，随王出征。

【例10】立事于南，右从我，中从舆，左从曾。(《合集》5504、5512)
(译文：商王可以在南土开展军事活动，右师可以率领我方，中师可以率领舆方，左师可以率领曾方。)

“我”、“舆”、“曾”是商代“南土”的三个诸侯国。“立事于南”是商王在南土执行军事任务，“右”、“中”、“左”是殷商王国的“三师”。

---

① 杨升南：《略论商代的军队》，见胡厚宣等：《甲骨探史录》，生活·读书·新知三联书店1982年版。
② 宋镇豪：《商代军事制度》，见胡庆钧主编：《早期奴隶制社会比较研究》，中国社会科学出版社1996年版，第198页。

（三）贵族武装

甲骨文中所见的“族”有“王族”、“子族”（常以“多子族”的名称活动，是多个子族的集合称谓）、“三族”、“五族”等。①

【例 11】戊戌卜，争贞：唯王族令戈。（《合集》14915）

（译文：戊戌日占卜，贞人“争”预测：可以命令王族攻伐。）

【例 12】庚辰卜，令王族比𢀛。（《屯南》190）

（译文：庚辰日占卜，可以命令王族联合𢀛方军队。）

【例 13】己卯卜，㱿贞：令多子族比犬侯璞周，载王事。五月。（《合集》6812 正）

（译文：己卯日占卜，贞人“㱿”预测：可以命令多子族联合犬侯攻击周国，处理王事。在五月占卜。）

【例 14】唯三族马令。（《合集》34136）

［译文：商王可以命令三族“马”（军种之一）。］

【例 15】王唯次令五族戍羌方。（《合集》28053）

（译文：商王可以命令五族戍守防御羌方。）

【例 16】癸巳卜，王其令五族戍𢀛。（《合集》28054）

（译文：癸巳日占卜，商王可以命令五族戍守防御𢀛方。）

二、商代军队编制

甲骨卜辞中有“师”、“旅”、“行”、“戍”，研究者一般都认为它们是商代军队的编制名称。

（一）师

“师”为军队的编制，卜辞有右、中、左师的名称。武乙、文丁时期的卜辞有：

【例 17】丁酉贞：王作三师右、中、左。（《合集》33006）

（译文：丁酉日贞人预测：商王可以宣告成立三师即右师、中师、左师。）

（二）旅

“旅”作为军队编制之一，与师一样有左旅、右旅之称，见于《屯南》2328、2350 两片甲骨。②

（三）行

“行”也是一种军事性编制，甲骨卜辞中的“行”有“中行”（《怀特》1504）、“右行”（《合集》19755）、“上行”（《怀特》1464）、“东行”（《怀特》1464）、“大行”

① 丁山：《甲骨文所见氏族及其制度》，科学出版社 1956 年版，第 34 页。

② 王宇信、杨升南主编：《甲骨学一百年》，社会科学文献出版社 1999 年版，第 492 页。

（《怀特》1581）等。①

（四）戍

“戍”有右、中、左之分，见于《屯南》第2320版。其编制法与师、旅、行同，也应是一种军事性编制，所以它时有军事行动。②

【例18】…丑卜，戍𢀛羌方。（《合集》27977）
（译文：…丑日占卜，戍可以夹击围攻羌方。）

第三节　商代战争概况

上古之时，“国之大事，在祀与戎”。大量甲骨卜辞充分反映了这一历史特点。甲骨卜辞中有关殷商王朝对外战争的内容，占有相当大的比重。

一般认为，“从1～5期所征伐的对象，共计有136个。其中有的被征伐对象各期都有，如羌方，而且危方、方、大方、人方、夷方、虘*方等，也见于几个时期。土方主要活动于第一期”③。

从武丁时期丰富的战争卜辞来看，商代的战争进程主要可以分为以下几个阶段：

一、侦察敌情

甲骨卜辞有“侯”字，侯的前身应该是边境等地的武官。这些设在“殷边”的“侯甸”，时时观察敌人的动静，有向王室报告军情之责。④

【例19】癸卯卜，宾贞：工方出，唯有作祸。（《合集》6092）
（译文：癸卯日占卜，贞人“宾”预测：工方可能出动，可能发生祸害。）
【例20】贞：工方不亦［夜］出。（《合集》5520）
（译文：贞人预测：夜晚工方可能不会出动。）

敌方出与不出的消息，就由专司侦察之职者报告，“侯”就是其中一种。

对敌情的侦察在甲骨卜辞中称作“望”或“目”。如：

【例21】贞：呼望工方。（《合集》6186）
（译文：贞人预测：可以命令侦伺工方。）
【例22】贞：呼目工方。（《合集》6194）
（译文：贞人预测：可以命令监视工方。）

① 王宇信、杨升南主编：《甲骨学一百年》，社会科学文献出版社1999年版，第493页。
② 刘展主编：《中国古代军制史》，军事科学出版社1992年版，第51页。
③ 王宇信、杨升南主编：《甲骨学一百年》，社会科学文献出版社1999年版，第499页。
④ 裘锡圭：《甲骨文中所见的“田”、“牧”、“卫”等职官的研究》，见中华书局编辑部编：《文史》（第十九辑），中华书局1985年版。

发现敌情，负有侦察之责者必须向商代王室报告。如：

【例 23】…来告大方出伐我师。(《合集》27882)
[译文：…有人前来报告，大方可能出动军队攻伐我（商王）的军队。]
【例 24】沚馘告曰：土方征于我东鄙。(《合集》6057 正)
(译文：沚馘报告说：土方侵犯了我国的东部边鄙。)

二、告祖与谋伐

告祖是将敌方之事告于先祖，以祈求先祖保佑战争胜利。在获悉从各地传报上来的军事情报后，商代诸王由于崇信神祖，因此首先要举行告祖之礼，将敌方出动侵扰之事告知先公先王并对之举行告祭，希望得到他们的保佑。①

【例 25】贞：告工方于上甲。(《合集》6131 正)
(译文：贞人预测：可以向上甲报告工方进犯并举行告祭。)
【例 26】贞：于报乙告工方。(《合集》6132)
(译文：贞人预测：可以向报乙报告工方进犯并举行告祭。)
【例 27】贞：告工方于唐。(《合集》6138)
(译文：贞人预测：可以向唐报告工方进犯并举行告祭。)
【例 28】贞：于大甲告工方出。(《合集》6142)
(译文：贞人预测：可以向大甲报告工方进犯并举行告祭。)
【例 29】告工方于祖乙。(《合集》6145)
(译文：可以向祖乙报告工方进犯并举行告祭。)

商代诸王还告祭上帝和其他神祖，祈求神灵护佑以取得战争胜利。如：

【例 30】辛亥卜，㱿贞：伐工方帝受［我佑］。(《合集》6271)
(译文：辛亥日占卜，贞人“㱿”预测：讨伐工方，上帝可能会保佑我们。)
【例 31】甲辰卜，争贞：我伐马方，帝受我佑。一月。(《合集》6664 正)
[译文：甲辰日占卜，贞人“争”预测：我（商王）讨伐马方，上帝可能会保佑我们。在一月占卜。]
【例 32】己卯卜，㱿贞：工方出，王自征，下上若，受我佑。(《合集》6098)
[译文：己卯日占卜，贞人“㱿”预测：工方出动，商王亲自出征，上神下祇可能会顺若我们，我（商王）可能会得到保佑。]

对战争的谋划离不开选将与聚众这两个重大的环节。选将即决定由谁率军出征。

有时商王亲征。如：

【例 33】己卯卜，㱿贞：工方出，王自征。(《合集》6098)
(译文：己卯日占卜，贞人“㱿”预测：工方出动，商王亲自出征。)

---

① 郭旭东：《殷墟甲骨文所见的商代军礼》，《中国史研究》2010 年第 2 期，第 47～69 页。

有时商王率领臣属征讨。如：

【例 34】乙卯卜，殻贞：王比望乘伐下危，受有佑。(《合集》32 正)
(译文：乙卯日占卜，贞人“殻”预测：商王率领望乘讨伐下危，可能受到保佑。)

有时商王命将出征，商王不亲往。如：

【例 35】戊子卜，宾贞：禽乞步伐工方，受有佑。十二月。(《合集》6292)
(译文：戊子日占卜，贞人“宾”预测：禽前往讨伐工方，可能受到保佑。在十二月占卜。)

【例 36】辛丑卜，宾贞：令多伊*从望乘伐下危，受有佑。二月。(《合集》6524 正)
(译文：辛丑日占卜，贞人“宾”预测：命令多伊*率领望乘讨伐下危，可能受到保佑。在二月占卜。)

聚众指召集兵员，是一种临时征集制度，此法在武丁时常见，武丁以后因已建立正式军事编制“师”而不再见有此种临战聚众之事。聚众先要建旗，称为“立中”。① 如：

【例 37】…争贞：王立中。(《合集》7365)
(译文：…贞人“争”预测：商王可以建旗聚众。)
【例 38】壬申卜，殻贞：我立中。(《合集》811 正)
[译文：壬申日占卜，贞人“殻”预测：商王(“我”)可以建旗聚众。]

“立中”即建旗聚众，《周礼·大司马》：“若大师，则……建大常，比军众，诛后至者。”“大师”即征伐之事。聚众，武丁卜辞称为“登人”、“共人”等。如：

【例 39】贞：登人三千呼伐工方，受有佑。(《合集》6168)
(译文：贞人预测：命令征召三千兵员征伐工方，可能会受到保佑。)
【例 40】丁酉卜，争贞：王共人五千征土方，受有佑。三月。(《合集》6409)
(译文：丁酉日占卜，贞人“争”预测：商王征召五千兵员征伐土方，可能受到保佑。在三月占卜。)
【例 41】辛巳卜，贞：登妇好三千登旅万呼伐…(《合集》39902)
(译文：辛巳日占卜，贞人预测：可以命令征召妇好的兵员三千人以及征召旅的兵员万人，讨伐…)

三、战争物资征集与供应

战争物资的供应是决定胜败的保障，甲骨卜辞中有关于命令供“次”的内容。如：

【例 42】贞：呼供贮次。(《合集》777 正)
(译文：贞人预测：可以命令提供军队驻扎之所。)
【例 43】贞：呼供次。(《合集》18917)
(译文：贞人预测：可以命令提供军队驻扎之所。)

① 杨升南：《略论商代的军队》，见胡厚宣等：《甲骨探史录》，生活·读书·新知三联书店 1982 年版。

【例 44】…兔*以三十马。允其幸羌。(《合集》500 正)
(译文:…兔*可能送来三十匹马。真的拘禁了羌人。)
【例 45】…卜,宾贞:…冓以多马卫医。(《合集》5712)
(译文:…占卜,贞人“宾”预测:…冓可能送来多马卫医。)
【例 46】己未卜,𣪊贞:缶其啬*我旅。(《合集》1027 正)
[译文:己未日占卜,贞人“𣪊”预测:缶方可能供应粮食给我(商王国)的军队。]
【例 47】丙午卜,宾贞:呼取牛百以。王占曰:…吉。以,其至…(《合集》93 反)
(译文:丙午日占卜,贞人“宾”预测:可以命令取走一百头牛并让他们送来。商王预测说:…大吉。可能会送来,它可能会到来…)

“次”是军队行军途中驻扎之所。“呼供次”当是命令向驻军提供各种军用物资,如粮食、马匹、草料之类。《合集》第 93 版反面的两条卜辞,一是卜伐巴方,另一是卜言供牛百,亦当是为战争征集物资。张秉权认为,这是为伐巴方而筹措物资。① 钟柏生则认为“‘啬*我旅’,当是‘以谷物供应旅众’之义”②。

四、战争布阵

战争的布阵,甲骨文中称为“立”。如:

【例 48】辛未卜,争贞:妇好其比沚䤿伐巴方,王自东戛伐,戎陷于妇好立。(《合集》6480)
(译文:辛未日占卜,贞人“争”预测:妇好可以联合沚䤿讨伐巴方,商王可以从东戛方向攻伐,在妇好的阵地上埋伏设置。)

“立”即“位”,布阵的意思。“妇好立”就是妇好的阵地,此辞表示商王与妇好配合,在妇好的阵地上打了一个埋伏仗。

五、战争行动

战争打响之先,有先行部队接敌,以探敌之虚实,甲骨文中称之为“启”。③ 如:

【例 49】䤿启,王其幸工方。(《合集》6332)
(译文:沚䤿先行探敌,商王可以围击工方。)
【例 50】甲午卜,宾贞:沚䤿启,王比伐巴方。(《合集》6471 正)
(译文:甲午日占卜,贞人“宾”预测:沚䤿先行探敌,商王可以率兵攻打巴方。)

“征”、“伐”、“敦”、“𢦏*”都是动词,其行为都和战争有关,而字的含义却不一样。“征”、“伐”都是大事,“敦”前有时加一“大”字,说明问题也不小。在战争卜辞

① 张秉权:《殷墟文字丙编》第 339 片考释,台湾中央研究院历史语言研究所 1965 年版。
② 王宇信、杨升南主编:《甲骨学一百年》,社会科学文献出版社 1999 年版,第 504 页。
③ 王贵民:《甲骨文所见的商代军制数则》,见胡厚宣等:《甲骨探史录》,生活·读书·新知三联书店 1982 年版。

中，常见“逆伐”一辞（《合集》6197～6205），“逆伐”即迎头痛击之意。敌军败逃，我军追击，甲骨文中称作“追”。[①] 如：

【例 51】癸丑卜，贞：舌往追龙，从柴*西及。（《合集》6594）

（译文：癸丑日占卜，贞人预测：舌方前往追击龙方，可能在柴*地之西赶上。）

【例 52】己亥历贞：三族王其令追召方及于或*。（《合集》32815）

（译文：己亥日，贞人“历”预测：商王命令三族之兵追击召方，可能在或*地赶上。）

六、凯旋、献俘、祭祖

对战争中的俘获以及战后的祭祖活动的记载，以下面这条卜辞最为典型：

【例 53】…小臣墙比伐，擒危美，人二十人四…人五百七十，隊*百…车二丙，盾百八十三，函五十、矢…伯鹿*于大…用唯伯印…于祖乙，用美于祖丁，爯*。（《合集》36481 正）

（译文：…小臣墙率军攻伐，擒获危美，俘虏二十四人…五百七十人，隊*一百…车两辆，盾一百八十三副，剑函五十、矢…伯鹿*于大…用唯伯印…于祖乙，用危美来祭祀祖丁。）

“伯某”是危方首领名字，“美”是危方首领，常见于卜辞。商人战争结束后，将获得的敌人首级用以祭祖，与出征前“告”祖相应，表示一场战争以获胜宣告结束。

部队凯旋，商王要举行迎师典礼。如：

【例 54】庚辰王卜，在妹贞：今日其逆旅以…于东单，无灾。（《合集》36475）

（译文：庚辰日商王占卜，在妹地预测：今日在东单举行迎师典礼，可能不会有灾祸。）

【例 55】王于宗门逆羌。（《合集》32035）

（译文：商王在宗庙门前，可以用羌人祭祀举行迎师典礼。）

【例 56】贞：告执于南室三宰*。（《合集》806）

（译文：贞人预测：在南室可以用三只圈养的羊祭祀祖先并举行献俘告执之礼。）

“宗门”即宗庙之门。“南室”当是宗庙中的一个室屋，其中置有祖先神位。战争结束后，军队返回王都，行献俘告执之礼，用以答谢先公先王对战争获胜的保佑之功。[②]

第四节　武丁时期的战争

甲骨卜辞中记载的与商为敌的方国，武丁时期数量最多，大多在商之西方、北方、西

① 王宇信、杨升南主编：《甲骨学一百年》，社会科学文献出版社 1999 年版，第 505 页。

② 郭旭东：《殷墟甲骨文所见的商代军礼》，《中国史研究》2010 年第 2 期，第 47～69 页。

北方。这些方国经常来进犯：

【例57】己酉卜，宾贞：有来告，方征于寻。（《合集》6672）
（译文：己酉日占卜，贞人“宾”预测：可能有人来报告，方方到寻地侵伐。）
【例58】方其来于沚。（《合集》6728）
（译文：方方可能来到沚地侵犯。）
【例59】辛巳卜，方其大出。（《合集》6694）
（译文：辛巳日占卜，方方可能大举进犯。）
【例60】…四日庚申，亦有来艰自北，子豸*告曰：昔甲辰，方征于叹*，俘人十又五人。五日戊申，方亦征，俘人十又六人。（《合集》137反）
（译文：…四日庚申日，又从北边来了灾祸，子豸*报告说：甲辰日那一天，方方来到叹*地征伐，俘虏我们十五个人，五日戊申日，方方又来征伐，俘虏我们十六个人。）
【例61】贞：方其戈*我史。（《合集》6771正）
（译文：贞人预测：方方可能侵害我的官员“史”。）
【例62】癸亥卜，王：方其敦大邑。（《合集》6783）
（译文：癸亥日占卜，商王预测：方方可能攻击大邑商。）

甲骨卜辞中的这些“方”，有可能是方国的泛称，也有的卜辞具体地指出某一方国的侵犯：

【例63】工方出，侵我示至田。（《合集》6057正）
（译文：工方出动，侵犯我示至之田地。）
【例64】…卜，㱿贞：工方允戈*戊。（《合集》6373）
（译文：…占卜，贞人“㱿”预测：工方真的可能侵犯戊地。）
【例65】丁巳卜，韦贞：工方其敦䧹。（《英藏》571）
（译文：丁巳日占卜，贞人“韦”预测：工方可能侵犯䧹地。）
【例66】辛丑卜，㱿贞：工方其来，逆伐。（《合集》6198）
（译文：辛丑日占卜，贞人“㱿”预测：工方来侵犯，可能迎击。）
【例67】…工方其至于𠂤。（《合集》6132）
（译文：…工方可能到达𠂤地。）
【例68】土方侵我田。（《合集》6057反）
（译文：土方可能侵犯我的田地。）
【例69】甲子卜，王贞：土方其敦乎。（《合集》20392）
（译文：甲子日占卜，商王预测：土方可能侵犯乎地。）

将所有显示方国来侵犯的甲骨卜辞加在一起，数以千计。这仅仅是我们现在所能见到的部分材料，由此可见当时敌对方国为害之盛。

为了巩固和保卫殷商王朝并拓展疆土，商王武丁进行了长期的征伐：

【例70】我共人伐巴方。（《合集》6467）
［译文：我（商王）可以征召兵员征伐巴方。］

【例 71】唯大方伐。(《屯南》1209)

(译文：可以征伐大方。)

【例 72】甲子卜，殻贞：呼伐工方。(《合集》542)

(译文：甲子日占卜，贞人“殻”预测：可以命令征伐工方。)

【例 73】丁酉卜，殻贞：今春王共人五千伐土方，受有佑。三月。(《合集》6409)

(译文：丁酉日占卜，贞人“殻”预测：今年春天商王征集五千兵员征伐土方，可能受到诸神佑助。在三月占卜。)

【例 74】贞：王唯龙方伐。(《合集》6476)

(译文：贞人预测：商王可以讨伐龙方。)

【例 75】甲辰卜，争贞：我伐马方。(《合集》6664 正)

[译文：甲辰日占卜，贞人“争”预测：我(商王)可以讨伐马方。]

商代众多方国“其结果，有的敌对方国被消灭，如武丁之后未见有关土方为害的刻辞，可见其已不复存在，很可能已归入商王朝。有的则被打跑到了更远的地方，虽然未被消灭，但也一蹶不振，无力祸害，如工方，一直到武乙、文丁时期才又见到有关刻辞，而且数量极少。还有的被征伐后投降了商王朝，如虎方，被征伐后曾向商纳贡：‘虎入百。’(《合集》9273 反)可见已成为附庸”①。武丁时期存在的敌对方国，经过多年征讨，已大大减少，但并未全部被消灭。从甲骨卜辞来看，由武丁至帝辛(殷纣王)这二百七十三年间其一直存在，只不过数量不多。到了殷纣王时代，最主要的敌对方国则是东南方的人方。

第五节　殷商王朝对人方的战争

甲骨卜辞中的“人方”，或释为“夷方”、“夷”，从第一期到第五期卜辞均有其与商为敌的记载，商王、妇好、侯告、侯喜、禽、沚等都曾带兵讨伐“人方”。

【例 76】在九月，王征人方。(《合集》36485)

(译文：在九月，商王讨伐人方。)

【例 77】癸丑王卜贞：王来征人方。(《合集》36499)

(译文：癸丑日商王占卜预测：商王可以前来征伐人方。)

【例 78】乙卯卜，贞：王其征人方，无灾。(《屯南》2370)

(译文：乙卯日占卜，贞人预测：商王征伐人方，可能无灾。)

【例 79】庚寅卜，宾贞：今春王其步伐人。庚寅卜，宾贞：今春王勿步伐人。(《合集》6461 正)

(译文：庚寅日占卜，贞人“宾”预测：今年春天商王可以前往征伐人方。庚寅日占卜，贞人“宾”预测：今年春天商王不可以前往征伐人方。)

① 赵诚：《甲骨文与商代文化》，辽宁人民出版社 2000 年版，第 15 页。

【例 80】 侯告伐人方。(《合集》33039)

(译文:侯告可以讨伐人方。)

【例 81】 贞:王令妇好从侯告伐人。(《合集》6480)

(译文:贞人预测:商王可以命令妇好联合侯告征伐人方。)

【例 82】 癸酉卜,戍伐,右牧禽启人方,戍有𢦏*。弘吉。(《屯南》2320)

[译文:癸酉日占卜,戍进行征伐,右牧禽(人名)可以率先接敌(人方),戍可能有灾祸。很吉利。]

“人方”被征服后,有的俘虏被用作人牲。如:

【例 83】 …人方,沚伯执…其以用。(《东京》945)

[译文:…人方,沚伯可以拘禁(人方兵士)…送来用于祭祀。]

【例 84】 戊寅卜,贞:于丁宾延人。七月。(《合集》831)

(译文:戊寅日占卜,贞人预测:可以用人方俘虏宾祭、延祭丁。在七月占卜。)

【例 85】 贞:翌乙未率它*人。(《合集》829)

(译文:贞人预测:明日乙未日可以用人方俘虏举行率祭、它*祭。)

据卜辞,商王多次征讨叛逆的人方,帝辛时期最长一次耗时长达 281 天,往返行程中经过很多确切的地名、水名。①

【例 86】 甲午王卜贞:作余酒,朕禱酒。余步从侯喜征人方,上下…示,受余有佑,不蔑灾祸,告于大邑商,无害在祸。王占曰:吉,在九月,遘上甲燎,唯十祀。(《合集》36482)

(译文:甲午日商王亲自占卜预测:我可以制作酒,用酒祷祭祖先。我率领侯喜前往征伐人方,上神下祇可能授给我福佑,可能不会有灾祸,在大邑商举行告祭,可能没有灾祸。商王预测说:吉利,在十年九月为上甲举行燎祭而进行遘祭。)

【例 87】 癸亥卜,黄贞:王旬无尤。在九月征人方,在雇彝。(《合集》36487)

(译文:癸亥日占卜,贞人“黄”预测:商王此旬可能无灾祸。可以在九月征伐人方,在雇地举行彝祭。)

【例 88】 [辛] 王…于商,无…征人方…其…往…在十月 [又一] 雨,禱。(《合集》36506)

(译文:辛日商王…在商,没有…征伐人方…其…往…在十一月下雨,举行祷祭。)

【例 89】 癸卯,王卜贞:在十月又一,王征人方在商。癸丑,王卜贞:旬无尤。在十月又一,王征人方在亳。(《英藏》2524)

(译文:癸卯日,商王亲自占卜预测:在十一月,商王可以在商地征伐人方。癸丑日,商王亲自占卜预测:此旬可能无祸。在十一月,商王可以在亳地征伐人方。)

【例 90】 …王卜,在商贞:今日 [步] 于亳,无灾。(《合集》36567)

(译文:…商王亲自占卜,在商地预测:今日前去亳地,可能没有灾祸。)

【例 91】 甲寅王卜,在亳贞:今日 [步] 于鸿,无灾。乙卯王卜,在鸿贞:今日往于

① 李雪山:《商代分封制度研究》,中国社会科学出版社 2004 年版,第 210 页。

彻，无灾。(《合集》36567)

（译文：甲寅日商王亲自占卜，在亳地预测：今日前往鸿地，可能没有灾祸。乙卯日商王亲自占卜，在鸿地预测：今日前往彻地，可能没有灾祸。）

【例92】乙酉卜，在戌立贞：王步于淮，无灾。(《合集》41762)

［译文：乙酉日占卜，在戌立（地名）预测：商王前往淮地，可能没有灾祸。］

【例93】癸卯卜，黄贞：王旬亡祸。在正月，王来征人方，在攸侯喜鄙永。(《合集》36484)

（译文：癸卯日占卜，贞人“黄”预测：商王此旬可能无祸。在正月，商王可以前来征伐人方，在攸侯喜鄙永地占卜。）

【例94】庚寅卜，在娄贞：王步于杞无灾。(《合集》36751)

（译文：庚寅日占卜，在娄地预测：商王前往杞地，可能无灾。）

从上述卜辞大致可以看出征伐人方的行军路线：第一，征伐人方的起点是大邑商；第二，九月癸亥日到了“雇”地；第三，十一月份经过了“商”地和“亳”地；第四，征人方经过了“淮”地；第五，伐人方往返时都经过了攸侯境内；第六，伐人方归来时，路过了杞侯境内。

从讨伐人方所经过的大邑商、雇、商、亳、淮、攸、杞的地望来看，人方应是淮河流域的方国，其中心区域在今江苏省的淮阴和淮安，鼎盛时期所控制的范围到了皖北、鲁南一带。①

① 李雪山：《商代分封制度研究》，中国社会科学出版社2004年版，第213页。

第十二章　商代经济传播

商代是一个以农业为主，以畜牧业、渔猎业、手工业为辅的社会。大量甲骨卜辞反映出商代农业、畜牧业生产已经达到一个较为发达的水平，渔猎业、手工业、交通业等行业也有较为全面的发展。

第一节　商代农业

农业是商代的主要生产部门，这一认识在甲骨文发现一百多年来的今天，已成为一种共识。

一、农作物品种

从甲骨卜辞来看，商代农作物品种中，后世所称的“五谷”都已齐备，而且有的作物还出现了不同的品种。

（一）禾

《甲骨文合集》、《小屯南地甲骨》、《英国所藏甲骨集》等书所载的有关“受年”、“受禾”及“受某年”的卜辞合计共有597辞。其中言及“受年”的为338辞，占56.6%，“受禾”的为97辞，占16.2%，两项合计435辞，占72.9%。[①] 由此可见，商王最为关心的是禾（即谷子）的收成。

【例1】戊午卜，雍受年。（《合集》9798）
（译文：戊午日占卜，雍地可能有好年成。）
【例2】在酒盂田受禾。（《合集》28231）
（译文：在酒地、盂地的禾稼可能丰收。）
【例3】癸卯贞：咸我来岁受禾，嘉。（《合集》33256）
［译文：癸卯日贞人预测：我（商王国）来年禾稼可能丰收，甚好。］

（二）黍

“黍”是商代农作物的重要品种，甲骨卜辞涉及较多。

【例4】癸未卜，争贞：受黍年。（《合集》10047）

① 杨升南：《商代经济史》，贵州人民出版社1992年版，第113页。

（译文：癸未日占卜，贞人“争”预测：黍可能年成丰收。）

（三）麦和来

甲骨卜辞中有称“食麦”者。郭沫若认为“食麦”与《礼记·月令》所载“孟春之月，食麦与羊”的习俗相同。[1] 因此“食麦”即是“食麦子”。能够作为食物之麦子，当是一种农作物，至今仍称为麦，是我国北方主要的粮食作物。

【例5】月一正，曰食麦。（《合集》24440）
（译文：一月，称为食麦。）

甲骨文中的“来”字也是一种农作物。如：

【例6】乙亥卜，受来年。（《合集》33260）
［译文：乙亥日占卜，来（农作物名）可能年成丰收。］

（四）稻*

甲骨卜辞中言“受稻*年”者有20余见，并且常与“受黍年”一同进行占卜预测。

【例7】癸未卜，争贞：受稻*年。癸未卜，争贞：受黍年。（《合集》10047）
（译文：癸未日占卜，贞人“争”预测：稻*可能年成丰收。癸未日占卜，贞人“争”预测：黍可能年成丰收。）

（五）秜

“秜”在甲骨文中作为农作物的例子目前仅仅发现一条卜辞。

【例8】丁酉卜，争贞：呼甫秜于娘*，受有年。（《合集》13505）
［译文：丁酉日占卜，贞人“争”预测：命令甫（人名）到娘*地种植秜，可能年成丰收。］

（六）稷

“稷”是一种农作物。

【例9】己巳卜，㱿贞：我受黍年。…受稷年。（《合集》9946 乙正）
［译文：己巳日占卜，贞人“㱿”预测：我（商王国）的黍可能年成丰收。（我）的稷可能年成丰收。］

二、农业生产活动

商代农业生产活动包括选地、除草、垦荒、翻地、整地、施肥、播种、灭虫、收获等诸多环节。

选择耕地的活动称为“省田”。有关“省田”的卜辞在甲骨文中数量最多，粗略统计

---

① 郭沫若：《卜辞通纂》，科学出版社1983年版，第2页。

在186版甲骨上，有卜辞237条。[①]“省田”、“省某田”是商王重视农业的一种表现形式，而“省田”是一种农事准备活动，在卜辞中视察、省视农作物有专言“省黍”等，目的是视察土地适宜种何种农作物，正如《吕氏春秋·孟春纪》所云：“善相丘陵、阪险、原隰，土地所宜，五谷所殖，以教道，必躬亲之民。”

【例10】贞：王勿往省黍。(《合集》9612)
(译文：贞人预测：商王不可以前往视察黍。)

古时候耕种的第一步是要先除去地面上的草木，《诗经·周颂·载芟》：“载芟载柞。”《毛传》：“除草曰芟，除木曰柞。”《郑笺》：“将耕，先始芟柞其草木。”

【例11】乙丑王柞蒉方。乙丑耨蒉方。(《合集》20624)
(译文：乙丑日占卜，商王可以在蒉方除去草木。乙丑日占卜，商王可以在蒉方除去草木。)

甲骨文“裒田”的“裒”字根据张政烺的释读，指开垦土地之类的农事活动。[②]

【例12】甲子卜，品贞：令曼*裒田于…(《合集》22)
(译文：甲子日占卜，贞人“品”预测：可以命令曼*到某地垦荒。)
【例13】癸巳卜，宾贞：令众人取(趋)入羊方裒田。(《合集》6)
(译文：癸巳日占卜，贞人“宾”预测：可以命令众人进入羊方之地垦荒。)

翻耕土地在甲骨卜辞中称为“协*田”和“耤田”。“协*田”的“协*”字从三只锸，以表示其多，卜辞言“协*田”称“大令众人”，以状其规模之大。

【例14】[王]大令众人曰：协*田。其受年。十一月。(《合集》1)
(译文：商王可以威严地命令众人说：翻耕土地，年成可能丰收。在十一月占卜。)

整理土地的工作在甲骨文中称为“墫田”与“作龙(垄)”。墫是聚土，张政烺说：“墫田是把开荒的土地作出垄来，把它变成正式的田亩。”[③]

【例15】辛未卜，争贞：曰众人…墫田…(《合集》9)
(译文：辛未日占卜，贞人“争”预测：可以叫众人…整理土地…)

甲骨卜辞中“尿*田”指为农作物施肥。

【例16】庚辰贞：翌癸未尿*西单田，受有年。十三月。(《合集》9572)
(译文：庚辰日贞人预测：明天癸未日到西单之田施肥，可能年成丰收。在十三月占卜。)

关于播种的甲骨卜辞往往以表示农作物品种的名词作为动词，即播种某种农作物。

---

① 王宇信、杨升南主编：《甲骨学一百年》，社会科学文献出版社1999年版，第529页。
② 张政烺：《释甲骨文尊田及土田》，见中国历史文献研究会编：《中国历史文献研究集刊》(第三集)，岳麓书社1983年版。
③ 张政烺：《释甲骨文尊田及土田》，见中国历史文献研究会编：《中国历史文献研究集刊》(第三集)，岳麓书社1983年版。

【例 17】戊寅卜，宾贞：王往以众黍于同*。（《合集》10）
（译文：戊寅日占卜，贞人“宾”预测：商王可以率众前往同*地种黍。）
【例 18】呼甫秜于娘*，受有年。（《合集》13505）
［译文：命令甫（人名）到娘*地种植秜，可能年成丰收。］

甲骨文中的“宁”字是止息灾害的一种祭祀，如“宁水”（《屯南》930）、“宁风”（《合集》13372）、“宁雨”（《合集》32992）、“宁疾”（《屯南》1059）、“宁隹”（《合集》14370）等。水、风、雨、疾、隹皆能为害人类，故祭神而求其止息灾害。“宁秋*”的“秋*”字有的释为螽，有的释为蝗虫的蝗，其实都是指蝗虫。

【例 19】贞：甲申秋*夕至，宁用三大牢。（《屯南》930）
（译文：贞人预测：甲申日晚间蝗虫可能到来，用三头大的圈养的牛进行宁祭以止息蝗灾。）
【例 20】贞：其宁秋*于帝五工臣于日告。（《屯南》930）
（译文：贞人预测：可以对帝五工臣与日神举行告祭以止息蝗灾。）

粮食的储藏在甲骨文中称为禀*，即仓廪的廪，商人的仓廪多建在王都之南，称为“南廪”（《合集》5708 正、9636、9637、9639、9640 等）。“南廪”可能是国家粮库，这里储有大批粮食。

【例 21】贞：先省在南禀*…月。（《合集》9641）
（译文：贞人预测：可以先行省视南地的仓廪…月。）
【例 22】己酉卜，贞：令吴省在南禀*。十月。（《合集》9638）
（译文：己酉日占卜，贞人预测：可以命令贵族吴出去省视南地的仓廪。在十月占卜。）

三、农业管理

在农业管理方面，商代已建立较为完善的体制，或是商王亲自下令从事农业活动，或是通过设置各种职官以承担农业生产管理之责。

“多尹”是职官名，负责垦地之事，王室专门设有主农事的官，称为“小耤臣”，主管农业直接劳动者的称为“小众人臣”，主管收割的称为“小刈臣”。

【例 23】王令多尹裒田于西，受禾。（《合集》33209）
（译文：商王可以命令多尹在西地垦荒，禾稼可能丰收。）
【例 24】［王］大令众人曰：协*田。（《合集》1）
（译文：商王可以威严地命令众人说：翻耕土地。）
【例 25】己亥卜，贞：令吴小耤臣。（《合集》5603）
（译文：己亥日占卜，贞人预测：可以命令名叫吴的小耤臣。）
【例 26】贞：唯吴呼众人臣。（《合集》5597）
［译文：贞人预测：吴（人名）可以命令众人臣。］
【例 27】…呼小刈臣。（《乙》2813）

（译文：…可以命令小刈臣。）

【例28】…小刈臣。（《乙》5915）

（译文：…小刈臣。）

甲骨卜辞中出现的人名往往都是贵族，他们在王室中担任各种官职，甲骨文中常见王或不言王而仅言“呼”、“令”某人从事某种农事活动的，皆是商王所派之官员去管理某种农事。

【例29】贞：勿令禽裒田。（《合集》9475）

［译文：贞人预测：不可以命令禽（人名）垦荒。］

【例30】呼雷耤于明。（《合集》14正）

（译文：可以命令雷到明地耕田。）

【例31】丁酉卜，争贞：呼甫秜于娘*，受有年。（《合集》13505）

［译文：丁酉日占卜，贞人“争”预测：命令甫（人名）到娘*地种植秜，可能年成丰收。］

【例32】贞：呼妇姘往黍。（《合集》9533正）

（译文：贞人预测：可以命令姘前往种黍。）

总而言之，殷商时期，“商王和臣僚对农事的管理贯穿于农事的全过程，从‘省田’选择耕地到刈获、收藏的‘省廪’，无一环节不受关注”①。

第二节　商代畜牧业

畜牧业同农业一样，是商代的重要经济部门。

在甲骨卜辞中，商王祭神用牲数量极大，甲骨卜辞有一次祭祀用牛达千头的记载。郭沫若先生根据甲骨文大量用牲畜祭祀的现象认为：“已可断定商代是畜牧最蕃盛的时代。”②“殷代的牲畜业可是相当蕃盛的。因为祭祀时所用的牲数很多……但农业已成为主要的生产了。”③ 他对商代畜牧业发展水平的估计和畜牧业在商代经济中所占地位的认识，应当是合于实际的。如：

【例33】丁巳卜，争贞：降，册*千牛。（《合集》1027正）

（译文：丁巳日占卜，贞人“争”预测：神祖降临，可以用一千头牛册*祭先公先王。）

一、家畜种类

商代家畜种类已十分齐备，郭沫若先生认为：“后人所有的马牛羊鸡犬豕的六畜在当

① 王宇信、杨升南主编：《甲骨学一百年》，社会科学文献出版社1999年版，第536页。

② 郭沫若：《中国古代社会研究》，见郭沫若著作编辑出版委员会编：《郭沫若全集·历史编》（第一卷），人民出版社1982年版，第207页。

③ 郭沫若：《十批判书》，人民出版社1954年版，第12页。

时都已经成为家畜，而在这六种普通的家畜之外还有后人所没有的象。”①

（一）马

在甲骨文中有记载以马驾车打猎的卜辞：

【例 34】癸巳卜，㱿贞：旬亡祸。王占曰：乃兹亦有祟。若偁。甲午王往逐兕，小臣叶车，马硪，驭王车，子央亦坠。（《合集》10405）

（译文：癸巳日占卜，贞人“㱿”预测：此旬可能无祸。商王预测说：这次也有灾祸之象。确如占辞所说。甲午日商王去追逐犀牛，小臣协调马车时，马车歪倒了，驾驭商王的车子时，贵族子弟子央也坠落下来。）

（二）牛

商代养牛业当是畜牧业中最为重要的一个内容，商代王室祭祀时用牛的数量最大，超过所有的其他牲畜，《合集》第 1027 版是用千头牛，其次有五百头的、三百头的、一百头的。

【例 35】乙亥［卜］，内：册*大［乙］五百牛。（《合集》39531）

（译文：乙亥日占卜，贞人“内”预测：可以用五百头牛册*祭大乙。）

【例 36】登大甲牛三百。（《怀特》904）

（译文：可以用三百头牛登祭大甲。）

【例 37】兄丁延三百牢。（《合集》22274）

（译文：可以用三百头圈养的牛延祭兄丁。）

【例 38】…黄尹百牛。（《合集》3489）

（译文：…可以用一百头牛祭祀黄尹。）

（三）羊

羊常被用作祭神的牲品，其用量仅次于牛。宰*指经过圈养专用于祭祀的羊。

【例 39】贞：肇丁用百羊百犬百豚。（《合集》15521）

（译文：贞人预测：可以用一百只羊、一百只狗、一百头猪肇祭丁。）

【例 40】五百宰*。（《合集》20699）

（译文：可以用五百只圈养的羊。）

【例 41】贞：御自唐、大甲、大丁、祖乙百羌百宰*。（《合集》300）

（译文：贞人预测：可以用一百个羌人、一百只圈养的羊御祭唐、大甲、大丁、祖乙。）

（四）豕

在商代，猪与牛、羊一样是重要家畜，甲骨文中猪用于祭祀亦常一次在百头以上。

---

① 郭沫若：《中国古代社会研究》，见郭沫若著作编辑出版委员会编：《郭沫若全集・历史编》（第一卷），人民出版社 1982 年版，第207 页。

【例 42】…卜，争贞：燎册*百羊百牛百豕南五十。(《合集》40507)

[译文：…占卜，贞人“争”预测：可以用一百只羊、一百头牛、一百头猪以及五十头小猪（南）燎祭、册*祭祖先。]

（五）犬

犬被人类驯养成家畜的历史很悠久，甲骨文所见祭祀用犬最多的一次是三百只。

【例 43】贞：肇丁用百羊百犬百豚。(《合集》15521)

(译文：贞人预测：可以用一百只羊、一百只狗、一百头猪肇祭丁。)

【例 44】丁巳卜，侑燎于父丁百犬百羊卯百牛。(《合集》32674)

(译文：丁巳日占卜，可以用一百只狗、一百只羊、一百头牛侑祭、燎祭父丁。)

【例 45】贞：令兹*三百犬。(《合集》16241)

(译文：…贞人预测：可以命令用三百只狗举行兹*祭。)

【例 46】…兹*以…二百犬。(《合集》8979)

(译文：二百只狗…可以用来…举行兹*祭。)

【例 47】…以百犬。(《合集》8980)

[译文：(诸侯) 可能送来一百只狗。]

（六）象

从商王亲自“省象”以及商王派大臣去“省象”的卜辞可以看出商代人已将象作为饲养对象。

【例 48】于癸亥省象，易日。(《合集》32954)

(译文：在癸亥日视察大象，可能会变天。)

【例 49】贞：令亢省象，若。(《合集》4611 正)

[译文：贞人预测：命令亢（人名）视察大象，可能顺若。]

二、畜牧业生产技术

商代的畜牧业生产技术，在甲骨卜辞中表现为以下几个方面：

（一）人工放牧

商人放牧有相对固定的地区，即后世所称的牧场，甲骨卜辞中有“牧鄙”之称。“牧鄙”就是牧地的边鄙（边沿地带），可见商代的牧场是有一定范围的。殷商有南北左右四个牧场，这些都是设于商王畿内的牧场。它们以商王都为中心点，左右即东西，“北牧”在殷都即今河南安阳之北，《合集》第 8783 版这条卜辞当与北牧场有关。

【例 50】癸酉卜，忠*贞：呼㞢*取㹁于牧鄙。(《合集》11003)

(译文：癸酉日占卜，贞人“忠*”预测：可以命令㞢*前往牧地边鄙的㹁地取走牲畜。)

【例 51】贞：于南牧。(《合集》11395)

（译文：贞人预测：可以在南边牧场放牧。）

【例 52】褥*鹿其南牧擒。吉。其北牧擒。吉。（《合集》28351）

（译文：在南边牧场褥*地放牧，可能猎获鹿。吉利。在北边牧场放牧，可能猎获鹿。吉利。）

【例 53】必*于右牧，于左牧。（《合集》28769）

（译文：可以经过西边牧场，可以经过东边牧场。）

【例 54】贞：呼牛于北土。（《合集》8783）

（译文：贞人预测：可以命令到北土去取走牛。）

商王在诸侯国内设有牧场，以满足大量用牲的需求。在诸侯向商代王室的贡纳品中，牲畜是大宗，如贡牛一次达四百头（《合集》8965）、羊一次达三百只（《合集》8959）、马一次达三十匹（《合集》500）、犬一次达二百只（《合集》8979）等。①

【例 55】戊戌贞：右牧于爿，攸侯叶鄙。中牧于义，攸侯叶鄙。（《合集》32982）

（译文：戊戌日贞人预测：右牧可能在攸侯叶的边鄙之爿地。中牧可能在攸侯叶的边鄙之义地。）

【例 56】…取竹刍于丘。（《合集》108）

（译文：…可以取走竹侯丘地的牲畜。）

（二）圈养饲养

从甲骨卜辞来看，牲畜的圈栏称为“牢”，圈养牛、羊等牲畜，而养马的圈栏则称为“厩”。“畜马”即养马，指商王在马厩养马，可见商代十分重视采用圈栏饲养牲畜。

【例 57】王畜马在兹厩…母戊王受祐。（《合集》29415）

（译文：商王在此马厩养马…母戊，商王可能受到保佑。）

【例 58】［王］畜马在兹厩。（《合集》29416）

（译文：商王在此马厩养马。）

（三）牲畜阉割

商代对牲畜的阉割是指为雄性去势，这种阉割的施行在猪身上最为普遍，此外还有对马、牛的阉割，阉割技术在商代已有相当程度的发展。

【例 59】…卜，争贞：燎册*百羊百牛百豕南五十。（《合集》40507）

［译文：…占卜，贞人“争”预测：可以用一百只羊、一百头牛、一百头猪和五十头小猪（南）燎祭、册*祭祖先。］

三、畜牧业管理体制

为使畜牧业生产活动能够正常进行，殷商王国内建立起了一套畜牧业管理体制。这套

① 王宇信、杨升南主编：《甲骨学一百年》，社会科学文献出版社 1999 年版，第 550 页。

体制包括以下几个方面：

（一）牧官设置

“牧”是商代王室畜牧业的主管者，在“牧”之下还分设多种职官，“刍正”是主管刍牧人的职官，“马亚”、“多马亚”、“马小臣”、“小多马羌臣”是对掌马的官职的多种称呼，“牛臣刍”、“羊司”、“司羊”、“豕司”、“毚司”、“豭司”、“司犬”分别是专职主管牛、羊、豕、毚、豭、犬的职官名。“司”是主管其事的官吏，《说文》：“司，臣司事于外者。”

【例60】戊戌卜，宾贞：牧匄人令冓以曼*。（《合集》493正）

［译文：戊戌日占卜，贞人“宾”预测：牧求取羌人，可以命令冓（人名）送羌人到曼*地。］

【例61】贞：呼刍正。（《合集》141正）

［译文：贞人预测：可以命令刍正（职官名）。］

【例62】贞：其令马亚射麋。（《合集》26899）

［译文：贞人预测：可以命令多马亚（职官名）射猎麋鹿。］

【例63】贞：多马亚其有祸。（《合集》5710）

［译文：贞人预测：多马亚（职官名）可能有灾祸。］

【例64】丙寅卜，唯马小臣…（《合集》27881）

［译文：丙寅日占卜，马小臣（职官名）…］

【例65】丁亥卜，宾贞：唯羽呼小多马羌臣。（《合集》5717）

［译文：丁亥日占卜，贞人“宾”预测：可以命令小多马羌臣（职官名）羽（人名）。］

【例66】前牛臣刍。（《合集》1115正）

［译文：可以使牛臣刍（职官名）前来。］

【例67】癸卯卜，今日侑司羊。（《合集》19863）

［译文：癸卯日占卜，今天可以侑祭司羊（职官名）。］

【例68】…羊豕司。（《合集》19210）

［译文：…羊司（职官名）、豕司（职官名）。］

【例69】唯豕司。（《合集》19209）

（译文：豕司。）

【例70】唯毚司，用。（《合集》19884）

［译文：毚司（职官名），使用。］

【例71】唯豭司行*，吉。（《合集》19212）

［译文：豭司（职官名）出行，吉利。］

【例72】甲戌卜，师：司犬。（《合集》20367）

［译文：甲戌日占卜，贞人“师”预测：司犬（职官名）。］

（二）牧场管理者报告牧情

商王对牧场的经营十分关注，各牧场的管理者要经过占卜选定后再行派往，牧场管理者（牧场主）要向王室报告各地的畜牧情况。“三牧告”、“九牧告”指三个、九个牧场管理者向王室报告牧场的情况。

【例 73】…子贞：弓刍于域*。（《合集》151 正）

［译文：…贞人“子”预测：弓（人名）可以到域*地管理牲畜。］

【例 74】贞：牧告枚*…（《屯南》149）

［译文：贞人预测：牧（职官名）可能报告枚*地牲畜情况。］

【例 75】辛未贞…三牧告。（《屯南》1024）

（译文：辛未日贞人预测…三个牧场管理者可能来报告牧情。）

【例 76】王其祈，唯九牧告。（《天理》519）

（译文：商王举行祈祭，九个牧场管理者可能前来报告牧情。）

（三）商王亲自巡视或指派臣僚巡视牧场、了解牧情

商王为了掌握、了解牧场情况，有时亲自出巡视察，有时派臣僚下去视察。“呼省”指商王或中央王朝命令有关臣僚下去视察各地的畜牧业生产，以便殷商王朝掌握各地畜牧业生产情况。商代畜牧业有较大的发展，这与殷商王朝所建立的一套完善的管理体制密不可分。

【例 77】丙寅卜，㱿贞：王往省牛于敦。（《合集》11171 正）

（译文：丙寅日占卜，贞人“㱿”预测：商王可以前往敦地视察牛。）

【例 78】贞：王往省牛。（《合集》11175）

（译文：贞人预测：商王可以前往视察牛。）

【例 79】丙午卜，宾贞：呼省牛于多奠。（《合集》11177）

［译文：丙午日占卜，贞人“宾”预测：可以命令（臣僚）到多奠视察牛。］

【例 80】贞：呼省专牛。（《缀》220）

［译文：贞人预测：可以命令（臣僚）视察专地之牛。］

第三节　商代渔猎业

从甲骨卜辞来看，商代的渔猎活动，是对畜牧业的一种有效补充。田猎卜辞虽不是每次占卜都有猎获的记载，但有时一次行动所获数量是很大的，如武乙时一次狩猎擒获麋鹿达七百头（《屯南》2626），有时一次猎获多种野兽，捕鱼所获的数量更可观，有一次竟达三万条之多（《合集》10471）。

【例 81】乙未卜，今日王狩光，擒。允获虎*二、兕一、鹿二十一、豕二、麑一百二十七、虎二、兔二十三、雉二十七。十一月。（《合集》10197）

（译文：乙未日占卜，今日商王在光地狩猎，可能会有擒获。真的猎获两只雌虎、一头犀牛、二十一头鹿、两头猪、一百二十七只小鹿、两只雄虎、二十三只兔子、二十七只野鸡。在十一月占卜。）

【例82】癸卯卜，豢*获鱼其三万。（《合集》10471）

［译文：癸卯日占卜，豢*（人名）可能捕获三万条鱼。］

一、商代渔猎技术

甲骨卜辞所见狩猎技术，主要使用的是狩、焚、逐、阱、网、射、弹几种，实则只常用围猎、陷阱、网、射四种。在田猎规模上，陈炜湛指出以焚这种方式为最大。[①] 此外，陷阱所获野兽也很多。单以一次狩猎所获野兽数量计，则以陷阱技术为最。《屯南》第2626版记一次用陷阱擒获麋鹿七百只，《合集》第10349版记贵族“甫”用陷阱一次捕得麋鹿二百零九只。用网捕一次捕获野兽不多，最大的数字是网到雉十五只（《合集》10514），但获禽兽种类除飞鸟外，还有麋、鹿、豕、兔，甚至有凶猛的老虎（《合集》20710）、犀牛（《屯南》2922）。大型动物被网到也不易制服，故将其射杀而获。

【例83】戊午卜，㱿贞：我狩𪚥*，擒。之日狩，允擒。获虎一，鹿四十、狐一百六十四、麑一百五十九。（《合集》10198）

［译文：戊午日占卜，贞人“㱿”预测：我（商王）在𪚥*地围猎，可能有猎获。这一天围猎，真的有擒获。猎获一只虎、四十头鹿、一百六十四只狐狸、一百五十九只小鹿。］

【例84】翌癸卯其焚，擒。癸卯允焚，获…，兕十一、豕十五、虎…、兔二十。（《合集》10408正）

（译文：第二天癸卯日，采取火焚方式狩猎，可能有擒获。癸卯日真的施行火焚，捕获十一头犀牛、十五头猪、老虎…、二十只兔子。）

【例85】戊辰卜，其陷唯…擒有兕，吉。（《屯南》2589）

（译文：戊辰日占卜，采用陷阱捕兽方式…可能擒获犀牛，吉利。）

【例86】王其网，射大兕无戈*。（《屯南》2922）

（译文：商王采取网捕方式捕犀牛，并最终射杀大犀牛，可能不会发生灾祸。）

【例87】丙午卜，弹延兔。（《合集》10458）

（译文：丙午日占卜，可以弹射兔子。）

捕鱼技术见于卜辞的有网捕、垂钓、笱鱼等几种。

【例88】甲申卜，不其网鱼。（《合集》16203）

（译文：甲申日占卜，不可以用网捕鱼。）

二、渔猎活动参与者

商代渔猎活动的参与者主要有商王、臣僚及民众。

---

① 陈炜湛：《甲骨文田猎刻辞研究》，广西教育出版社1995年版，第19页。

（一）商王

甲骨卜辞中习见“王其田”、“王其狩”、“王其逐”、“王鱼”等用语，都是指商王亲自参加捕获活动，有的卜辞虽然没有记录狩猎者，但可以推断出狩猎者应是商王。

【例 89】癸丑卜，王其逐豕获。允获豕。（《合集》10230）
（译文：癸丑日占卜，商王追捕猪，可能有擒获。真的擒获了猪。）
【例 90】辛未卜，亘贞：往逐豕获。（《合集》10229）
［译文：辛未日占卜，贞人“亘”预测：（商王）前往追捕猪，可能有猎获。］

（二）臣僚

商王“呼”、“令”臣僚去狩猎。如：

【例 91】贞：呼呢*逐兕，获。（《合集》10403）
［译文：贞人预测：命令呢*（人名）追捕犀牛，可能有猎获。］
【例 92】戊寅卜，呼侯杏*田。（《合集》10559）
（译文：戊寅日占卜，可以命令侯杏*田猎。）
【例 93】…令画执兕，若。（《合集》10436）
［译文：…命令画（人名）捆缚犀牛，可能顺若。］
【例 94】壬戌卜，王贞：令雀田。（《合集》10567）
［译文：壬戌日占卜，商王预测：可以命令雀（人名）田猎。］

以下为表示臣僚自己进行的渔猎活动的卜辞，因为“甫”、“禽”等皆为臣僚，而渔猎动词之前无使令动词“呼”、“令”。

【例 95】壬申卜，㱿贞：甫擒麋。丙子陷，允擒二百又九。一月。（《合集》10349）
［译文：壬申日占卜，贞人“㱿”预测：甫（人名）可能擒获麋鹿。丙子日采用陷阱捕兽的方式，真的擒获二百零九只麋鹿。在一月占卜。］
【例 96】戊子卜，宾贞：禽笱在疾，不从王忠*。（《合集》9560）
［译文：戊子日占卜，贞人“宾”预测：禽（人名）在疾地捕鱼，可能不能跟随商王到忠*地。］

特别值得注意的是有具有武官性质的官员参加田猎，如马（多马）、亚（多亚）、戍、多子等，并且有军队组织参加狩猎，这说明田猎不仅是为了捕获猎物，而且是一种准军事行动，有军事演习的目的。如：

【例 97】呼多马逐鹿，获。（《合集》5775 正）
（译文：命令多马追捕鹿，可能有擒获。）
【例 98】贞：其令马亚射麋。（《合集》26899）
（译文：贞人预测：可以命令多马亚射猎麋鹿。）
【例 99】唯戍呼射擒。（《合集》27970）
（译文：可以命令戍射杀擒获的猎物。）
【例 100】壬午贞：多子获鹿。（《合集》810 正）

（译文：壬午日贞人预测：多子可能捕获鹿。）
【例 101】王其田于…唯犬师从，擒，无𢦏*。（《合集》27915）
（译文：商王在某地田猎…犬师随从出猎，可能有擒获，没有灾祸。）

（三）一般民众

渔猎特别是围猎需要众多人员参加，田猎中大量的杂役均由普通民众担任，因此一般民众亦得随王或贵族田猎。除军队士卒外，还有“人”、“众”、“多羌”、“臣”等。

【例 102】乙丑贞：亚禽以人狩。（《屯南》961）
［译文：乙丑日贞人预测：亚禽（贵族名）可以率领民众狩猎。］
【例 103】甲子卜，令众田，若。（《屯南》395）
（译文：甲子日占卜，命令众人田猎，可能顺若。）
【例 104】羌其陷麋于游。（《合集》5579 正）
（译文：多羌在游地可能设下陷阱捕获麋鹿。）

第四节　商代手工业

从已发掘的商代遗址所出的文物可知，商代的手工业分工很细，有冶铸业、建筑业、陶瓷业、纺织业、木作业、制漆业、制玉业、骨器业及酿造业等。

一、冶铸业

商代的冶铸业主要是指青铜冶铸。甲骨卜辞中有“铸黄吕”一语，卜辞两见：

【例 105】丁亥卜大…其铸黄吕…作凡（盘）利。（《合集》29687）
（译文：丁亥日占卜…可以用黄铜铸造青铜器…制作“盘”器，顺利。）
【例 106】王其铸黄吕，奠血，唯今日乙未利。（《合集》41866）
（译文：商王用黄铜铸造青铜器，举行奠血之祭，今天乙未日可能顺利。）

二、纺织业

甲骨卜辞中与纺织业有关的字，胡厚宣根据孙海波重编的《甲骨文编》和日本学者岛邦男的《殷墟卜辞综类》两书统计，有：从衣的字 21 个；从网的字 29 个；从旗*的字 35 个；从束的字 46 个；从系的字 81 个；从丝（二系）的字 16 个；从糸*（三系）的字 3 个，以上共计 231 个，可见纺织业与人们的关系密切，由此可以说明殷商时期纺织业较为发达。①

① 胡厚宣：《殷代的蚕桑和丝织》，《文物》1972 年第 11 期，第 4 ~5 页。

三、木作、制玉和酿酒

（一）木作业

1. 制造车辆

【例107】其葬兄辛唯右车用。（《合集》27628）

（译文：殡葬兄辛可以用右车陪葬。）

2. 制造舟船

【例108】己巳卜，争贞：作王舟。（《合集》13758）

（译文：己巳日占卜，贞人“争”预测：可以制造商王使用的舟船。）

3. 制造弓箭

【例109】壬辰卜，扶：甫弜*弓。（《合集》20117）

［译文：壬辰日占卜，贞人“扶”预测：甫（人名）不可以制造弓箭。］

（二）制玉业

制玉业在商代也是重要的手工业门类，在商代遗址中出土了大批精美的玉器。“奏玉”的玉可能指玉磬，两块玉称为珏。

【例110】贞：唯大玉…（《合集》9505）

（译文：贞人预测：可以使用大玉…）

【例111】…我玉…（《合集》16087）

［译文：…我（商王）可以使用玉。］

【例112】…奏玉…（《合集》16086）

（译文：…进奉玉…）

【例113】丁卯贞：王其称珏于祖乙燎三牢*，卯…一牢。（《合集》32420）

（译文：丁卯日贞人预测：商王可以奉珏并用三只圈养的羊燎祭祖乙，用一头圈养的牛进行卯祭。）

【例114】王占曰：祀珏。（《合集》5611反）

（译文：商王预测说：可以用珏来祭祀。）

（三）酿酒业

酿酒业在商代亦很发达，祭祀用酒数量很大，多至上百卣，卜辞用语“作豊”即酿造“醴酒”。

【例115】…亥贞：王侑百鬯、百牛。（《合集》32044）

（译文：…亥日贞人预测：商王可以用百鬯酒、百头牛侑祭祖先。）

【例116】贞：其作豊…伊御。（《合集》26054）

（译文：贞人预测：可以酿造醴酒…御祭伊尹。）

【例117】…贞曰：于祖乙其作豊。（《合集》32557）

（译文：…贞人预测说：可以酿造醴酒用于祭祀祖乙。）

【例 118】丙戌卜，唯新豊用。唯旧豊用。（《合集》32536）
（译文：丙戌日占卜，可以用新近酿造的醴酒。可以用以前酿造的醴酒。）

四、建筑业

建筑业主要指建筑居室、宫殿和宗庙，甲骨卜辞中建筑种类甚多，各种建筑名多达 40 个，可见商代建筑业相当发达。①

（一）一般房屋

“宀”、“寝”、“南宫”、“厅”等词为一般房屋名称。

【例 119】辛未卜，作宀。（《合集》22246）
（译文：辛未日占卜，可以建造房屋。）
【例 120】甲午贞：其令多尹作王寝。（《合集》32980）
［译文：甲午日贞人预测：（商王）可以命令多尹（职官名）建造商王的寝宫。］
【例 121】丁巳卜，于南宫乇，大吉。（《合集》30374）
（译文：丁巳日占卜，在南宫举行乇祭，非常吉利。）
【例 122】王其飨在厅。（《合集》31672）
（译文：商王可以在大厅进食。）

（二）宗庙

“宗”、“家”、“亚”、“必”等词为宗庙建筑名称。

【例 123】甲戌卜，于宗飨。（《屯南》341）
（译文：甲戌日占卜，可以在祖庙举行飨祭。）
【例 124】乙酉贞：于上甲家。（《合集》13580）
（译文：乙酉日贞人预测：可以在上甲之宗庙。）
【例 125】其御于父甲亚，吉。（《合集》30297）
（译文：在父甲之宗庙“亚”举行御祭，吉利。）
【例 126】祝于父丁必。（《合集》32654）
（译文：可以在父丁之宗庙“必”举行祝祭。）

（三）其他

“圉”为监狱，是囚禁犯人之所。

【例 127】壬辰卜，贞：执于圉。（《合集》5973）
（译文：壬辰日占卜，贞人预测：可能在监狱中拘禁。）

---

① 巫称喜：《甲骨文名词研究》，现代教育出版社 2007 年版，第 20 页。

第五节　商代交通业

商代有可供行车的道路，有多种交通工具，并建立了行之有效的交通制度。关于商代交通业，本书第四章已有详述，这里不再赘述。

第十三章 商代天气灾害传播

殷商时期，由于农业和畜牧业的发展以及日常生活的需要，人们对自然现象的观察频繁而细致，殷墟甲骨卜辞中保存着大量有关天文气象以及自然灾害的记载。

第一节 商代天文气象

甲骨卜辞中有关天文气象的名词有26个，反映了商人对自然天象的大致认识。①

一、天文

卜辞中“日”、“月”、“星”均为天文名词。

【例1】出入日岁卯四牛。(《屯南》2615)
(译文：对日出、日落可以用四头牛进行岁祭。)
【例2】旬壬申夕月有食。(《合集》11482反)
(译文：这一旬壬申日晚上发生月食。)
【例3】辛未有设，新星。(《合集》6063反)
(译文：辛未日有不好的天象发生，可能出现新星。)

二、气象

卜辞中“雨”、“雹”、“霎”、“霾”、“雷”、“云”、“雾”、“虹”等都与气象有关。

【例4】王其省田，昃不雨。(《合集》29910)
(译文：商王视察农耕之田，太阳西斜时可能不会下雨。)
【例5】癸未卜，宾贞：兹雹唯降祸。(《合集》11423正)
(译文：癸未日占卜，贞人“宾”预测：这场冰雹可能会造成灾祸。)
【例6】戊午卜，贞：今日霎。(《合集》38192)
(译文：戊午日占卜，贞人预测：今天可能天阴。)
【例7】贞：兹雨，不唯霾。(《合集》13467)
(译文：贞人预测：这次下雨，可能不会出现阴霾。)
【例8】庚子卜，贞：兹雷其雨。(《合集》13408正)

---

① 巫称喜：《甲骨文名词研究》，现代教育出版社2007年版，第21页。

（译文：庚子日占卜，贞人预测：这次打雷，可能会下雨。）

【例9】贞：兹云其雨。（《合集》13385）

（译文：贞人预测：此种云可能会下雨。）

【例10】丙申卜，翌丁酉酒*伐，启。丁明雾，大食日启。一月。（《英藏》1101）

（译文：丙申日占卜，明天丁酉日举行酒*祭与伐祭，可能会天晴。明天丁日可能会起雾，大食时可能会天晴。在一月占卜。）

【例11】有出虹自北，饮于河。十二月。（《合集》13442正）

（译文：从北边会出现彩虹，在黄河中饮水。在十二月占卜。）

三、风名

【例12】其宁风，雨。（《屯南》2772）

（译文：举行宁祭使风止息，可能会下雨。）

第二节　商代自然灾害

商代各类自然灾害频频发生，主要是受到自然地理条件以及气候等因素的重大影响。郭旭东先生把商代的自然灾害分为八类：旱灾、水灾、风灾、雹灾、雷灾、蝗灾、鸟灾、震灾。①

一、旱灾

关于殷商时期的旱灾，传世文献中有不少记载。《汉书·食货志》："尧、禹有九年之水，汤有七年之旱。"《吕氏春秋》："殷汤克夏，而大旱。"而《竹书纪年》则有成汤遭旱详细的分年纪录："十九年大旱，氐羌来贡；二十年大旱，夏桀卒于亭山，禁弦歌舞；二十一年大旱，王祷于桑林雨。"结合甲骨卜辞进行考察，殷商时期旱灾频发，有时的确十分严重。

【例13】…丑卜，贞：不雨，帝唯旱*。（《合集》10164）

（译文：…丑日占卜，贞人预测：可能不会下雨，上帝可能降下旱灾。）

【例14】贞：帝不降大旱*。九月。（《合集》10167）

（译文：贞人预测：上帝可能不会降下大旱灾。在九月占卜。）

【例15】甲辰卜，永贞：西土其有降旱*。二月。（《续存》下155）

（译文：甲辰日占卜，贞人"永"预测：西土可能会发生旱灾。在二月占卜。）

【例16】…北土无旱*。（《合集》10185）

（译文：…北土可能不会发生旱灾。）

【例17】贞：我不旱*。一月。（《合集》10178）

① 郭旭东：《殷商时期的自然灾害及其相关问题》，《史学集刊》2002年第4期，第6～10页。

（译文：贞人预测：商王国可能不会发生旱灾。在一月占卜。）

【例 18】贞：其旱*。三月。（《合集》10181）

（译文：贞人预测：可能发生旱灾。在三月占卜。）

从例 14、15、17、18 可以看出，一月、二月、三月正是春旱时节，九月则是秋旱时节。

在甲骨卜辞中体现旱情的另一种表达方式是求雨。

【例 19】祷年于方，有大雨。（《粹》808）

（译文：向方神祈求年成丰收，可能有大雨。）

【例 20】其晦祷年上甲无雨。大吉。（《合集》28267）

（译文：天色昏暗，向上甲祈求年成丰收，可能不会下雨。大吉大利。）

二、水灾

殷商时期，水患不断，甚至被迫多次迁都。《尚书·盘庚》说："今我民用荡析离居，罔有定极，尔谓朕曷震动万物以迁。""荡析离居"即有水患为祸被迫迁居之意。在甲骨卜辞中，反映了河水为患的历史事实。

【例 21】丁未卜，无川，有川。（《合集》33357）

（译文：丁未日占卜，可能不会涨大水，也可能涨大水。）

【例 22】辛卯卜，大贞：洹弘弗敦邑。七月。（《合集》23717）

（译文：辛卯日占卜，贞人"大"预测：洹水可能不会淹没殷都造成灾害。在七月占卜。）

【例 23】乙卯卜，贞：今春泉来水，次。（《合集》10156）

（译文：乙卯日占卜，贞人预测：今年春季洹泉来洪水，可能造成灾害。）

【例 24】贞：今秋禾不遘大水。（《合集》33351）

（译文：贞人预测：今年秋季禾可能不会遇到大洪水。）

【例 25】癸丑卜，贞：今岁无大水。（《英藏》2593）

（译文：癸丑日占卜，贞人预测：今年可能没有大洪水。）

一年之中是否有充足、适时的降雨是构成水灾或旱灾的关键因素，甲骨卜辞中有专门占卜预测雨水是否会给生产、生活造成灾害的辞例：

【例 26】贞：雨不正辰，无害。（《合集》24933）

（译文：贞人预测：雨下得很不适时，可能不会造成灾害。）

【例 27】贞：兹雨唯孽。（《合集》24933）

（译文：贞人预测：这场雨可能会造成灾害。）

甲骨卜辞中关于雨的记载最多。商人对雨的区分有"大雨"、"小雨"、"多雨"、"疾雨"、"烈雨"、"足雨"、"卣雨"、"从雨"、"延雨"，以及观察云彩是否有雨的"各雨"、"来雨"、"云雨"等。"烈雨"、"疾雨"、"从雨"类似现在的暴雨，来势凶猛，时间短，雨量大，往往会造成灾害。[1]“延雨”指连绵不断地下雨，“大雨”指雨量大，“多雨”指下雨次数多，“小雨”指雨量小，“各雨”、“来雨”、“云雨”也关系到是否下雨，这些极有可能造成灾害，因此商人十分关注。

【例 28】乙酉卜，大贞：及兹二月有大雨。（《合集》24868）
（译文：乙酉日占卜，贞人“大”预测：到这二月份可能有大雨。）
【例 29】丁至庚不遘小雨。（《合集》28546）
（译文：丁日至庚日可能不会遇上小雨。）
【例 30】己卯卜，贞：今日多雨。（《英藏》2588）
（译文：己卯日占卜，贞人预测：今天可能多雨。）
【例 31】贞：今夕其雨疾。（《合集》12670）
（译文：贞人预测：今晚可能有急雨。）
【例 32】贞：其亦烈雨。（《合集》6589 正）
（译文：贞人预测：又可能有暴雨。）
【例 33】辛巳卜，宾贞：呼舞有从雨。（《合集》12831 正）
［译文：辛巳日占卜，贞人“宾”预测：命令跳（巫）舞，可能有急雨。］
【例 34】贞：今夕不延雨。（《合集》12787）
（译文：贞人预测：今天晚上可能不会连绵不断地下雨。）
【例 35】辛巳［卜］，即贞：今日有各雨。（《合集》24756）
（译文：辛巳日占卜，贞人“即”预测：今天可能会有雨。）
【例 36】其自西来雨。（《合集》12870 甲）
（译文：从西边可能会来雨。）
【例 37】…贞：兹云延雨。（《合集》13392）
（译文：…贞人预测：此云可能会导致连绵不断地下雨。）

三、风灾

甲骨卜辞中，有关于“风”、“小风”、“大风”、“大骤风”的记载，其中“大骤风”、“大风”均能造成灾害。

【例 38】壬寅卜，癸雨。大骤风。（《合集》13359）
（译文：壬寅日占卜，癸日可能下雨。可能有大暴风。）
【例 39】辛未卜，王贞：今辛未大风不唯祸。（《合集》21019）
（译文：辛未日占卜，商王亲自占卜预测：今天辛未日可能有大风，但可能不会造成灾祸。）
【例 40】不遘小风。（《合集》28972）
（译文：可能不会遭遇小风。）

① 郭沫若：《殷契粹编》第 57 片考释，见王宇信、杨升南主编：《甲骨学一百年》，社会科学文献出版社 1999 年版，第 629 页。

【例41】癸未卜，殻贞：今日不风。十二月。（《合集》13344）
（译文：癸未日占卜，贞人“殻”预测：今日可能不刮风。在十二月占卜。）
【例42】丙寅卜，曰：风不祸。（《合集》34036）
（译文：丙寅日占卜，贞人预测说：风可能不会造成灾害。）
【例43】丙午卜，亘贞：今日风祸。（《合集》13369）
（译文：丙午日占卜，贞人“亘”预测：今天刮风可能造成灾祸。）
【例44】贞：兹风不唯孽。（《合集》10131）
（译文：贞人预测：此风可能不会造成灾祸。）

四、雹灾与雷灾

冰雹与雷电不仅对农作物危害极大，而且对房屋和人都能构成威胁。[①] 甲骨卜辞也有一些关于雹灾与雷灾的记载。

【例45】丙午卜，韦贞：生十月雨，其唯雹。（《合集》12628）
（译文：丙午日占卜，贞人“韦”预测：生十月可能会下雨并有冰雹。）
【例46】癸未卜，宾贞：兹雹唯降祸。（《合集》11423 正）
（译文：癸未日占卜，贞人“宾”预测：这场冰雹可能造成灾祸。）
【例47】…宁延马二丙，辛巳雨以雹。（《合集》21777）
（译文：…用两匹马举行宁祭、延祭，辛巳日可能会下雨、下雹。）
【例48】乙丑…生一月…其雨。七日壬申雷。辛巳雨。壬午亦雨。（《合集》13417）
（译文：乙丑日占卜…生一月…有雨。第七天壬申日可能会打雷。辛巳日可能下雨。壬午日也可能下雨。）
【例49】…贞：雷不唯祸。（《合集》13415）
（译文：…贞人预测：打雷可能不会造成灾祸。）

五、蝗灾与鸟灾

蝗灾是一种虫灾，是殷商时期一种严重危害农业生产的自然灾害。[②] 甲骨卜辞对此有不少记载：

【例50】癸酉贞：秋*不至。（《怀特》1600）
（译文：癸酉日贞人预测：蝗虫可能不会来。）
【例51】庚申卜，出贞：今岁秋*不至兹商。二月。（《合集》24225）
（译文：庚申日占卜，贞人“出”预测：今年蝗虫可能不会到大邑商来。在二月占卜。）
【例52】乙酉卜，宾贞：秋*大举。（《合集》13538）
（译文：乙酉日占卜，贞人“宾”预测：蝗虫可能大批出动。）

---

① 胡厚宣：《殷代的冰雹》，《史学月刊》1980 年第 3 期，第 13 ~ 15 页。
② 彭邦炯：《商人卜螽说——兼说甲骨文的秋字》，《农业考古》1983 年第 2 期，第 309 ~ 314 页。

殷商时期，鸟类众多，有些鸟如“隹”对农作物造成了重大灾害。[①] 如：

【例 53】今秋其有降隹。(《合集》13737)

[译文：今年秋季隹（鸟名）可能降下灾害。]

【例 54】贞：无来隹。(《合集》809 反)

[译文：贞人预测：隹（鸟名）可能不会来（为害）。]

六、其他灾害

日食、月食、虹出、星现本是自然天象，但商人认为此为灾祸到来的征兆。[②]杨树达说：“新星者，天上久不见星，今新见星也。”[③] 例 59 的意思是商人发现有一颗新的大星出现在南部天空，与大火星并行。如果将该辞的“星”读为“晴”，释成“大晴出南”，辞意就不通。总之，经过学者们的研究，可知卜辞中的“星”字有两种用法：一是因星见天晴，而引申为“晴”义；二是指天上的星辰。[④]

【例 55】癸亥贞：旬亡祸。旬壬申夕月有食。(《合集》11482 正反)

(译文：癸亥日贞人预测：这一旬可能没有灾祸，这一旬壬申日晚上发生月食。)

【例 56】庚辰贞：日有戠非祸，唯若。(《合集》33698)

(译文：庚辰日贞人预测：太阳发生日食，可能不会发生灾祸，吉利。)

【例 57】王占曰：有祟。八日庚戌，有各云自东宦母。昃，亦有出虹自北，饮于河。(《合集》10405 反)

(译文：商王预测说：可能有灾祸出现。占卜之后的第八天庚戌日，从东方涌来一片乌云，天空东北方阴沉下来。太阳偏西的时候，北方上空也出现了虹，它在黄河里饮水。)

【例 58】戊申…有设。[新] 星。(《合集》11507)

(译文：戊申日…有不祥征兆。可能有新星出现。)

【例 59】[癸亥卜] …七日己巳夕向 [庚午] 有新大星并火…(《合集》11503 反)

[译文：癸亥日占卜…第七天己巳日晚至（庚午）日可能有新大星出现，与大火星并行…]

【例 60】…大星出…南。(《合集》11504)

(译文：…大星可能出现…在南方。)

由于殷商时期生产力与科技水平等历史条件的限制，面对各种自然灾害，殷商王朝更多的是祈求神灵佑助，降伏各种灾魔，以求风调雨顺、国泰民安。[⑤]

(1) 关于旱灾，主要举行“侑”祭和“祷”祭以求雨。如：

【例 61】…侑于方，有大雨。(《合集》30395)

---

① 彭邦炯：《甲骨文农业资料考辨与研究》，吉林文史出版社 1997 年版。

② 郭旭东：《殷商时期的自然灾害及其相关问题》，《史学集刊》2002 年第 4 期，第 10 页。

③ 王宇信、杨升南主编：《甲骨学一百年》，社会科学文献出版社 1999 年版，第 649 页。

④ 王宇信、杨升南主编：《甲骨学一百年》，社会科学文献出版社 1999 年版，第 650 页。

⑤ 郭旭东：《殷商时期的自然灾害及其相关问题》，《史学集刊》2002 年第 4 期，第 11 ~ 12 页。

（译文：…对方神举行侑祭，可能有大雨。）

【例 62】其祷年于岳，兹有大雨。吉。（《合集》28255）

（译文：对岳神举行祷祭以祈求年成丰收，这次可能有大雨。吉利。）

（2）关于水灾，主要举行“御”祭、“宁”祭以止雨。

【例 63】贞：延多雨，兹御。（《合集》38162）

（译文：贞人预测：连续多雨，此次可以举行御祭以止雨。）

【例 64】乙亥卜，宁雨，若。（《合集》30187）

（译文：乙亥日占卜，可以举行宁祭以止雨，顺若。）

【例 65】乙未卜，宁雨于社。（《合集》34088）

（译文：乙未日占卜，可以对社神举行宁祭以止雨。）

（3）关于风灾，主要举行“宁”祭以止风。

【例 66】其宁风雨。（《屯南》2772）

（译文：可以举行宁祭以止息风与雨。）

【例 67】癸未，其宁风于方，有雨。（《合集》30260）

（译文：癸未日占卜，对方神举行宁祭以止风，可能有雨。）

【例 68】甲戌贞：其宁风三羊、三犬、三豕。（《合集》34137）

（译文：甲戌日贞人预测：可以用三只羊、三只狗、三头猪举行宁祭以止风。）

（4）关于蝗灾与鸟灾，主要举行“告”祭与“宁”祭。

【例 69】甲申秋* 夕至，宁用三大牢。贞：其宁秋* 于帝五工臣于日告。（《屯南》930）

（译文：甲申日晚上可能有蝗虫到来，可以用三头大的圈养的牛举行宁祭以止息蝗灾。贞人预测：可以对帝五工臣与日神举行告祭以止息蝗灾。）

【例 70】…申卜，贞：方帝宁隹。九月。（《合集》14370 丙）

（译文：…申日占卜，贞人预测：可以对方神、上帝举行宁祭止息鸟灾。在九月占卜。）

第十四章　商代宗教祭祀传播

殷商时期人们崇信鬼神与天命，认为商代诸神决定着人世间的一切事物，因此对诸神的崇拜与祭祀成为当时国家政治与社会生活中极为重要的内容。甲骨卜辞中有大量关于宗教崇拜与祭祀的卜辞。

第一节　商代上帝崇拜与祭祀

甲骨卜辞所记载的商人宗教崇拜，首先是对天神上帝的崇拜。上帝具有自然权能、战事权能、人事权能，商人对上帝充满敬畏，并对其顶礼膜拜，施以祭祀之礼。商人不仅祭祀上帝，还祭祀上帝的臣正和使臣。

【例1】己丑卜，御帝三十小牢*。（《合集》22073）

（译文：己丑日占卜，可以用三十只小的圈养的羊对上帝进行御祭。）

【例2】贞：帝示若，今我奏祀。四月。（《英藏》1286）

［译文：贞人预测：上帝顺若，我（商王）现在可以进行奏祭和祀祭。在四月占卜。］

【例3】王侑岁于帝五臣正。（《合集》30391）

（译文：商王可以对帝五臣正进行侑祭和岁祭。）

【例4】燎帝史风一牛。（《合集》14226）

（译文：可以用一头牛对上帝的使臣风进行燎祭。）

在商人心中，最高的帝只有一个，但还有许多其他的帝，他们对这些帝同样加以祭祀。商人对东南西北方位有明确的认识，西南帝可能是西帝和南帝，指西方的帝和南方的帝，北帝指北方的帝，以别于中央最高的帝或上帝。① 甲骨文中有南帝、西帝、北帝，按理也可能有东帝，但至今未发现此类甲骨卜辞。

【例5】束*于西南帝。（《合集》721正）

（译文：可以对西帝和南帝进行束*祭。）

【例6】贞：于北帝。（《合集》34156）

（译文：贞人预测：可以对北帝进行于祭。）

---

① 赵诚：《甲骨文与商代文化》，辽宁人民出版社2000年版，第45页。

第二节　商代自然神崇拜与祭祀

商代自然神包括日神、月神、东母、西母、风神、雨神、云神、雪神、方神、四方神、山神等，商人同样对其举行祭祀。

一、日神

“出日、入日本为日出日落之意。”① 宋镇豪先生认为：“甲骨文中‘出日’、‘入日’的祭礼是殷代的太阳祭礼。”② 此说影响甚大。

【例 7】壬子卜，旅贞：王宾日，不雨。（《合集》22539）
（译文：壬子日占卜，贞人“旅”预测：商王亲自宾祭日神，可能不会下雨。）
【例 8】辛未侑于出日。（《合集》33006）
（译文：辛未日可以对日出进行侑祭。）
【例 9】丁巳卜，侑入日。（《合集》34163）
（译文：丁巳日占卜，可以对日落进行侑祭。）

二、东母与西母

甲骨卜辞中的“东母”、“西母”是祭祀对象，一般对其施以“侑”祭、“燎”祭。关于“东母”、“西母”的具体所指，陈梦家先生认为大约是指日、月之神，学者多从此说。③

【例 10】己酉卜，殸贞：燎于东母九牛。（《合集》14337）
（译文：己酉日占卜，贞人“殸”预测：可以用九头牛对东母进行燎祭。）
【例 11】贞：燎于东母三豕。（《合集》14340）
（译文：贞人预测：可以用三头猪对东母进行燎祭。）
【例 12】贞：侑于东母。（《合集》14761）
（译文：贞人预测：可以对东母进行侑祭。）
【例 13】壬申卜，贞：侑于东母、西母，若。（《合集》14335）
（译文：壬申日占卜，贞人预测：为东母、西母共同举行侑祭，可能会顺若。）

三、风、雨、云、雪

甲骨卜辞中的“风”、“雨”、“云”、“雪”既是天象名词，也是神名。在商人心目

① 金祥恒：《甲骨文“出日”、“入日”说》，见王宇信、杨升南主编：《甲骨学一百年》，社会科学文献出版社 1999 年版，第 595 页。

② 宋镇豪：《甲骨文“出日”、“入日”考》，见文化部文物局古文献研究室编：《出土文献研究》，文物出版社 1985 年版，第 40 页。

③ 陈梦家：《殷虚卜辞综述》，中华书局 1988 年版，第 574 页。

中，自然界的“风”、“雨”、“云”、“雪”是与之相关的神灵施加影响而发生的，因此他们对这些自然神祇加以祭祀，以求风调雨顺。

【例 14】侑风。(《合集》13357)

(译文：可以侑祭风神。)

【例 15】御于雨。(《合集》22758)

(译文：可以对雨神进行御祭。)

【例 16】己丑卜，争贞：亦呼雀燎于云犬。(《合集》1051 正)

[译文：己丑日占卜，贞人“争”预测：可以命令雀（人名）用狗作祭牲对云神举行燎祭。]

【例 17】其燎于雪，有大雨。(《英藏》2366)

(译文：对雪神进行燎祭，可能有大雨。)

四、方与四方

甲骨卜辞中的“方”多指方国，也有少数指方神，即四方之神，总称为“方”，具体言之为“四方”，而且还有“东方”、“西方”、“南方”、“北方”之别。

【例 18】…卜，争贞：翌辛巳呼禽酒*燎于方。(《合集》4058)

[译文：…占卜，贞人“争”预测：明天辛巳日可以命令禽（人名）对方神进行酒*祭与燎祭。]

【例 19】其侑于四方。(《合集》30394)

(译文：可以对四方之神进行侑祭。)

【例 20】贞：帝于东方曰析。(《合集》14295)

(译文：贞人预测：对东方之神进行帝祭可以称为析。)

【例 21】于丁卯酒*南方。(《合集》30173)

(译文：在丁卯日可以对南方之神进行酒*祭。)

【例 22】贞：帝于西方曰彝。(《合集》14295)

(译文：贞人预测：对西方之神进行帝祭可以称为彝。)

【例 23】庚寅贞：王其正北方。(《屯南》1066)

(译文：庚寅日贞人预测：商王可以正祭北方之神。)

五、山

在甲骨卜辞中，山作为祭祀对象，应是指山神。“三山”、“五山”、“九山”、“十山”，具体所指不明，但商代以此类名称合称某些名山当属无疑，后代也基本如此。

【例 24】癸卯…往三山。(《合集》19293)

(译文：癸卯日…可以对三山进行往祭。)

【例 25】丁丑卜，侑于五山。(《合集》34167)

(译文：丁丑日占卜，可以对五山进行侑祭。)

【例26】勿于九山燎。(《合集》96)
(译文：不可以对九山进行燎祭。)
【例27】辛…贞…燎于十山。(《合集》34166)
(译文：辛日…预测…可以对十山进行燎祭。)

第三节 商代祖先神崇拜与祭祀

祭祀卜辞又以祭祀祖先神的卜辞数量最多。据学者们研究，商人崇拜祭祀的祖先神大致可以分为两类：一类为高祖神，一类为先公、先王、先妣诸神。①

一、高祖神

据陈梦家研究，商人所崇拜的高祖神主要有夒、王亥、土、季、王恒、岳、河、兕、王夨、夏*，这十位“是卜辞中所常见而重要的，其他还有不少”②。商人对高祖神加以隆重祭祀。

【例28】乙亥卜，高祖夒燎二十牛。(《屯南》4528)
(译文：乙亥日占卜，可以用二十头牛对高祖夒进行燎祭。)
【例29】翌辛亥侑于王亥四十牛。(《合集》672正)
(译文：明天辛亥日可以用四十头牛对王亥进行侑祭。)
【例30】辛未贞：祷禾高祖河于辛巳酒*燎。(《合集》32028)
(译文：辛未日贞人预测：为祈求丰收，可以在辛巳日酒*祭和燎祭高祖河。)
【例31】丁未卜，侑于岳祷禾。(《合集》33291)
(译文：丁未日占卜，为祈求丰收可以对岳进行侑祭。)
【例32】壬辰卜，其祷年于夏*燎有羌。(《合集》32117)
(译文：壬辰日占卜，为祈求丰收可以用羌人作祭牲对夏*进行燎祭。)
【例33】丁未卜，王帝于兕。(《合集》1140正)
(译文：丁未日占卜，商王可以对犀牛进行帝祭。)
【例34】贞：燎于土一牛。(《合集》14396)
(译文：贞人预测：可以用一头牛作祭牲对土神进行燎祭。)
【例35】壬申卜，旅贞：其侑于季，唯羊。(《合集》24969)
(译文：壬申日占卜，贞人“旅”预测：可以用羊对季进行侑祭。)
【例36】贞：侑于王恒。(《合集》14762)
(译文：贞人预测：可以对王恒举行侑祭。)
【例37】侑王夨伐三卯牢。(《合集》1051正)
(译文：可以用三伐和卯牢侑祭王夨。)

① 王宇信、杨升南主编：《甲骨学一百年》，社会科学文献出版社1999年版，第599页。
② 陈梦家：《殷虚卜辞综述》，中华书局1988年版，第337～345页。

二、先公、先王、先妣诸神

先公、先王、先妣诸神指上甲以下的近祖先公及大乙以下的先王、先妣，包括若干旧臣神。[①] 商代先王分直系、旁系两类，直系为二十三王，旁系为十三王。商人无论对直系先王还是旁系先王及配偶，都加以祭祀。

商人祭祀先公、先王、先妣采用单祭、合祭、特祭、周祭四种祭祀形式。

（一）单祭

单祭是对某一位先王或先妣单独进行祭祀。

【例 38】甲申卜，乙酉侑祖乙三宰*册*三十牛。（《合集》1513）

（译文：甲申日占卜，乙酉日可以用三只圈养的羊和三十头牛对祖乙举行侑祭和册*祭。）

【例 39】壬午卜，其又岁于妣癸，唯小牢。（《合集》27572）

（译文：壬午日占卜，可以用小的圈养的牛对妣癸举行又祭和岁祭。）

例 38 是单祭先王的，例 39 是单祭先妣的。

（二）合祭

合祭是集合多位祖先同时进行祭祀。

【例 40】甲辰卜，贞：王宾祷祖乙、祖丁、祖甲、康祖丁、武乙，衣，无尤。（《合集》35803）

（译文：甲辰日占卜，贞人预测：商王可以对祖乙、祖丁、祖甲、康祖丁、武乙五王进行宾祭、祷祭以及衣祭，可能没有灾祸。）

例 40 为黄组卜辞，至今未见有单纯合祭先妣的卜辞。

（三）特祭

商人对近世直系祖先举行多种特殊的祭祀，如“祊”祭。[②]

【例 41】丙戌卜，贞：武丁祊其牢。（《佚》981）

（译文：丙戌日占卜，贞人预测：可以用圈养的牛对武丁进行祊祭。）

一般而言，“祊其牢”卜辞所祭的祖先只有武丁、祖甲、康祖丁、武乙、文丁五位直系先王和武乙之配偶母癸。[③]

① 宋镇豪：《夏商社会生活史》（下），中国社会科学出版社 1994 年版，第 821 页。

② 常玉芝：《说文武帝——兼略述商末祭祀制度的变化》，见王宇信、杨升南主编：《甲骨学一百年》，社会科学文献出版社 1999 年版，第 624 页。

③ 王宇信、杨升南主编：《甲骨学一百年》，社会科学文献出版社 1999 年版，第 603 页。

（四）周祭

周祭是商王及王室贵族用翌、祭、壴*、协*、彡五种祀典对其祖先轮番和周而复始地进行的祭祀。这种祭祀是一个王世接着一个王世，连绵不断地举行下去的，因此它是殷商王朝一种非常重要的祭祀制度。①

【例42】癸未王卜，贞：酒*彡日自上甲至于多后，衣，无害自祸。在四月。唯王二祀。（《合集》37836）

（译文：商王在王二年四月癸未日占卜预测：对上甲到多后诸先王进行酒*祭、彡祭、日祭、衣祭，可能没有灾祸。）

此例的特点是占卜预测之日在癸日，辞末往往都附记年、月（如“唯王二祀”、“在四月”）。这种卜辞是在一种祀典开始之前得到的，例42即为在祭祀上甲的前一日癸日占卜预测以某种祀典祭祀上甲及其以后诸王是否顺利。

第四节　商代宗族王室祭祀与方国祭祀

一、商人王室祭祀与宗族祭祀

祭祀卜辞以商王本人及其王室宗族成员祭祀商代王室先祖及其他神祇的卜辞为主。②

（一）由商王主持的大规模的飨祭

【例43】唯王飨受佑。（《合集》27644）

（译文：商王进行飨祭，可能受到保佑。）

【例44】唯多生飨。（《合集》27650）

（译文：多生可以进行飨祭。）

【例45】唯多尹飨。（《合集》27894）

［译文：多尹（君）可以进行飨祭。］

多生、多子、多尹（君）集体参与王室飨祭，都要由商王占卜来决定，这说明实际上这种较大规模的王室祭祀是由商王主持的。

（二）各同姓宗族内的贵族分别祭祀商王的先祖父兄及妣母

【例46】贞：唯禽呼侑上甲。（《合集》4047反）

［译文：贞人预测：（商王）可以命令禽（人名）对上甲进行侑祭。］

---

① 王宇信、杨升南主编：《甲骨学一百年》，社会科学文献出版社1999年版，第603页。

② 朱凤瀚：《商周家族形态研究》，天津古籍出版社2004年版，第178～183页。

【例 47】呼雀册*兄丁十牛岁用。(《佚》132)
[译文：(商王)可以命令雀(人名)为举行岁祭而用十头牛对兄丁进行册*祭。]

上述这种祭祀需要由王“呼”，证明它是由商王组织的。

(三) 商王为同姓宗族长与其他同姓贵族举行攘灾之祭，以求佑于商王之先祖父兄及妣母

【例 48】御雀于父乙。(《合集》4114)
(译文：为雀可以对父乙进行御祭。)
【例 49】己巳卜，告亚禽往于丁一牛。(《屯南》2378)
(译文：己巳日占卜，可以用一头牛为丁举行往祭而对亚禽进行告祭。)

例 49 这种“告”祭是将同姓贵族的行动告知祖先，当然也是为求得祖先神灵的保佑。

(四) 部分宗族长祭祀先公与四方神

【例 50】甲午卜，殻贞：呼禽先御燎于河。(《合集》14526 正)
[译文：甲午日占卜，贞人“殻”预测：可以命令禽(人名)对祖神河进行御祭和燎祭。]
【例 51】勿呼雀帝于西。(《合集》10976 正)
[译文：不可以命令雀(人名)对西方之神进行帝祭。]
【例 52】辛未卜，争贞：呼雀燎于岳。(《合集》4112)
[译文：辛未日占卜，贞人“争”预测：可以命令雀(人名)对岳进行燎祭。]

这类卜辞言“呼”，证明这种祭祀也完全是在商王指使下进行的，是受商王支配的。

二、方国祭祀

殷商王朝在通过军事征伐或武力威慑使方国臣服之后，往往又通过祭祀对敌对方国施加影响。[1] 这主要表现在两个方面：

(一) 商王祭祀时方国要助祭

【例 53】壬寅卜，贞：兴方以羌用自上甲至下乙。(《合集》270)
(译文：壬寅日占卜，贞人预测：可以用兴方送来的羌方奴隶作为祭牲对上甲至祖乙诸先王进行祭祀。)
【例 54】乙亥卜，争贞：酒*危方以牛自上甲。一月。(《合集》10084)
(译文：乙亥日占卜，贞人“争”预测：可以用危方送来的牛作为祭牲酒*祭上甲及其他先王。在一月占卜。)

---

① 岳红琴：《商王朝对方国的祭祀影响》，《殷都学刊》1998 年第 3 期，第 9～12 页。

【例 55】癸卯卜，宾贞：井方于唐宗彘。(《合集》1339)
(译文：癸卯日占卜，贞人“宾”预测：井方可以到唐宗献彘祭祀。)

由此可见，兴方、危方、井方送来祭品助祭，显然是由商王敦请方国首领共同参加商国祭祀活动，加强殷商王国与诸方国之间的密切联系。

(二) 商王常到方国内举行祭祀活动

【例 56】其烄于周。(《合集》30793)
[译文：(商王) 可以在周方境内举行烄祭。]
【例 57】辛未贞：今日告其步于父丁一牛。在祭卜。(《合集》32677)
(译文：辛未日贞人预测：今天可以为商王武乙出行用一头牛对父丁进行告祭。在祭地占卜。)
【例 58】贞：匚于黄。(《合集》748)
(译文：贞人预测：可以在黄方境内举行匚祭。)

第五节　商代祭品及其数量

商代祭祀所用祭品大致可以分为三类：①物牲；②人牲；③物品。

一、物牲——用动物作为祭品

主要有以下动物：

(一) 羊

甲骨卜辞所见以羊为祭牲的，最少的为一只羊，最多的为一百只羊。

【例 59】辛未卜，其侑岁于妣壬一羊。(《合集》27164)
(译文：辛未日占卜，可以用一只羊对妣壬举行侑祭和岁祭。)
【例 60】庚戌卜，朕耳鸣，侑御于祖庚羊百。(《合集》22099)
[译文：庚戌日占卜，我（商王）耳鸣，可以用一百只羊对祖庚进行侑祭和御祭。]

(二) 牢*

“牢*”是养在圈内专供祭祀的羊，商代用作祭牲最少的为一只，最多的为三百四十只。

【例 61】…卜，旅贞：翌辛亥，其侑于祖乙一牢*。四月。(《合集》22889)
(译文：…占卜，贞人“旅”预测：明天辛亥日可以用一只圈养的羊对祖乙举行侑祭。在四月占卜。)
【例 62】癸酉贞：帝五丰臣其三百四十牢*。(《合集》34149)
(译文：癸酉日贞人预测：可以用三百四十只圈养的羊对帝五丰臣进行祭祀。)

（三）牛

牛作为祭牲最少的用一头，最多的用一千头，数量极大。

【例 63】辛亥卜，至…伊尹用一牛。（《合集》21575）
（译文：辛亥日占卜，可以用一头牛对伊尹进行至祭。）
【例 64】丁巳卜，争贞：降，册*千牛。（《合集》1027 正）
［译文：丁巳日占卜，贞人“争”预测：（神祖）降临，可以用一千头牛进行册*祭。］

（四）牢

牢指养在圈里专门用于祭祀的牛，商代祭祀时最少用一头牛，最多用三百头牛。

【例 65】辛卯贞：其祷生于妣庚、妣丙一牢。（《屯南》750）
（译文：辛卯日贞人预测：为祈求生育可以用一头圈养的牛对先妣妣庚、妣丙举行祷祭。）
【例 66】兄丁延三百牢。（《合集》22274）
（译文：可以用三百头圈养的牛延祭兄丁。）

（五）犬

狗作为祭牲，最少时用一只，最多时用三百只。

【例 67】…巫帝犬一。（《合集》21074）
（译文：…可以用一只狗对巫帝进行祭祀。）
【例 68】贞：令兹*三百犬。（《合集》16241）
（译文：贞人预测：可以命令用三百只狗举行兹*祭。）

（六）豕

猪作为祭牲，商代祭祀时最少用一头，最多用一百头。

【例 69】父庚一豕。（《合集》12980）
（译文：可以用一头猪对父庚进行祭祀。）
【例 70】丁巳卜，侑燎于父丁百犬百豕卯百牛。（《合集》32674）
（译文：丁巳日占卜，可以用一百只狗、一百头猪、一百头牛侑祭、燎祭父丁。）

（七）豚

小猪用来祭祀时最少用一头，最多用一百头。

【例 71】燎于虫*一豚。（《合集》14395 正）
（译文：可以用一头小猪对虫*进行燎祭。）
【例 72】贞：肇丁用百羊百犬百豚。十月。（《合集》15521）
（译文：贞人预测：可以用一百只羊、一百只狗、一百头小猪肇祭丁。在十月占卜。）

（八）彘

“彘”是野猪，难以捕捉，因此用作祭牲的自然就不多。

【例 73】贞：酒*用彘于妣己。（《合集》454 反）
（译文：贞人预测：可以用一头野猪对妣己进行酒*祭。）
【例 74】辛巳卜，侑于态*三彘，有擒。（《合集》20737）
（译文：辛巳日占卜，用三头野猪对态*进行侑祭，可能有擒获。）

（九）马

甲骨卜辞中马作为祭牲的情况不多见。

【例 75】甲辰卜，款*俘马自大乙。（《合集》32435）
（译文：甲辰日占卜，可以用俘获的马来款*祭自大乙以来的先王。）

（十）兕

兕为犀牛，是一种体形较大的野兽，捕获不易，用作祭牲的也就不多。

【例 76】其鼎兕祖丁。（《合集》32603）
（译文：可以用犀牛鼎祭祖丁。）
【例 77】父丁鼎三兕。（《合集》32718）
（译文：可以用三头犀牛鼎祭父丁。）

（十一）虎

虎是一种凶猛的野生动物，用作祭牲实为难得。

【例 78】戊午御虎于妣乙。（《合集》22065）
（译文：戊午日可以用虎对妣乙进行御祭。）

（十二）象

象是一种巨形野兽，用作祭牲，古今罕见。

【例 79】…宾贞…以象侑祖乙。（《合集》8983）
（译文：…贞人“宾”预测…可以用象来侑祭祖乙。）

二、人牲——用人作为祭品

在商代祭祀中，除了上述物牲，还有人牲，主要有四类：

（一）伐

“伐”指砍了头的人牲，“十伐又五”即十五伐。

【例 80】贞：来乙亥酒*祖乙十伐又五卯十宰*。（《合集》892 正）

（译文：贞人预测：未来乙亥日可以用十五伐、卯十牢*酒*祭祖乙。）

（二）羌

羌是被俘虏的羌方之人，他们经常被用作人牲，少则几羌，最多则有三百羌，数量极大。

【例 81】丁卯卜，贞：侑于祖乙牢*羌三人。（《合集》501）
（译文：丁卯日占卜，贞人预测：可以用圈养的羊和三个羌人对祖乙进行侑祭。）
【例 82】三百羌用于丁。（《合集》295）
（译文：可以用三百个羌人祭祀丁。）

（三）报*

在甲骨卜辞中，常以俘虏所在方国之名来称呼该人，如羌、大等，统而言之则称为“报*”，男女不分。卜辞以报*为人牲习见。少则一两报*，多则三十报*（《合集》22231）。

【例 83】…酉卜，侑祖甲用报*。（《合集》743）
（译文：…酉日占卜，可以用报*来侑祭祖甲。）

（四）人

商代经常杀人以祭，而且数量相当惊人。从考古发掘来看，商人尚有杀人殉葬的风俗，如殷墟西北岗西区大墓，一墓中少则一人，多则三四百人。①

【例 84】辛亥卜，祝于二父一人，王受佑。（《合集》27037）
（译文：辛亥日占卜，用一人对二父进行祝祭，商王可能受到福佑。）
【例 85】不其降，册*千牛千人。（《合集》1027 正）
［译文：（神祖）不降临，可以砍杀一千头牛、一千个人进行祭祀。］

三、物品——用来祭祀的农产品等

（一）米

【例 86】己巳贞：王其登南同*米，唯乙亥。（《合集》34165）
（译文：己巳日贞人预测：在乙亥日商王可以亲自进献南同*所产的新米祭祀神祖。）
【例 87】辛亥贞：其登米于祖乙。（《屯南》189）
（译文：辛亥日贞人预测：可以对祖乙进献米来祭祀。）

---

① 赵诚：《甲骨文与商代文化》，辽宁人民出版社 2000 年版，第 189 页。

（二）粱

【例 88】庚寅卜，贞：王宾登粱，无尤。（《合集》38686）
（译文：庚寅日占卜，贞人预测：商王进献粱宾祭神祖，可能没有灾祸。）
【例 89】癸未卜，其延登粱于祖乙。（《合集》32592）
（译文：癸未日占卜，可以对祖乙进献粱进行延祭。）

（三）黍

【例 90】贞：登黍。（《合集》235 正）
（译文：贞人预测：可以进献黍以祭祀。）

上述“登米”、“登粱”、“登黍”之“登”有登进荐献之义。正如宋镇豪先生所说：“秋收有获，于祖先神灵有功，登献新黍新米，正意在回报祖先神灵佑护五谷丰登之功，并冀望继续得到保佑，以此为勉，这与文献说的‘报功以勉力’之祭，性质是一致的。”①

商代祭祀之名称（祭名）有一百多种，极为复杂。从古至今，大凡祭祀，或者有一定的仪式（即祭仪），或者有某种特定的祭品（包括祭牲），或者两者皆有，商代祭祀也应如此。由于材料所限，我们并不能完全弄清楚祭仪和祭品的相关情况，这有待我们进一步认真整理与发掘，以全面了解商代祭祀文化。

① 宋镇豪：《夏商社会生活史》（下），中国社会科学出版社 1994 年版，第 665 页。

第十五章　商代文化教育传播

甲骨文所反映的商代文化教育的相关内容相对较少，但我们仍然能从中了解到商代文化教育的大致情形。

第一节　商代文化教育教学机构

从传世文献看，上古时代即虞夏商周时代出现了专门的官方文化教育传播机构。《礼记·王制》云："有虞氏养国老于上庠，养庶老于下庠。夏后氏养国老于东序，养庶老于西序。殷人养国老于右学，养庶老于左学。周人养国老于东胶，养庶老于虞庠。虞庠在国之西郊。"郑氏注云："上庠、右学，大学也，在西郊。下庠、左学，小学也，在国中王宫之东。"《礼制要义·王制下》云："小学在国中，大学在郊，此殷制明矣者，以上文云：小学在公宫南之左，大学在郊。下文云：殷人养国老于右学，养庶老于左学；贵右而贱左，小学在国中，左也，大学在郊，右也，与殷同也，故云此殷制明矣。"上述文献反映了三个方面的重要信息。一是文化教育机构的名称。虞称为"庠"，分上庠、下庠；夏称"序"，分东序、西序；商称"学"，分右学、左学；周称"胶庠"，分东胶、虞庠。"上庠"、"东序"、"右学"、"东胶"属于"大学"，"下庠"、"西序"、"左学"、"虞庠"属于"小学"。尽管名称各异，但"这些机构设施均属于贵族子弟就教场所，反映着虞夏商周的学校教育制度"①。二是文化教育机构所处方位。虞、商两代尚右，大学设在西郊，小学设在国中（王宫之东）；而夏、周两代尚左，大学则设在国中（王宫之东），小学设在西郊。三是文化教育教学人员的组成。虞夏商周均将"国老"养于大学，而将"庶老"养于小学。一些甲骨卜辞反映了与传世文献相对应的文化教育方面的内容。

【例 1】入唯癸寻。于甲寻。于祖丁旦寻。于庭旦寻。于大学寻。(《屯南》60)

（译文：可以在癸日进入举行寻祭。可以在甲日举行寻祭。可以在祖丁神坛举行寻祭。可以在宗庙大庭神坛举行寻祭。可以在大学举行寻祭。）

【例 2】丁巳卜…右学。(《合集》20101)

（译文：丁巳日占卜…可以在右学教学。）

【例 3】于右卣教。(《合集》30518)

（译文：可以在右卣教学。）

【例 4】于右室*学。(《屯南》662)

（译文：可以在右室*教学。）

---

① 宋镇豪：《夏商社会生活史》（下），中国社会科学出版社 1994 年版，第 679 页。

【例 5】作学于入，若。(《合集》16406)

(译文：建造内学，可能会顺若。)

【例 6】…学东…(《合集》8732)

(译文：…左学…)

例 1 之“寻”为祭名，指献俘祭祖的祭祀活动，“旦”指神坛，“祖丁旦”是宗庙建筑中一处祖丁的祭祀场所，“庭旦”即宗庙大庭神坛，而“‘大学’为商代贵族子弟受教育习礼场所，也即后世学宫的雏形，是知商代确有受王朝直接掌管的教学场所‘大学’”[①]。这条卜辞占卜预测商王在“祖丁旦”、“庭旦”、“大学”几个地点举行“寻”祭的可行性。“大学”与祖先宗庙的神坛“祖丁旦”、“庭旦”相提并论，而且商王意欲亲自到“大学”举行寻祭，足以说明“大学”在殷商王朝的地位和作用。“古代大学重要课目之一是习礼，祀礼是礼之大者，其在大学举行，正是对贵族子弟进行的极好的实际教育。”[②] 按照传世文献“左祖右社”的说法，“庭旦”与“祖丁旦”可位于东，建筑位置与殷大学在西郊，是东西对应的。[③] 例 2“右学”、例 3“右卣”、例 4“右室*”同“大学”一样，是殷商王朝直接掌管的文化教育机构的名称，都是以右序其方位。例 5 之“入”为“内”之义，占卜预测在“内”筑造学校建筑的可行性，其实就是为建造“内学”而进行占卜，内学类似于传世文献所讲的商人“左学”或“小学”。例 6 之“学东”中的“东”为左，相当于“左学”。传世文献所揭示的商代文化教育机构名称及其方位的相关记载在甲骨文中能得到相应的验证。

第二节 商代文化教育教学人员

“据近代教育家刘师培云：‘古代之时，政教未分，官守与师儒合一。’显然，政教不分和官师合一乃是三代教育的基本特征。”[④] 按传世文献的说法，“国老”、“庶老”不仅是古代学宫（教育机构）的敬养对象，而且也是古代学宫的执教者，这是“官师合一”的要义所在。关于“国老”、“庶老”，孔颖达疏引熊安生云：“国老，谓卿大夫致仕者也；庶者，谓士也。”他们曾经是朝廷大臣，七十岁以后养于学宫，并在学宫中担任贵族子弟的教育者。宋镇豪认为：“在‘右学’、‘左学’中敬养老人，实际上是选择有声望道德、礼教经验丰富及有社会地位的老人赡养于学宫，对贵族子弟进行传授教诲。”[⑤]《尚书·说命》云：“学于古训乃有获。”《礼记·乐记》云：“食三老五更于大学，所以教诸侯之弟也。”老人明于古训，具有丰富的政治及礼俗生活的经验，在“大学”、“小学”施行养老食礼即敬养贵族阶层中贤能老人的饮食礼，以教示贵族子弟，因此“国老”、“庶老”、“三老五更”自然成为学宫各种礼俗的执教者。甲骨文有与此相应的教子食礼的辞例：

① 宋镇豪：《夏商社会生活史》（下），中国社会科学出版社 1994 年版，第 680 页。

② 王贵民：《从殷墟甲骨文论古代学校教育》，《人文杂志》1982 年第 2 期，第 22 页。

③ 宋镇豪：《夏商社会生活史》（下），中国社会科学出版社 1994 年版，第 680 页。

④ 陈水德：《古代“六艺”之教释疑》，《安徽教育学院学报》1993 年第 3 期，第 75 页。

⑤ 宋镇豪：《夏商社会生活史》（下），中国社会科学出版社 1994 年版，第 683 页。

“食多子”（《英藏》153反）、“飨多子”（《合集》27649）。广义的“多子”当指贵族子弟，飨食多子，实有礼仪教诲的深意。“多子”是受教者，“让多子在具体食礼和祭祀现场习礼揣摩，目的是使其今后能‘上以事宗庙，下以继后世’”①。实际上，“国老”、“庶老”、“三老五更”承担着对贵族子弟进行“人伦教化”的重大职责。

如果我们把“国老”、“庶老”、“三老五更”视为商代官方文化教育机构的专职人员，那么一批像“多瞽”、“多万”这样的官员则担任兼职人员。例如：

【例7】…教瞽…（《陈零》99）

（译文：…瞽者可以教学…）

【例8】癸卯卜，品贞：呼多瞽［舞］。贞：勿呼多瞽舞。（《合集》16013）

（译文：癸卯日占卜，贞人“品”预测：可以命令多瞽跳舞。贞人预测：不可以命令多瞽跳舞。）

【例9】丁酉卜，今旦万其学。吉。于来丁乃学。于右室*学。吉。（《屯南》662）

（译文：丁酉日占卜，今日“万”可以进行教学。吉利。可以在未来丁日才教学。可以在右室*教学。吉利。）

【例10】万其奏，辛遘大雨。（《合集》30131）

（译文：“万”奏乐，辛日可能遇上大雨。）

【例11】丙戌…多万…入教，若。（《英藏》1999）

（译文：丙戌日…多万…进行教学，可能顺若。）

例7之“教瞽”是瞽者教诲于学宫之义。②《礼记·明堂位》云：“瞽宗，殷学也。”《国语·周语上》云：“瞽史教诲。”韦昭注：“瞽，乐太师；史，太史也。掌阴阳、天时、礼法之书，以相教诲者。”瞽者精通各种乐技祀礼。例8之“多瞽”说明为殷商王朝服务的瞽人为数众多，“呼多瞽舞”意为让多瞽施舞求雨，祭于学宫，对贵族子弟进行习礼教诲。例9之“学”是“教”的意思，占卜预测名为“万”的人今日或是来旬丁日在“右室*”教舞。例10“万其奏”之“奏”指奏乐，这说明“万”不仅擅长舞，而且精通乐，他是商代王室巫师集团里善于乐舞之人。例11“多万”是“万”的集体称谓，“入教”正说明他们施教于学宫，兼教乐舞。

总之，商代文化教育“教、学同社会生活相联系，教师也就由官吏来兼任，何种官职就是何种‘学科’的教师，这就是所谓‘学在官府’”③。“多瞽”、“多万”就是商代官员兼任教育者的明证。

第三节　商代文化教育教学内容

虞夏商周官方文化教育教学的基本内容以“六艺”为主。“六艺”之名，最早见于

① 宋镇豪：《夏商社会生活史》（下），中国社会科学出版社1994年版，第683～684页。

② 陈邦怀：《甲骨文零拾》，天津人民出版社1959年版，第30页。

③ 王贵民：《从殷墟甲骨文论古代学校教育》，《人文杂志》1982年第2期，第25页。

《周礼·地官·司徒》中大司徒“以乡三物教万民而宾兴之”一句，这“乡三物”其中之一即为“六艺”。《周礼·地官·保氏》亦云：“保氏掌谏王恶，而养国子以道，乃教之六艺。一曰五礼，二曰六乐，三曰五射，四曰五御，五曰六书，六曰九数。”“六艺”包括礼、乐、射、御、书、数。“‘六艺’之名虽产生于西周，而‘六艺’的起源却要早得多。”① 甲骨卜辞直接或间接地反映出商代官方文化教育教学内容确与“六艺”密切相关。

一、“礼”之教育

《礼记·礼运》云：“礼者，傧鬼神，考制度也。”“礼源自原始先民对自然神祇及人鬼的崇拜习尚与相关的祭祀仪式，久之演绎为调整人际及伦际关系的一系列较固定的行为准则。”② 祭祀是“礼”的重要内容，《礼记·表记》云：“殷人尊神，率民以事神，先鬼而后礼。”商代祖甲时盛行一种以彡、翌、祭、壴*、协* 五大祀典为主干的轮番系统地祭祀上甲以下先公、先王、先妣的所谓“周祭”，一直袭用至帝乙、帝辛时代。这种周祭制度的形成与完善标志着晚商国家最高层次的宗教祀典逐渐达到巅峰。甲骨文中有大量对祭祀祖先进行占卜的辞例，正好印证了传世文献的记载。在“国之大事，在祀与戎”的殷商时期，向贵族子弟传习祭礼自然成为最重要的内容——“六艺”之首。上文所引例 1 正是在商代文化教育机构——大学向贵族子弟传习“寻”这种祭礼的例证。又如：

【例 12】壬子卜，弗酒*，小祷学。(《合集》30827)

(译文：壬子日占卜，不可以举行酒*祭，可以学习祷祭。)

例 12 中的“酒*”、“祷”是两种祭礼，“学”有“学习”、“教授”二义，无论选取何义，都可说明商代非常注重礼的教育教学与实践。

二、“乐”之教育

在“六艺”之中，“礼”、“乐”二教最为重要，“礼”在“六艺”之中名列首位，而“乐”位居其次。实际上礼教、乐教在商代文化教育教学的具体活动中往往合二为一，二者并举。

《尚书·尧典》云：“帝曰：‘夔，命汝典乐教胄子。’”《周礼·春官·乐师》云：“乐师掌国学之政，以教国子小舞。”郑氏注：“谓以年幼少时教之舞。”据甲骨卜辞，乐舞在商代已经成为贵族子弟学习的重要内容。

【例 13】甲寅卜，丁永，于子学商，用。丙辰卜，延奏商，用。(《花东》150)

(译文：甲寅日占卜，丁日顺利，可以让贵族子弟学习名为“商”的祭歌，用。丙辰日占卜，可以继续演奏祭歌“商”。)

【例 14】乙丑卜，子学。辛未，岁祖乙彘，子舞仪*。(《花东》474)

(译文：乙丑日占卜，贵族子弟可以学习。辛未日，可以用野猪岁祭祖乙，贵族子弟

① 牛梦琪：《“六艺”教育的起源与发展》，《当代教育论坛》2006 年第 2 期，第 42 页。

② 宋镇豪：《夏商社会生活史》(下)，中国社会科学出版社 1994 年版，第 668 页。

可以学习仪*人之舞。)

例13之“商”为祭歌名，“于子学商”意为贵族子弟学习名为“商”的祭歌，“延奏商”意为“继续演奏祭歌‘商’”。例14之“仪*”为族名，“舞仪*”指学跳仪*人之舞，卜辞大意为贵族子弟学习仪*人之舞，以助成对先王祖乙的岁祭之礼。祭祀时配舞奏乐，歌舞一体，“这类祭歌，均是贵族子弟学习的素材，而且往往结合祭祀行仪的实际进行学习”①。商代“乐”教教育由此可见一斑。

三、“射”和“御”之教育

“射”指射箭技术的训练，“御”指驾驭马车或战车的技术的训练。射、御是商代文化教育教学的重要内容。

《仪礼·乡射礼》云：“命弟子纳射器。”郑氏注：“弟子，宾党之年少者也；纳，内也；射器，弓矢。”习射礼是按照一定的规程举行的弓箭竞技之事。从甲骨文看，商代确有习射礼，“射”成为贵族子弟必须谙习的基本技能。

【例15】乙未卜，子其入三弓，若永，用。乙未卜，子其往于沁*，获。子占曰：其获，用。获三鹿。(《花东》288)

(译文：乙未日占卜，贵族子弟以三弓参加田猎竞射，可能会顺若，用。乙未日占卜，贵族子弟前往沁*地射猎，可能有猎获。贵族子弟推测说：可能有猎获，用。真的猎获三只鹿。)

例15“子其入三弓”谓“子”(贵族子弟)以三弓参加田猎竞射，“获三鹿”是验辞，说的是“子”确实以三弓射获三只鹿，可见“子”三射三中，技艺精湛，足见商代射御教育与实践的成效。

习骑战术在甲骨卜辞中也有反映，其与“御”极为相关。

【例16】…王弜*教马，无疾。(《合集》13705)

(译文：…商王不教习骑马，可能不会生病。)

例16“王”指商王，“教马”指商王亲自教贵族子弟骑马或驾驭车马，这说明商王本人担任“御”的执教者。

商代尚有习武训练，重在适应实践需要，这同样是贵族子弟的必修课程。

【例17】丁酉卜，其呼以多方小子小臣。其教戍。亚立，其于右利，其于左利。(《合集》28008)

[译文：丁酉日占卜，可以命令多方受训的贵族子弟。可以教习搏击及阵法。亚（人名）站立，在右边有利，在左边有利。]

例17“小子小臣”指习武受训的贵族子弟。“亚”是军事教官，“教戍”指教授攻守搏击及阵法。“亚立”指教官“亚”站立于阵列之中，“其于右利”、“其于左利”，指

① 宋镇豪：《夏商社会生活史》(下)，中国社会科学出版社1994年版，第686页。

"多方小子小臣"以"亚"所站位置为中心进行或左或右的列阵训练。"这是召集多方小子小臣进行搏击和阵法的教学训练，同时也寓军事阅武操练于其中。"①

四、"书"之教育

"六艺"教育中的"书"，是指书写文字的识字教育。我国到殷商时期已有较为成熟的文字和相应水平的书教，② 此观点大体正确，但我们必须指出甲骨卜辞只间接地反映出商代书教的相关内容。

《殷墟甲骨刻辞类纂》所列的《字形总表》显示甲骨文单字总数有 3 562 个。③ 陈年福认为甲骨文单字总数为 3 654 个，单词总数为 3 596 个。④ 由此可见，甲骨文这种文字相当成熟，完全能满足商代社会生活的需要。"文字的使用，在商王朝的政治疆域所及已有相当大的覆盖面，商代中上层社会已把语言文字作为记录或文化意识交流的工具。"⑤ 甲骨文绝大多数是用刀契刻的，《甲骨文合集》收甲骨四万余件，全套十三册，既是已发现甲骨文资料的集大成者，也是甲骨文书法艺术的专著，为世界书法艺术中庞大的法帖宝律。⑥ 发达、成熟的文字体系与精美绝伦的书法艺术相映生辉，这都离不开商代学宫的书教。虽然我们无法从甲骨文中得知书教的具体情形，但《甲骨文合集》收录了为数不少的习刻甲骨，这种"习刻"作品说明甲骨文的刻写者必须经过严格的书写教育与大量的书写实践。

五、"数"之教育

古代的"数"与"术"相联系，亦称数术。数术内容包罗万象，至少有天文、历谱、五行、蓍龟、杂占、形法六个方面。甲骨卜辞较多地反映出天文、历法及数学的相关内容。

甲骨卜辞有关于"日食"（《合集》11485）、"月食"（《合集》33698）、"大星"（《合集》11503 反）的相关记载。关于记日，殷商时期已经采用干支记日法。殷墟出土的十多万片甲骨卜辞中，记有干支日的甲骨俯拾即是。甲骨卜辞中保存着不少专门用于查检日期的干支表，目前见到的最完整的干支表是《甲骨文合集》第 37896 版。此种记日方法一直延续至今，从未间断。

中国较早的最完整的记数系统也见于甲骨文。殷墟甲骨卜辞中用一、二、三、四、五、六、七、八、九、十、百、千、万十三个数字记数，其中最大的数目已达"三万"（见于《甲骨文合集》第 10471 版），足见中国远在四五千年前就已经使用了十进位值制。"甲骨文中关于十、百、千、万的倍数大都采用合写的书写形式，这种合写形式的出现不

① 宋镇豪：《夏商社会生活史》（下），中国社会科学出版社 1994 年版，第 688 页。
② 牛梦琪：《"六艺"教育的起源与发展》，《当代教育论坛》2006 年第 2 期，第 45 页。
③ 姚孝遂、肖丁主编：《殷墟甲骨刻辞类纂》，中华书局 1989 年版，第 1 页。
④ 陈年福：《甲骨文词义简论》，上海古籍出版社 2007 年版，第 1 页。
⑤ 宋镇豪：《夏商社会生活史》（下），中国社会科学出版社 1994 年版，第 904 页。
⑥ 濮茅左：《甲骨文常用字汇》，上海书店出版社 2007 年版，第 2 页。

仅标志着数概念的进一步发展，也标志着古人运用数能力的提高。"① 虽然甲骨卜辞中没有直接反映出"数"的教育教学的相关内容，但它也间接反映出殷商时期较高的数术水平，因此，我们完全可以推想商代学宫实施了"数"的教育教学。

综上所述，商代已有专门的官方文化教育机构"大学"、"右学"、"右卣"与"右室*"等，这些机构直接由殷商王朝掌管，文化教育教学对象主要是贵族子弟，从事文化教育教学的人员有多万、多瞽、巫师、亚官乃至商王，文化教育教学内容与"六艺"相关，多为实践教育。由此可见，商代文化教育有了较大的发展，形成了较为完善的系统。

---

① 王平:《〈说文〉与中国古代科技》，广西教育出版社 2001 年版，第 203 页。

附录一　甲骨文释文字形对照表

现用字	被代字	现用字	被代字
报*	𠬝	尸*	𡰣
它*	㐌	驿*	𨗨
雩*	雩	𢦏*	𢦏
狈*	犾	叹*	𢻮
妥*	𡛷	夏*	𡕱
鼓*	壴	曹*	𣍘
祸*	𡆥	束*	𣏟
疐*	𡔷	协*	劦
弼*	弜	册*	𠕋
牢*	宰	虫*	蚰
态*	𢗰	款*	𣤩
同*	冋	室*	宩
仅*	𠬢	沁*	阥
酒*	彭	豸*	𡣍
廪*	𥝰	虔*	𧇶
伊*	绅	兔*	㲋
柴*	朿	或*	𢦔
隊*	𨻰	鹿*	𪊴
爯*	偁	稻*	𥞤
媳*	娟	尿*	𡱂
攸*	𠈉	秋*	𪛁
呢*	𢓸	褥*	𨼲
过*	𨒅	曼*	𠬅
行*	衘	域*	𩑋
枚*	椒	虎*	虒
豢*	𢍭	杏*	𢼸
食*	飡	旱*	熯
旗*	㫃	系*	㡭
兹*	𢆶	禀*	亩
驿*	𨗨	忠*	𡧢
秕*	𥞨		

附录二　引用甲骨文著录书名简称对照表

简称	全称	作者	出版时间
《铁》	《铁云藏龟》	刘鹗	1903 年
《前》	《殷虚书契前编》	罗振玉	1913 年
《菁》	《殷墟书契菁华》	罗振玉	1914 年
《后》	《殷虚书契后编》	罗振玉	1916 年
《明》	《殷虚卜辞》	明义士	1917 年
《戬》	《戬寿堂所藏殷虚文字》	姬佛陀（王国维）	1917 年
《簠》	《簠室殷契征文》	王襄	1925 年
《拾》	《铁云藏龟拾遗》	叶玉森	1925 年
《契》	《殷契卜辞》	容庚、瞿润缗	1933 年
《通》	《卜辞通纂》	郭沫若	1933 年
《续》	《殷虚书契续编》	罗振玉	1933 年
《佚》	《殷契佚存》	商承祚	1933 年
《库》	《库方二氏藏甲骨卜辞》	方法敛、白瑞华	1935 年
《粹》	《殷契粹编》	郭沫若	1937 年
《珠》	《殷契遗珠》	金祖同	1939 年
《金》	《金璋所藏甲骨卜辞》	方法敛、白瑞华	1939 年
《甲》	《殷虚文字甲编》	董作宾	1948 年
《乙》	《殷虚文字乙编》	董作宾	1948—1953 年
《合》	《殷墟文字缀合》	郭若愚、曾毅公、李学勤	1955 年
《丙》	《殷虚文字丙编》	张秉权	1957—1972 年
《缀》	《甲骨缀合编》	曾毅公	1950 年
《宁沪》	《战后宁沪新获甲骨集》	胡厚宣	1951 年
《南北》	《战后南北所见甲骨录》	胡厚宣	1951 年
《京津》	《战后京津新获甲骨集》	胡厚宣	1954 年
《续存》	《甲骨续存》	胡厚宣	1955 年
《综述》	《殷虚卜辞综述》	陈梦家	1956 年
《陈零》	《甲骨文零拾》	陈邦怀	1959 年

（续上表）

简称	全称	作者	出版时间
《京人》	《京都大学人文科学研究所藏甲骨文字》	贝塚茂树	1959 年
《安明》	《明义士收藏甲骨文集》	许进雄	1972 年
《美国》	《美国所藏甲骨录》	周鸿翔	1976 年
《合集》	《甲骨文合集》	郭沫若	1978—1982 年
《怀特》	《怀特氏等收藏甲骨文集》	许进雄	1979 年
《屯南》	《小屯南地甲骨》	中国社会科学院考古研究所	1980—1983 年
《东京》	《东京大学东洋文化研究所藏甲骨文字》	松丸道雄	1984 年
《英藏》	《英国所藏甲骨集》	李学勤、齐文心、艾兰	1986 年
《天理》	《天理大学附属天理参考馆藏甲骨文字》	天理大学天理教道友社	1987 年
《苏德》	《苏德美日所见甲骨集》	胡厚宣	1988 年
《合补》	《甲骨文合集补编》	彭邦炯、谢济、马季凡	1999 年
《中岛》	《中岛玉振旧藏甲骨片》	荒木日吕子	1996 年
《花东》	《殷墟花园庄东地甲骨》	中国社会科学院考古研究所	2003 年
《欧美亚》	《欧美亚所见甲骨录存》	饶宗颐	1970 年

附录三　甲骨文与语言研究论文

甲骨文“小”、“少”释疑

甲骨文字形“”（下以 A 代之），一般隶定为“小”；而字形“”（下以 B 代之），合文时作“”（少母，下以 C 代之），则有的隶定为“小”，有的隶定为“少”。“小”、“少”字形之异仅在一点，究竟是一字之异体，还是两个不同的字，历来众说纷纭。姚孝遂先生认为“少”由“小”分化而来，不能说“小”、“少”同字。[①] 徐中舒先生认为“小”、“少”在甲骨文中构形实同，应为一字。[②]“少”与“小”正如“月与夕之别虽然只争一划之有无，但也是文字上的千古疑案”[③]。本文根据现有材料，翻检《甲骨文合集》出现“少”、“小”的所有辞例，考察实际用例，探讨“少”、“小”之间的区别与联系，以揭示其真实面貌。

（一）“小”

甲骨文“小”常作为名词或名词短语的修饰成分出现，具有形容词的功能。从其修饰、限制的对象来划分，大致分为四种情况：

1. “小”+天文气象名

甲骨文中，“小雨”247 见，“小风”13 见，“小采”4 见，“小食”2 见。

【例 1】贞：今夕不其小雨。（《合集》12712）
【例 2】不遘小风。（《合集》28972）
【例 3】戊小采日雨，风，已明。（《合集》21016）
【例 4】癸丑卜贞：旬甲寅大食雨自北，乙卯小食大启。（《合集》21021）

“小雨”之“小”指降雨量微小，与“大雨”之“大”即降雨量丰沛相对而言。“小风”之“小”指风势较微弱，与“大风”之“大”指风势强劲相对而言。“小采”与“大采”相对而言，“大采”在“旦”之后，为日初出之时，“小采”在“夕”之前，为日落之时。[④]“大食”与“小食”相对而言，“大食”在“大采”之后，“小食”在“小

---

① 姚孝遂主编：《殷墟甲骨刻辞类纂·序》，中华书局 1989 年版，第 9 页。
② 徐中舒主编：《甲骨文字典》，四川辞书出版社 1989 年版，第 67 页。
③ 于省吾：《甲骨文字释林》，中华书局 1979 年版，第 449 页。
④ 徐中舒主编：《甲骨文字典》，四川辞书出版社 1989 年版，第 651 页。

采”之前，指一日两餐之时。[1] 由此可见，“大”与“小”意义相对，“大”指时辰之“早”，“小”指时辰之“晚”。

2. “小”+职官名

甲骨文中，“小臣”93 见，“小疾臣”2 见，“小丘臣”5 见，“小耤臣”4 见，“小多马羌臣”1 见，“小众人臣”1 见。

【例 5】戊午卜，小臣嘉。十月。（《合集》585 正）

“小臣”之“小”义为“地位低微”。

3. “小”+神祖名、先王先妣名等

甲骨文中，神祖名“小示”18 见，先王先妣名“小甲”71 见，“小丁”36 见，“小辛”20 见，“小乙”16 见，“小祖乙”2 见，“小庚”1 见，人物集体名“小母”6 见，“小宗”3 见，“小子”18 见，“小王”17 见。

【例 6】癸丑卜，贞：小示有羌。（《合集》557）
【例 7】甲戌卜，尹贞：王宾小甲协无尤。（《合集》22812）
【例 8】唯小乙妣庚。（《合集》27351）
【例 9】贞：小母畀奚。（《合集》651）

“小示”与“大示”相对而言，“大示”为自上甲始庙至示癸六位直系庙主的统称，与此相对应的“小示”，则是包括旁系先王集合庙主的统称，“小”指支系“远”。[2]“小甲”、“小乙”、“小母”、“小宗”则相对于先祖先辈而言，“小”有“辈分较晚”之义。

4. “小”+动物名

甲骨文中有“小牢”164 见。

【例 10】唯五小牢。（《合集》29641）

“小牢”与“大牢”相对而言，“小牢”有“幼”之义。从辞例分析看，“小”有“微小”、“低微”、“晚”、“远”、“幼”等义位。

（二）“少”——与“小”同义

甲骨文中“少”字的情况较为复杂，在字形分书的情况下，“少”写成 B，如“少臣”2 见，“少采”1 见，“少子”1 见，“少卜”10 见，“少牢”2 见。

【例 11】己巳…无少臣其取又。（《合集》5595）
【例 12】畄贞…少采…母…二月。（《合集》20800）
【例 13】…少子…征…南。（《合集》20537）
【例 14】癸丑卜，侑少卜辛羊豕。（《合集》20398）
【例 15】癸亥卜，师唯少牢兄甲。（《英藏》1767）

在合文中，“少”字则由 B 形整齐之而为 C，如“少甲”6 见，“少母”3 见，“少祖

---

① 徐中舒主编：《甲骨文字典》，四川辞书出版社 1989 年版，第 570 页。
② 徐中舒主编：《甲骨文字典》，四川辞书出版社 1989 年版，第 12 页。

乙”2 见。

【例 16】庚申朕少甲。(《合集》20340)
【例 17】壬辰卜，烄少母雨。(《合集》32290)
【例 18】甲戌贞：少祖乙日…二牛。(《合集》32599)

上述辞例中的“少臣”、“少采”、“少子”、“少牢”、“少甲”、“少母”、“少祖乙”分别与“小臣”、“小采”、“小子”、“小牢”、“小甲”、“小母”、“小祖乙”一一对应而存在于卜辞中，它们的名称虽然不同，但所指对象应该完全一样。从词义上看，“少”具有与“小”大致相当的义位，有“低微”、“晚”、“幼”等义位。

由于对“小”、“少”是否同字难以定论，B、C 在分书合文中如何隶定，连《殷墟甲骨刻辞类纂》、《殷墟甲骨刻辞摹释总集》都有时隶定为“小”，有时隶定为“少”，较为混乱。我们对辞例中的 B、C 一律隶定为“少”，为何作出这样的处理，后文将详细讨论。

（三）“少”——与“小”异义

与“雨”有关的甲骨卜辞中，既有“小雨”、“雨小”，也有“少雨”、“雨少”，如果把“少”释读为“小”，与卜辞句意不甚吻合，显得迂曲勉强。下面分五种情况加以讨论。

(1) 甲骨文中“小雨”连用的卜辞有 247 见，其中“小雨”作为动词“遘”、“有”、“无”的宾语出现的有 243 见，“小雨”作主语的 2 见，“小雨”单独成句的 2 见，卜辞中的“小雨”往往与“大雨”对贞出现，“少雨”连用辞例仅见 2 例。

【例 19】丁至庚不遘小雨，大吉。(《合集》28546)
【例 20】贞：其遘小雨。(《合集》38170)
【例 21】贞：今夕不其小雨。(《合集》12712)
【例 22】巳小雨不延。(《合集》32113)
【例 23】丁巳小雨不延。(《合集》32114)
【例 24】其遘雨，兹御，小雨。(《合集》38169)
【例 25】甲辰卜，乙巳其燎于岳大牢，小雨。(《合集》33331)
【例 26】其遘大雨，不遘小雨。(《合集》28543)
【例 27】丙午…今日其雨，自北延戈少雨。(《合集》20960)
【例 28】壬戌卜，甲子少雨。(《合集》33920)

从以上辞例比较中可以发现两个有趣的现象。第一，动词“遘”、“有”、“无”只跟“小雨”搭配，不与“少雨”搭配，如果“小雨”与“少雨”是同字同义的话，那么在 243 条卜辞中，为何不见类似“遘（有、无）少雨”的用例呢？第二，“少雨”连用的 2 个辞例，意义和用法都与“小雨”完全相异。例 27 的意思是：丙午…今日可能下雨，从北方到“戈”这个地区的范围内可能少雨。例 28 的意思是：壬戌这天占卜，甲子这一天可能少雨。或是占测从某地到某地是否“少雨”，或是占测某一天是否“少雨”，而“小雨”却不在这种占测方式中出现。“小雨”、“少雨”分别出现在不同语境之中而不置换同现，这绝非偶然。

（2）甲骨文中“雨小”连用的辞例有3见，“雨少”连用的辞例有7见。

【例29】…允雨小。（《合集》12981）
【例30】…允雨小。（《合集》24870）
【例31】御，雨小。（《屯南》2713）
【例32】至壬雨少。三月。（《合集》20942）
【例33】…不雨，乙兹雨少。（《合集》20948）
【例34】…雨少。（《合集》20949）
【例35】戊辰卜，雨自今三日庚雨少。（《合集》19772）
【例36】庚辰卜，今夕其雨，允雨少。（《合集》20912）
【例37】庚辰卜，唯辛巳其雨…雨少。（《合集》20912）
【例38】癸巳卜，贞：旬二月之日子…延雨少。（《合集》21021）

粗看之下，其区别不明显，但认真考察，有两点值得注意。第一，“雨小”例少，“雨少”例多，与“小雨”例多、“少雨”例少大相径庭。“雨少”、“雨小”是描述同一种雨况呢，还是描述两种不同的雨况？如果是描述同一种雨况，那么为何出现“雨少”多，“雨小”少这种异常现象呢？第二，从“雨少”的辞例的句意来看，例35占测：“从今天起三日内庚这一天雨少。”例32占测：“到壬这一天雨少。”例38占测：“连续降雨少。”它们的占测内容和方式与前面所述“少雨”如出一辙，而“小雨”、“雨小”的占测内容和方式与“少雨”、“雨少”完全不同。“少雨”、“雨少”占测的为降雨的次数多少较为可信，不必勉强理解成占测降雨量的多少。

（3）甲骨文中有“雨自……少”这种形式的卜辞5例。

【例39】癸丑卜，王贞：旬八日庚申寎人，雨自西少，夕既。五月。（《合集》20966）
【例40】甲子卜，乙丑雨，昃雨自北少。（《合集》20967）
【例41】甲子卜，翌丙雨，乙丑昃雨自北少，丙寅…（《合集》20967）
【例42】…九日辛亥旦大雨自东少…虹西…（《合集》21025）
【例43】今日方其征，不征，延雨自西北少。（《合集》21021）

这些辞例有一个共同特点，“雨”与“少”被“自西（北、东、西北）”这种表示方位的短语隔开，意为“从西方（北方、东方、西北方）来雨少”。这里有两点值得注意：第一，卜辞中未发现“雨自……小”的辞例，而“雨自北少”与“自北延戈少雨”的结构基本相似，这说明“少”的出现场合有其特定要求，与“小”的出现场合不同；第二，“延雨自西北少”释为“从西北方出现连续下雨很少”，“大雨自东少”释为“自东方来大雨很少”较为合理妥当，因为占测“延雨”或“大雨”的多少，直接关系到是否发生旱涝灾害，“少雨”与“雨少”也是如此，如果理解为占测“延雨”、“大雨”的大小，那就扞格不通了。

（4）甲骨文中有“启少”的辞例2见。

【例44】壬寅卜，夫不其启少。十月。（《英藏》619）
【例45】戊申卜，巳其雨，不雨，启少。（《合集》20990）

这里的“启”指“天晴”，“启少”之“少”是指“少”还是“小”呢?“晴少”究竟指什么天气呢?甲骨文中与“晴”相对的天象名词有“云”、“阴”等词，我们以为“启少”指称“多云少晴”或“阴多晴少”的天气较为妥当，理解为“晴小”，则较为迂曲晦涩。

(5) 甲骨文中有“豕获少”(《合集》20785)、“翌丁卯鱼飨多”(《合集》16043)。这两个例子颇值得玩味。如果将“鱼飨多”释为“鱼吃得多”，“豕获少”释为“豕猎获得少”，“少”与“多”相对而言，则较为妥当。如果将“豕获少”释为“猎获的豕小”，显得句意不畅，再则“多”与“小”不构成反义对立，因此难以将“少”说成“小”。

综上所述，“小雨”、“雨小”与“少雨”、“雨少”是严格区分的。大量卜辞用例证明，“小雨”与“大雨”是根据雨量充沛与否来描述的，降雨量较充沛的谓之“大雨”，降雨量微弱的谓之“小雨”；而“少雨”与“多雨”则是根据一段时间内下雨次数的多寡来描述的，在一段时间内下雨次数较多，谓之“多雨”，在一段时间内下雨次数少，谓之“少雨”。可见“小雨”与“少雨”是描述雨况的不同术语。在大量卜辞中，未见“遘(有、无)少雨”就不足为奇了。从甲骨文有关多雨的辞例看，“多雨”跟“少雨”一样不与“遘”、“有”、“无”等动词结合，这说明“少雨”与“多雨”有大致相同的使用场合，正如“大雨”与“小雨”有相同的使用场合一样。“少雨”、“雨少”之“少”的意义与“多雨”、“雨多”之“多”的意义相对，如：“…未卜，贞：今夕雨多。”(《合集》12702)“…韦贞：今夕多雨。”(《合集》12692 正)“少”或指下雨次数的寡少，或指猎物数量寡少，不能与“微小”之“小”混为一谈。“少”在“微小”、“低微”、“远”、“晚”等义位上与“小”相同，但在“数量寡少”、“缺少”的义位上与“小”迥然有别。

(四) 关于“小”、“少”的几点认识

(1) 从文字的角度看，“小”、“少”是两个不同的字，并且是一组同源字。《说文》：“小，物之微也；从八丨，见而分之。”又云：“少，不多也。从小丿声。”又云：“尐，少也，从小丿声，读若辍。”按许慎释小、少、尐三字并误。甲骨文“小”字作 A，既不作八，也不从丨，“小”字作三小点表示物之微小；甲骨文“少”字作 B，无从丿者。如果像许慎所说，则小为会意字，“少”与“尐”为形声字，均背于初文。“少”字的造字本义，系于“小”字下部附加一个小点，作为指事字的标志，以别于“小”，而仍因“小”字为声。[①] 从前面辞例的考察来看，“少”具有“小”的义位，也有自身特有的义位，“少”与“小”的关系是音近义通，是同一源词孳乳出的字，“小”是源字，“少”是孳乳字。“少”与“小”不是异体字，因为它们不是完全相同，而是部分相同，它们在使用时不能无条件地通用，而是有条件地换用。由于“小”与“少”在意义和用法上有许多相似之处，字形上判别只在有无一点，因此把“少”误以为是“小”的异体字，这也不足为奇。

(2) 从词汇的角度看，“少”与“小”是两个不同的词，是一组同源词。“少”是由根词“小”直接派生出来的，因而有音近义通的关系。“少”一方面继承了“小”的全部

① 于省吾：《甲骨文字释林》，中华书局 1979 年版，第 456 ~ 457 页。

义位，另一方面又发展出“小”所不具有的“数量寡少”、“缺少”等义位。这一点从金文和传世典籍中也可以得到明证。金文蔡侯钟：“余唯末少子。”嘉鼎：“余郑邦之产，少去父母。”《国语·鲁语》：“天子大采朝日，少采夕月。”贺知章诗：“少小离家老大回。”在上述例子中，“少”之义是“晚”、“幼”，与甲骨文中“少子”、“少采”的意义和用法一脉相承。帛氏扁壶：“三斗少半。”（少：差、不够，今三斗二升少半升）《庄子·胠箧》：“天下之善人少而不善人多，则圣人之利天下也少，而害天下也多。”《老子》第十九章：“见素抱朴，少私寡欲。”这几个例子中“少”之义是“寡少”、“缺少”，皆因袭甲骨文时代“少”的意义和用法。“小”与“少”的意义在后世没有什么新发展，与甲骨文时代的格局大致相似，词义脉络十分清楚。不少学者以为它们是同词异形（异体字），这是不符合“小”与“少”的实际情况及其词义脉络的。

（3）关于B、C如何隶定，我们认为无论是分书作B，还是合文作C，都不应隶定为“小”，而应隶定为“少”。“小子”与“少子”、“小采”与“少采”同指一个事物对象，是名词特有的“一实数名”现象，即同一个事物用几个不同的词形表示，这几个不同词形是几个不同的词，而不是同一个词，这种情形在甲骨文中比较普遍。甲骨文中的“元示”、“大示”、“上示”均指自上甲始庙至示癸六位直系庙主的统称，“小示”、“它示”、“下示”是包括旁系先王集合庙主的统称。① 实际上，“元”、“大”、“上”和“小”、“它”、“下”都因其义位相同形成置换语素构词，造成“一实数名”，“少示”与“小示”、“它示”、“下示”所指对象完全相同，“少示”属于置换语素构词，也属“一实数名”现象，不宜视为同词异形，而应将“少”看作“小”的异体，而将B或C隶定为“小”。

（4）从词汇的形成与发展规律来看，“大”与“小”、“多”与“少”是相反相成并且成对产生的。王绍新先生认为，词义互相对立的词在甲骨文中有“大”、“小”，“长”、“幼”，“新”、“旧”，“多”、“少”，“上”、“下”，“内”、“外”，“左”、“右”，“出”、“入”，“陵”、“降”、“喜”、“忧”等。② 据我们考察，这是符合甲骨文实际的。赵诚先生认为“卜辞未发现少和多对立之义”③ 不符合实际。甲骨文中有“大雨”、“大风”例，却无“雨大”、“风大”例，有“小雨”247例，而“雨小”仅见3例，这说明“大”、“小”作为定语常见，作谓语“大”无用例，“小”例极少。而“多雨”有27例，“雨多”9例，“少雨”2例，“雨少”7例，这说明“多”与“少”常作定语、谓语，其使用比“大”、“小”更为灵活自由。“大”与“小”、“多”与“少”意义相反，用法大致相同，具有反义词的特征。如果硬将“少”释为“小”，无疑与语言事实、语言规律相悖。

总之，笔者认为甲骨文“小”、“少”是同源词（字），在卜辞中的意义和用法明确清晰，不能将“少”与“小”混为一谈。

（此文原载于《殷都学刊》2002年第2期）

① 徐中舒主编：《甲骨文字典》，四川辞书出版社1989年版，第12页。

② 王绍新：《甲骨刻辞时代的词汇》，见程湘清主编：《先秦汉语研究》，山东教育出版社1992年版，第12页。

③ 赵诚编著：《甲骨文简明词典——卜辞分类读本》，中华书局1988年版，第277页。

甲骨文“出”字的用法

在甲骨文中，“出”字是一个使用频率较高的动词，它的字形象足从穴居之洞口走出之形。徐中舒先生的《甲骨文字典》归纳其义项有：①出入之出；②引申之谓日出之出；③发生、发现之义；④贞人名。根据我们对甲骨文“出”字的考察，其义项可归纳得更具体、细致、全面一些。在古汉语研究中，对虚词的研究较为深入，而对实词的研究则显得不够。对常用实词进行语义、语法、语用诸方面的探讨是十分必要的。

（一）“出”的词义

“出”的词义主要有以下几种：

1. 外出

【例 1】贞：王出。（《合集》15620）

【例 2】贞：王勿出田。（《合集》1583）

2. 出动、出发

【例 3】贞：工方出，唯我有作祸。（《合集》6086）

【例 4】工方出，侵我示至田。（《合集》6057 正）

【例 5】…来告大方出，伐我师。（《合集》27882）

【例 6】…寅卜，王今来…辰出，征尸…月。（《合集》6458）

“某方出”是指某方国的军队出动。

3. 使出、驱出

【例 7】贞：呼众人出麋，克。（《合集》15）

【例 8】己丑卜，贞：今出羌，无祸。（《合集》6602 正）

“出麋”是“使麋出”之义，“出”有“驱逐”、“赶出”的意思。

4. 拿出、取出

【例 9】唯壬出舟，唯癸出舟。（《屯南》4547）

【例 10】贞：勿呼共寻伯出牛不其正。（《合集》8947 正）

【例 11】贞：呼黄多子出牛侑于黄尹。（《合集》3255）

“出牛”意为“拿出牛”，例 11 意为：“叫黄多子拿出牛来祭祀黄尹。”

5. 出现、升起

【例 12】昃，亦有出虹自北，饮于河。（《合集》10405 反）

【例 13】王其观日出，其雀于日刚。（《屯南》2232）

【例 14】辛未卜，侑于出日。（《合集》33006）

“出虹”、“日出”、“出日”之“出”释为“出现”或“升起”均可。

6. 发生、产生

【例 15】 贞：妇好自唯出疾。（《合集》13633）

【例 16】 …曰其出疾。（《合集》8594 反）

“出疾”就是“生病”之义。

“出”的词义在先秦两汉典籍中有了较大发展，产生了一些引申义。主要的有：

1. 发出政令

入则与王图议国事，以出号令。（《史记·屈原贾生列传》）

天下有道，则礼乐征伐自天子出；天下无道，则礼乐征伐自诸侯出。（《论语·季氏第十六》）

2. 支出、给予

量入以为出。（《礼·王制》）

量入以为出，节俭以居之。（恒宽《盐铁论·贫富》）

3. 出产、生产

田肥以易则出实两倍。（《荀子·富国》）

岭南河北，固往往出盐。（《史记·货殖列传》）

4. 超出、超越

祭肉不出三日，出三日，不食之也。（《论语·乡党第十》）、

出乎其类，拔乎其萃。（《孟子·公孙丑上》）

（二）“出”的语法功能

“出”在句子中主要充当谓语、定语和宾语三种成分，尤以作谓语为主。

1. 作谓语

“出”可以单独作谓语。

【例 17】 贞：王出。（《怀特》897）

【例 18】 贞：翌庚辰王出。（《合集》419 正）

也可以带宾语、状语、补语等附加成分。

（1）“出” +宾语。

“出”是及物动词，可以带宾语，其宾语可以分为三类：

A. 受事宾语。

【例 19】 贞：呼黄多子出牛侑于黄尹。（《合集》3255）

【例 20】 贞：勿呼共寻伯出牛不其正。（《合集》8947 正）

【例 21】 其出舟，唯今日癸无灾，吉。（《英藏》2322）

“出牛”是“拿出牛”的意思，“牛”是“出”所涉及的对象。

B. 施事宾语。

【例 22】 贞：妇好自唯出疾。（《合集》13633）

【例 23】 贞：呼众人出麋，克。（《合集》15）

【例 24】 己丑卜，今出羌有获征。七月。（《合集》6605）

“出羌”是“使羌出”，“出”这个行为是由宾语“羌”实施的。

C. 地点宾语。

【例 25】卣出京。(《合集》21703 正)

【例 26】…己丑卜，子卜贞：余又呼出郭。(《京人》3241)

【例 27】…出门，王唯…（《合集》30292)

“京”、“郭”、“门”是表示地点、处所的名词，是“出”这个行为的起点。

(2) 状语 + “出”。

副词、方位词、时间词、介宾短语都可以置于“出”之前，表示否定、肯定、时间、方位、处所、趋向、状态、程度等。

A. 副词作状语。

【例 28】尸方不出。(《合集》6456)

【例 29】贞：王勿出。(《合集》5096 正)

【例 30】丁卯卜，戍允出，弗伐微。(《合集》28029)

【例 31】贞：工方其亦出。(《合集》6119)

【例 32】贞：工方不亦出。(《合集》6121)

【例 33】贞：工方不允出。(《合集》6115)

前三例为单个副词作状语，后三例为副词连用作状语。

B. 方位词作状语。

【例 34】乙卯卜，王勿唯西取卣呼西出目。(《英藏》1781)

“呼西出目”意为“叫（某人）往西面出去视察”。

C. 时间词作状语。

【例 35】贞：王唯丁亥出。(《合集》5110 正)

【例 36】今出羌。(《合集》6602)

【例 37】翌辛卯出。(《合集》13995)

【例 38】唯今六月出。(《合集》19318)

D. 形容词作状语。

【例 39】戊午卜，方其大出。九月。(《合集》6696)

【例 40】癸酉贞：方大出，立中于北土。(《合集》33049)

形容词作状语，只有“大”字，其他形容词尚未发现。

E. 介宾短语作状语。

【例 41】庚戌卜，雀于春出。(《合集》4143)

【例 42】乙未卜，于丁出舞。(《合集》20398)

【例 43】贞：有吊其从之出。(《合集》19332)

“于春”、“于丁”表示“出”的时间，“从之”表示“出”的处所，具体指“出”之起点。

（3）“出” +补语。

介宾短语可置于“出”之后，表示地点、方位等。单个词作“出”的补语的用例尚未发现。

【例 44】壬辰卜，亘贞：王往出于敦。（《合集》7941 正）

【例 45】方出于兹。（《屯南》4025）

【例 46】庚子卜，贞：呼侯徒出自方。（《合集》8656 正）

【例 47】贞：唯其有出自之。（《合集》1821 正）

【例 48】方出从北土，弗戈*北土。（《合集》33050）

【例 49】贞：方允其出从…（《合集》6686 正）

例 44、45 中的“于”与地点名词和指示代词组成介宾短语作“出”的补语，“于”应释为“到”，“往出于敦”意为“外出到敦”，表示“出”的终点。例 46、47 中的介宾短语的构成方式与例 44、45 相同，但“出自方”意为“从方外出”，表示“出”的起点。例 48“从北土”看似和例 46、47 的“自方”、“自之”相同，都是表示行为的起点，但联系下文“弗戈*北土”（不会侵害北土）来看，若敌对的方国从“北土”出发，就不会存在会不会给北土造成战祸的问题，既然问“弗戈*北土”，而“北土”在卜辞中一般又是指商的北部边境，所以“北土”不应是“出”的起点，而是“出”的行程中较先经过的一个地点。“从北土”表示“出”的大致方向，应译为“从北土那边出来”较妥。

（4）连动式。

A. 其他动词 + “出”。

【例 50】…方不来出。（《合集》33048）

【例 51】甲午卜，亘贞：王往出。（《合集》5761）

【例 52】贞：庚申勿循出。（《合集》7241）

B. “出” +其他动词。

【例 53】庚戌卜，辛王出狩。（《合集》33381）

【例 54】王于出寻。（《合集》16064）

C. 其他动词 + “出” +其他动词。

【例 55】贞：王往出田。（《合集》73）

【例 56】王往出省。（《合集》5122）

（5）兼语式。

【例 57】贞：呼众人出麋，克。（《合集》15）

【例 58】呼妇姘出。（《合集》2728）

【例 59】丙申卜，争贞：令出以商臣于盖。（《合集》636）

【例 60】呼出目。(《合集》10936 正)

【例 61】乙未卜，王使出。(《合集》20345)

例 57、58 中的“出”作兼语的谓语。“呼妇姘出”意为“叫妇姘出”。后两例表面上看是连动句，其实是省略了兼语。“呼出目”意为“叫（某人）出去观察”，是兼语连动连用句。

2. 作定语

【例 62】辛未卜，侑于出日。(《合集》33006)

【例 63】癸未贞：甲申酉出日入日岁三牛，兹用。(《屯南》893)

“出日”似可看作动宾短语，犹如现代汉语的“出太阳”，但甲骨文中有“出入日”例，如“癸未贞：甲申酉出入日岁三牛，兹用”(《屯南》809）此处的“出入日”难以看作动宾短语，即“出落太阳”，而应看作名词性偏正短语，意为“升起和落下的太阳”。所以我们把“出日”看作定中关系，“侑于出日”即侑祭升起的太阳。

3. 作宾语

【例 64】贞：唯其有出自之。(《合集》1821 正)

【例 65】癸酉贞：有出。(《合集》34143)

【例 66】其有出。(《合集》3679)

“其有出”是问是否有出行这种行动，“出”是“有”的宾语。

（此文原载于《古汉语研究》1997 年第 1 期，后收入大型甲骨学类书《甲骨文献集成》）

论甲骨文名词的判定及其相关问题

甲骨文名词词汇研究首先遇到的问题，就是名词词汇的确定。由于甲骨文中的许多字尚未被考释出来，在识读上存在很大困难。既然不知其义，也就很难判定其词性。但根据卜辞通例，通过某些词语的语法位置可以判定其义类和词性。

（一）判定名词的标准

名词的判定，涉及词类的划分和词的切分两个方面的问题。词类的划分，可以从词汇意义和语法功能两个方面来进行。名词是指称人和事物名称的词，一般来说，从词义上比较容易判定。但甲骨文的特殊情况，一是残辞较多，二是存在大量今人不认识的字，三是对于有的词语，众说纷纭，莫衷一是。判定甲骨文名词时，除了词汇意义的分析之外，我们较多地使用了语法功能的分析。甲骨文名词的主要语法功能是作主语和宾语，出现在主宾位置上的词，一般是名词。

【例 1】壬辰卜，出贞：商受年。十月。（《合集》24428）
【例 2】贞：𠧟受年。二月。（《合集》10022 甲）

“𠧟”字不识，其与“商”一样作句子的主语，因此应为方国名。

【例 3】贞：烄婞有雨。（《合集》1121 正）
【例 4】癸…烄牢雨。（《屯南》3244）

“婞”字不识，其与“牢”一样作祭祀动词“烄”的宾语，因此应为祭牲名。

【例 5】已卯贞：祷禾于示壬三牢。（《合集》33314）
【例 6】乙巳贞：祷禾于戭三玄牛。（《合集》33276）

“戭”字不识，其与“示壬”一样作介词“于”的宾语，为祭祀对象，因此应为先公先王名。

【例 7】辛丑卜，行贞：王步自于雇无灾。（《合集》24347）
【例 8】癸卯卜，行贞：王步自雇于无灾。（《合集》24347）

“”、“”两字不识，“自 × 于 ×”为甲骨文常见格式，表示从某地到某地，因此介词“自”、“于”后的“”、“雇”、“”应为地名。

当然，也有动词、形容词、数词等作宾语的，但结合词义分析，不难排除这类辞例。

【例 9】庚子卜，贞：王其观耤，唯往。十二月。（《合集》9500）
【例 10】王占曰：吉。（《合集》777 反）
【例 11】丁丑，汖入七十。（《合集》671 反）

此外，甲骨文部分名词大名冠小名，集合名词常加“多”字，职官名常加“多”、

“大”、“小”字的特点，也可以在判定名词时起辅助的作用。如人名“祖丁”、“祖乙”、“父甲”、“父乙”、“妣甲”、“妣乙”、“母戊”、“母癸”、“兄甲”、“兄乙”、“子庚”、“子癸”、“妇好”、“妇鼠”等，地名“丘商”、“丘绍”、“丘雷”、“师木”、“师允”、“师寮”等。

词的切分，涉及词和词组的界限问题。这个问题，历来是古汉语复音词研究的一个难点，至今尚未完全得到解决。好在甲骨文以单音词为主，另有一些双音节或多音节的名词性词语，如“伊尹”、“小疾臣”、“多马亚”，它们多是专名，概念单一，指称明确，因此应是词。只是有两个四音节、五音节的专名，即“小众人臣”、“小多马羌臣”，从语感上看，划为词是有些难以接受的，但因确是专名，难以切分，我们还是将其划了进来。因其数量极少，对整个研究结论不会有什么影响。

（二）甲骨文名词字头数和词的总数的统计

对甲骨文名词进行穷尽性的描写研究，首先必须做好名词字头的认证工作。其原因是：①目前尚无收词完备的甲骨文词典或字典可资利用，即使是收词较为详尽的《甲骨文字典》①、《甲骨文字集释》②、《甲骨文字诂林》③，仍不免有错误或遗漏之处，因此对每个甲骨文字形都必须进行论证，将异体字进行归并，避免对同一名词进行多次统计，还要将假借字、同形字进行分辨，避免同一字形代表几个不同的词却被当作一个词统计；②《甲骨文字典》、《甲骨文字集释》、《甲骨文字诂林》以及《殷墟甲骨刻辞类纂》④ 均以字为单位释义、举例，复音词附于单字之下，哪些字可以单独成词，哪些字只能作为构词的语素，都应以字头为单位进行梳理分类；③《殷墟甲骨刻辞类纂》是甲骨卜辞辞例的汇编，它有一个字形总表，收集的甲骨文字形最为详尽，并且为每一个字形加以编号（我们称之为字头号），每个字形下附有大量的辞例，我们按照它所创设的体例，确定名词字头并将复音词归属到字头之下，就能做到眉目清晰，纲举目张。

据统计，甲骨文名词字头共有 1 741 个（不包括 15 个合文），其中 1 555 个可以单独成词。在统计甲骨文名词总数时，我们根据多义词和同音词严格区分的原则进行统计。多义词和同音词有本质的区别。甲骨文词的划分、多义词的确定和词的数量统计，不能简单等同于词典词条、义项的分合排列和数目多少。现行某些甲骨文词典在同一词条下罗列数个同音词的义项，在使用时应作认真的考察和辨析。如《简明甲骨文词典》中的“口”字条和“工”字条：

［口］①嘴。“疾口御于妣甲。”（《乙》930）②人名。“唯小臣口以比于中室。”（《甲》624）

［工］（1）①工奴。“其丧工。”（《乙》7955）“弗其执工。”（《京津》1508）②指官吏。见“帝工”。③地名。“呼取工刍，致…”（《金》567）（2）用为贡。①贡献。“侑岁

① 徐中舒主编：《甲骨文字典》，四川辞书出版社 1989 年版。

② 李孝定编述：《甲骨文字集释》，台湾中央研究院历史语言研究所 1965 年版。

③ 于省吾主编：《甲骨文字诂林》，中华书局 1996 年版。

④ 姚孝遂、肖丁主编：《殷墟甲骨刻辞类纂》，中华书局 1989 年版。

于受，工牢。”（《乙》4857）②贡纳。“我史无其工。我史有工。”（《丙》78）

表嘴的“口”和表人名的“口”应看作两个不同的词。“工”的意义除指官吏的“帝工”可归入双音词外，其余应划分为三个词，即表“工奴”义和表地名义的两个名词以及表“贡献、贡纳”义的动词。

“一名数实”是辨析多义词、同音词时应注意的另一个问题。甲骨文专有名词一名数实现象相当普遍。如“目”可指人体器官名、人名、地名、方国名，因所指事物各为一类，互不相干，应为四个语音文字形式相同的名词。甲骨文还有一名指多人的现象。如“兄己”可指武丁之兄，祖庚、祖甲之兄，祖己、禀辛、康丁之兄，似也可把“兄己”看作三个名词。但我们认为这也可以看作一个名字在不同语用环境中的所指不同，仅是一种言语现象。为避免过于烦琐和名词数目无意义的膨胀，我们把“兄己”处理为一个词，而把具体所指列为词的不同义项。据统计，甲骨文名词共有 2 296 个。

（三）甲骨文名词类别和数量

甲骨文名词按不同的标准可分为不同的类别。根据音节多少，可分为单音节词和多音节词。甲骨文有单音节名词 1 836 个，多音节名词 460 个。根据词所包含的语素的多少，可分成单纯词和合成词。甲骨文名词没有多音节单纯词，单音节名词即为单纯词，共有 1 836 个；多音节名词即为合成词，共有 460 个。其中双音节合成词有 426 个。例如：

【例 12】辛卯卜，甲午祷禾上甲三牛。用。（《合集》33309）
【例 13】己巳贞：执井方。（《合集》33044）
【例 14】乙丑…贞：翌丁卯其狩敝麓，弗擒…（《合集》10970 正）
【例 15】丙戌卜，三日雨，丁亥唯大食雨。（《合集》20961）

上列双音节名词“上甲”、“井方”、“敝麓”、“大食”，分别表示人名、方国名、地名、时间名。

三音节名词共有 32 个，它们是：“大史寮”、“大邑商”、“毓祖辛”、“毓妣癸”、“毓父丁”、“韦师寮”、“高妣己”、“高妣庚”、“㽙小臣”、“多子族”、“多介父”、“多介母”、“多介兄”、“多马亚”、“多马羌”、“多辟臣”、“小王臣”、“小丘臣”、“小疾臣”、“小耤臣”、“二祖丁”、“三祖丁”、“四祖丁”、“毓祖丁”、“小祖乙”、“毓祖乙”、“三祖庚”、“康祖丁”、“武祖乙”、“文武丁”、“文武帝”、“小秕*臣”。

【例 16】小疾臣不其得。（《合集》5601）
【例 17】侑于多介父犬。（《合集》1800）
【例 18】自毓祖丁王受有佑。（《英藏》2261）

上列三音节名词“小疾臣”、“多介父”、“毓祖丁”分别表示职官名、人物集体名称、先王名。

四音节、五音节名词有 2 个，它们是：“小众人臣”、“小多马羌臣”。

【例 19】唯吴呼小众人臣。（《合集》5597）
【例 20】丁亥卜，宾贞：唯羽呼小多马羌臣。十月。（《合集》5717 正）

以上两词都是职官名。

根据甲骨文名词包含的意义的多少，可分为单义词和多义词。一个词可以只有一个意义，也可以有多个相关的意义。只有一个意义的词叫单义词，具有多个相关意义的词叫多义词。甲骨文名词有单义词2 278个，多义词18个。

根据词的意义范畴，可分为26类：人名843个、地名675个、方国名213个、国族名和氏族名10个、山水泉名20个、一些暂难划分的专有名词48个、神祖和鬼怪名13个、祭祀对象名25个、人牲名39个、人伦称谓名和人物集体名51个、职官名47个、人体器官名18个、动物名68个、植物名9个、器物用具名13个、祭品名8个、军旅武器名17个、交通工具名3个、金属名1个、建筑名41个、城邑疆域名11个、疾病名9个、灾咎名32个、天文气象名26个、时间和方位名50个、抽象名词6个。

（此文原载于《镇江市高等专科学校学报》1998年第3期）

论甲骨文名词的主题类别

根据名词指称对象的意义范畴，甲骨文名词可以分为：①人名，②地名，③方国名，④国族名和氏族名，⑤山水泉名，⑥一些暂难划分的专有名词，⑦神祖和鬼怪名，⑧祭祀对象名，⑨人牲名，⑩人伦称谓名和人物集体名，⑪职官名，⑫人体器官名，⑬动物名，⑭植物名，⑮器物用具名，⑯祭品名，⑰军旅武器名，⑱交通工具名，⑲金属名，⑳建筑名，㉑城邑疆域名，㉒疾病名，㉓灾咎名，㉔天文气象名，㉕时间和方位名，㉖抽象名词。第①类至第⑨类基本上是专有名词，第⑩类至第㉖类基本上是普通名词。因为客观事物参差交互，分类不可能十分严密。以下分别叙述并举例。

（一）人名

843 个，占名词总数的 36.72%。

（1）贞人名，如：宾、永、争、亘。

（2）先王先妣名，如：上甲、大甲、妣甲、妣庚。

（3）父母兄子名，如：父乙、母甲、兄甲、子丁。

（4）王妇名，如：妇姘、妇好。

（5）先公名，如：夒。

（6）旧臣名，如：黄尹、咸戊。

（7）一般人名，如：涿、何。

【例 1】贞：侑豕于父甲。（《合集》780）

【例 2】贞：妇姘娩。（《合集》13953 正）

【例 3】燎于夒六牛。（《合集》14369）

【例 4】燎黄尹四豕卯六牛。（《怀特》899）

【例 5】贞：何不其以羌。（《合集》273 正）

（二）地名

675 个，占总数的 29.40%。甲骨文地名相当多，但大都无可考究，如：襄、蜀、考。

【例 6】贞：翌丁巳有十羌在襄。（《合集》449）

【例 7】丁卯卜，㱿贞：王敦缶于蜀。（《合集》6860）

【例 8】戊辰王卜贞：田考往来无灾。（《合集》37649）

（三）方国名

213 个，占总数的 9.28%。甲骨文中方国指商及商以外的国家。方国名多为单音词，有时加“方”字构成双音词，大多与征伐有关，如：羌、巴、工、工方、召、召方。

【例 9】贞：唯王征工方。（《合集》6313）

【例 10】丁丑贞：王令擒以众亩伐召受佑。（《合集》31973）
【例 11】贞：王征召方受佑。（《合集》33022）

（四）国族名和氏族名

10 个，占总数的 0.44%。在卜辞中，国族名近似于方国名，氏族名与母系氏族社会制度的遗留有关。它们大多与征伐活动有关。

（1）国族名，如：亩、雀。

（2）氏族名，如：妹。

【例 12】贞：亩受年。二月。（《合集》10022 甲）
【例 13】贞：雀宊祭方。（《合集》6964）
【例 14】贞：允其启妹。（《合集》7076 正）

（五）山水泉名

20 个，占总数的 0.87%。"山"、"麓"、"水"、"川"为通名，其余为专名。"岳"、"河"有时又用为山神、河神名。

（1）山名，如：山、丘、岳、麓。

（2）水名，如：水、川、河、洹、沁、商水。

（3）泉名，如：洹泉、麦泉。

【例 15】戊子贞：其燎于洹泉大三牢宜牢。（《合集》34165）

（六）一些暂难划分的专有名词

48 个，占总数的 2.09%。

（1）人名或许为地名，如：长、友、角、啬、卢、盥。

（2）人名或许为方国名，如：皃、虔、戈、食。

（3）地名或许为方国名，如：夌、缶、沚、征、归。

（4）地名或许为国族名，如：我。

（5）地名或许为水名，如：盥。

【例 16】曰戈唯以。（《合集》9090 反）
【例 17】贞：曰戈以齿王。（《合集》17307 正）
【例 18】丁卯卜，殻贞：王敦缶于蜀。（《合集》6860）

（七）神祖和鬼怪名

13 个，占总数的 0.57%。

（1）神祖名，如：示、木、析、帝、东母、西母、上帝、帝工、帝宗、帝史。

（2）鬼怪名，如：鬼。

【例 19】贞：今十一月帝不其令雨。二告。（《合集》5658 正）
【例 20】…贞：其卯于示。（《合集》33054）

【例 21】贞：燎于东母三牛。(《合集》14339)

“帝”指天帝，是最高统治者，主宰人类与一切事情。“示”是庙主、神主之通名，大多指殷先祖。“鬼”是通名。此外，“土”、“河”、“岳”、“云”都可兼作自然神名，有土地神、河神、山神、云神之义，未归入此类。

(八) 祭祀对象名

25 个，占总数的 1.09%。商代盛行祭祀之风，除对神祖、先王先妣祭祀外，还对人物、自然物进行祭祀，以求消灾降福。如：蔑、公、龙母、龚司、庞母。

【例 22】辛丑子卜贞：用小牢龙母。(《合集》21805)
【例 23】公唯犬用。(《怀特》1412)

(九) 人牲名

39 个，占总数的 1.70%。商代祭祀除牲畜外，还使用女奴、战俘等人牲进行祭祀。如：讯、姬、伐、执、奚、系。

【例 24】册祖丁十伐十牢。(《合集》914 正)
【例 25】执其用自中宗祖乙，王受有佑。(《合集》26991)

(十) 人伦称谓名和人物集体名

51 个，占总数的 2.22%。

(1) 人伦称谓名，如：妣、兄、爽、女、母、妾、妻、毓、子、妇、祖、父、高祖、高妣。

(2) 人物集体名，如：人、众、众人、元示、元臣、大示、上示、宗工、多祖、多妣、多子、多子族、多介、多介父、多介子、多介兄、多介母、多父、多公、多尹、多兄、多生、多伯、多任、多君、多妇、多侯、多毓、多马羌、多辟臣、小子、小示、介父、介子。

【例 26】翌辛酉侑祖牢用。(《合集》903 正)
【例 27】侑于多介父犬。(《合集》1800)
【例 28】于父乙多介子佑。二告。(《合集》816 正)

(十一) 职官名

47 个，占总数的 2.05%。如：侯、任、臣、尹、君、伯、寮、马、宰、卫、射、工、史、王、大史、大史寮、韦师寮、刍正、百工、马小臣、辟臣、鬯小臣、亚侯、多卜、多犬、多宁、多田、多亚、多马、多射、多奠、多马亚、小史、小尹、小臣、小王臣、小丘臣、小耤臣、小疾臣、小众人臣、小多马羌臣。

【例 29】己卯卜，系贞：令多子族比犬侯璞周，载王事。(《合集》6812 正)
【例 30】多宁其延侑彳岁于父丁牢又一牛。(《屯南》3673)

【例 31】令小尹步。(《屯南》601)

(十二) 人体器官名

18 个，占总数的 0.78%。如：身、臀、领、天、目、耳、自、口、舌、止、足、膝、腹、肘、肱、首、页、齿。

【例 32】贞：王疾身唯妣己害。(《合集》822 正)
【例 33】贞：疾耳唯有害。(《合集》13630)
【例 34】贞：疾止唯有害。(《合集》13684)

(十三) 动物名

68 个，占总数的 2.96%。

(1) 牲畜名，如：刍、牛、牢、牡、牝、羊、犬、豕、豚、彘、马、驳、苋、大牢、小牢。

(2) 兽名，如：象、虎、兕、兔、麋、鹿、狐、彪。

(3) 虫鱼名，如：黾、鱼、龟。

(4) 鸟名，如：隹、凤、雉、鸟、鸢、燕。

【例 35】辛亥卜，王侑酒妣己羊。(《合集》2406)
【例 36】贞：有虎。(《合集》671 正)
【例 37】甲寅卜，呼鸣网鸟，获凤，丙辰获五。(《合集》10514)

例 37 采用于省吾先生的释文，于省吾先生认为“甲骨文凤作本字用者只此一见”①。“凤”为鸟名，此为本义之用法。《殷墟甲骨刻辞类纂》释为“甲寅卜，呼鸣网雉获，丙辰凤，获五”，则此假借作“凤”，甲骨文无本义用例。

(十四) 植物名

9 个，占总数的 0.39%。如：禾、黍、麦、稻、艿。

【例 38】贞：今秋禾不遘大水。(《合集》33351)
【例 39】乙酉卜，宾贞：翌庚有告麦。(《合集》9621)

(十五) 器物用具名

13 个，占名词总数的 0.57%。如：橐、卣、鼎、鬲、爵、鼓、庸、屯、册、典。

【例 40】唯祖丁庸奏。(《合集》27310)
【例 41】于父丁其尊鬲。(《合集》32235)
【例 42】丙申卜，争贞：戎有石一橐，其灾。(《合集》7694)
【例 43】唯旧册用，王受佑。(《合集》30684)

---

① 于省吾：《甲骨文字释林》，中华书局 1993 年版，第 324 页。

（十六）祭品名

8个，占总数的0.35%。即彝、米、贝、酉（酒）、鬯、玉、珏、朋。

【例44】辛亥贞：其蒸米于祖乙。（《屯南》189）

【例45】唯贝朋，吉。（《合集》29694）

（十七）军旅武器名

17个，占总数的0.74%。如：斧、戈、盾、戍、戚、兵、矢、函、师、旅、干、中。

【例46】其戈一斧九。（《合集》29783）

（十八）交通工具名

3个，占总数的0.13%，即舟、车、辇。

【例47】唯壬出舟。（《屯南》4547）

【例48】…雍车马…京。（《合集》11450）

（十九）金属名

1个，占总数的0.04%，即吕。

【例49】王其铸黄吕，奠血唯今日乙未利。（《英藏》2567）

“吕”是甲骨文中唯一的金属类名称。商代有灿烂的青铜文化，铸造业相当发达，遗憾的是在甲骨文中没有发现更多的此类名词。

（二十）建筑名

41个，占总数的1.79%。

（1）房屋，如：宀、寝、宫、厅、宅、户、门、宣、官、东室、中室、南室、大室、小室、司室、南宣、西寝、乙门、东寝、南户、盟、宜、大学。

（2）宗庙，如：宗、家、亚、秦宗、盟室、血室、宗门、宗户。

（3）其他，如：圉、仓。

【例50】甲午贞：其令多尹作王寝。（《合集》32980）

【例51】甲戌卜，于宗飨。（《屯南》341）

【例52】壬辰卜，贞：执于圉。（《合集》5973）

（二十一）城邑疆域名

11个，占总数的0.48%。如：邑、土、郭、京、鄙、田、单、方。

【例53】辛卯卜㱿贞：基方作郭其祟。（《合集》13514正）

【例54】工方亦侵我西鄙田。（《合集》6057正）

（二十二）疾病名

9个，占总数的0.39%。如：役、疾。

【例55】贞：争弗其骨凡有疾。（《合集》13893）

（二十三）灾咎名

32个，占总数的1.39%。如：旱、咎、艰、灾、祟、败、祸、孽、尤、由、凿、火、龙、剥。

【例56】贞：今日无来艰。（《合集》23805）
【例57】其田遘麋，王其射无灾。（《合集》28360）
【例58】唯王有作孽。（《合集》31071）

灾咎名词之间有何差别，有些已难以确考。

（二十四）天文气象名

26个，占总数的1.13%。
（1）天文，如：日、星、月、斗、大岁、雉星。
（2）气象，如：晕、云、雨、雹、雪、霾、雷、雾、阴、晦、星、启。
（3）风名，如：风、伏。

【例59】癸未卜，宾贞：兹雹唯降祸。（《合集》11423 正）
【例60】庚子卜，贞：兹雷其雨。（《合集》13408 正）
【例61】辛巳卜，今日宁风。（《屯南》2772）

（二十五）时间和方位名

50个，占总数的2.18%。

（1）时间名，如：旦、明、朝、兮、郭兮、晨、食、食日、大采、大食、中日、昃、昃日、小采、小食、莫、昏、夕、祀、年、岁、月、旬、日、湄日、春、秋、昔、今、翌、来、五丑、五火、正月、木月。

（2）方位名，如：立、东、东方、南、南方、西、西方、北、北方、左、中、右、上、下。

【例62】王其省田，昃不雨。（《合集》29910）
【例63】丙戌卜，三日雨。丁亥唯大食雨。（《合集》20961）
【例64】其于左利。（《合集》28008）

（二十六）抽象名词

6个，占总数的0.26%。即：听、闻、言、律、梦、孕。

【例65】灾，无其听。（《合集》14295）

【例 66】庚子卜，王贞，王占曰：其有来闻，其唯甲不…（《合集》1075 正）
【例 67】贞：有疾言唯害。（《合集》440 正）
【例 68】师唯律用。（《怀特》1581）
【例 69】贞：王有梦，不唯呼余御祸。（《合集》376 正）
【例 70】…亥卜，师贞：王曰有孕嘉。（《合集》21071）

“听”、“闻”指消息，“言”指嗓音，“律”指法度，“梦”指做梦，“孕”指妊娠。

（此文原载于《镇江市高等专科学校学报》1999 年第 1 期）

论甲骨文名词的本义

甲骨文词汇以单音词为主，通常一个字就记录一个词。甲骨文象形性极强，往往可以借助字形的分析而推知字的本义。本义是词义引申的出发点，掌握了本义，就可以提纲挈领地掌握一个词的各种引申义。但甲骨文中存在大量的专用为专有名词的字，其字形意义与其所反映的名词意义没有任何联系，仅是以假借字来表示人名、地名等名称，因而无法由字形推知其词的本义。这样，我们对甲骨文名词本义的研究范围，只能在250个左右的普通名词中进行。

（一）甲骨文名词本义的使用情况

《说文解字》（以下简称《说文》）是通过字形分析来讲述字的本义的字书，是研究甲骨文的重要桥梁。我们将甲骨文普通名词与《说文》中有关的字进行比较研究，其本义使用情况可分为四类：

（1）字形、意义与《说文》基本相合的，共96个。即人、妣、兄、天、立、旱、艰、邑、鬼、髟、报、女、母、妾、目、耳、自、口、足、咎、腹、肱、君、首、页、上、下、日、星、昼、月、夕、明、云、雪、霾、山、火、水、川、河、灾、莫、朝、春、禾、麦、牛、牢、犬、豕、狐、彘、驳、兕、象、麓、隹、凤、鸟、鱼、龟、米、贝、京、宀、宗、寝、室、家、厅、宅、户、田、男、齿、司、宣、戈、伐、戍、灾、亡、兵、圉、蛊、典、旅、疾、舟、辇、升、玉、虹、匚、师。

【例1】贞：妣庚岁唯莫酒先日。（《合集》23360）

【例2】贞：三十羌卯十牢又五。（《合集》321）

【例3】弗作兹邑祸。（《合集》7860）

【例4】壬辰卜，贞：执于圉。（《合集》5973）

“莫”卜辞义为日将暮之时，《说文·茻部》：“莫，日且冥也。”“牢”的卜辞义为经过专门饲养而用作祭祀之牛，《说文·牛部》：“牢，闲养牛马圈也。”“邑”的卜辞义为人的聚居之地，《说文·邑部》：“邑，国也。”“圉”的卜辞义为监狱，《说文·幸部》：“圉，图圄也。”卜辞义基本上与《说文》释义相符。

（2）字形与《说文》说解不合，意义与《说文》相符的，共59个。即身、孕、臀、众、昃、病、妻、毓、俘、臣、斧、闻、舌、右、左、尹、旦、旬、雨、雹、雷、土、橐、年、黍、牡、牝、豕、猳、豚、彘、虎、兔、麑、麋、鹿、秋、翌、今、郭、宫、祸、骨、石、昏、孽、矢、执、射、稻、爵、鼓、鬯、干、疾、王、尤、斗、岁。

【例5】贞：我用网俘。（《合集》903正）

【例6】侑于上甲七牡。（《合集》1142）

【例7】贞：有虎。（《合集》671正）

“俘”甲骨文字形象以手逮人之形，指俘虏。《说文·人部》：“俘，军所获也。从人，孚声。”从人为从彳之讹。“牡”从牛，从土，“土（⊥）”用以表示雄性家畜或兽类，“牡”指公畜，是会意字。《说文·牛部》：“牡，畜父也。从牛，土声。”从土为从⊥之讹。“虎”甲骨文字形象虎形。《说文·虎部》：“虎，山兽之君。从虎儿，虎足象人足，象形。”甲骨文上部为虎头，下部为虎身及足尾之形，与人足无涉。许氏据讹变之形为说，不确。《说文》对“俘”、“牡”、“虎”字形分析有误，与甲骨文字形不符，但意义相同。

（3）字形与《说文》基本相合，意义与《说文》释义不符，但在卜辞中有本义用例的，共8个。即岳、马、祀、鄙、门、中、酉、官。

【例8】丙子其立中无风。八月。(《合集》7369)

【例9】庚辰卜，贞：在官。(《合集》1916)

甲骨文“中”，字形象旗帜，本为氏族社会之徽帜。[1]《说文·丨部》：“中，内也。从口，从丨，上下通。”许氏释义与卜辞义不符。甲骨文“官”从宀，从𠂤，会建屋于𠂤意，官即客舍。《说文·宀部》：“官，史事君也。从宀，从𠂤，𠂤犹众也。此与师同意。”许氏释义与卜释义不符，是后起引申义。卜辞义反映了“中”、“官”的本义。

（4）字形、意义与《说文》不符合，或《说文》无相应字形，但由字形用例分析，实有本义用法的，共46个。即尸、侯、殳、爽、子、听、止、幸、肘、刍、示、帝、昔、晨、丘、星、祟、羊、牢、牲、雺、阴、鸢、雉、它、卣、宰、启、吕、卫、律、戚、物、族、函、鼎、食、艰、庸、妇、单、干、方、朋、祖、父。

【例10】贞：昔乙卯武必…癸亥其至于妣癸必丁。(《合集》36317)

“昔”字甲骨文字形象洪水淹没太阳之形，叶玉森认为古人不忘洪水之灾，故制昔字，取谊（义）于洪水之日。[2] 其说可从。《说文·日部》：“昔，干肉也。从残肉，日以晞之，与俎同意。”许氏析形说义不确。“牲”卜辞义为用于祭祀的牲畜，《说文》无相应的字形。

（二）甲骨文名词本义探求的有关问题

在探求甲骨文名词的本义时，应着眼于字形的分析和辞例的考察。分析字形是确定字的本义（在一般情况下也就是词的本义）的重要依据。若字形分析出来的意义能得到相应的辞例证明，就可以肯定这是本义。若没有相应的用例，该字形意义能否看成本义呢？若看成本义，其根据是什么呢？我们认为，有的字可以在充分利用前人的研究成果和广泛收集、分析该字的实际用例的基础上，整理出这个字形所有意义的引申系列，从而找出这个引申系列的意义源头，并确定本义。例如：

1. 食

（1）食物。

【例11】庚午卜，唯斧称，呼帝降食，受佑。(《合集》21073)

---

① 唐兰：《殷虚文字记》，中华书局1981年版，第53页。

② 叶玉森：《说契》，转引自徐中舒主编：《甲骨文字典》，四川辞书出版社1989年版，第725页。

（2）吃。

【例 12】丁卯卜，宾贞：勿食。（《合集》19503）

（3）时间名，吃饭之时。

【例 13】壬午食允雨。（《合集》20956）
【例 14】丙戌卜，三日雨。丁亥唯大食雨。（《合集》20961）

（4）通“蚀”，日食、月食。

【例 15】癸酉贞：日月有食非若。（《合集》33694）
【例 16】贞：日有食。（《合集》11480）
【例 17】旬壬申夕月有食。（《合集》11482 反）

关于“食”的形义，戴家祥说：“上象器盖，下即簋之初文，日用饔飧之具也。”① 屈万里说：“食，盖谓粮食，即今所谓薪响。”② 董作宾说：“大食、小食，其时间在大采之后，小采之前，盖一日两餐之时也。”③ 从卜辞用例分析，“食”的意义构成这样一个引申系列：食物——吃饭——一日两餐之时。结合字形与辞例分析，我们认为“食”之本义为“食物”较妥。

2. 酉

（1）酒。

【例 18】侑酉于辛。（《合集》1777）
【例 19】贞：唯邑子呼飨酉。（《合集》3280）

（2）荐酒之祭。

【例 20】酉于夒，兹用。（《英藏》2443）

关于“酒”的字形与本义，林义光认为：“《说文》云：‘酉，就也。八月黍成，可为酎酒，象古文酉之形也。’……酉，本义即为酿酒器形，酒所容也。”④ 吴其昌认为：“‘酒’者，与‘酉’实为一字，‘酉’象酒尊，‘酒’则兼象尊外有胶沥之形也。引而申之，则亦为祭名。”⑤ 结合字形和辞例用法，可认为“酒”是本义，祭名是引申义。

3. 阜𠂤（师）

罗振玉认为“𠂤”即古文“师”字。⑥ 商承祚认为“𠂤”与“阜”为一字，即古“师”

---

① 戴家祥：《文源》，转引自李孝定编述：《甲骨文字集释》，台湾中央研究院历史语言研究所 1965 年版，第 1016～1017 页。

② 屈万里：《甲编考释》，转引自于省吾主编：《甲骨文字诂林》，中华书局 1996 年版，第 2751 页。

③ 董作宾：《殷历谱》（上编卷一），转引自于省吾主编：《甲骨文字诂林》，中华书局 1996 年版，第2751 页。

④ 林义光：《文源》（卷二），转引自于省吾主编：《甲骨文字诂林》，中华书局 1996 年版，第 2685 页。

⑤ 吴其昌：《殷墟书契解诂》，转引自于省吾主编：《甲骨文字诂林》，中华书局 1996 年版，第 2687 页。

⑥ 罗振玉：《殷墟书契考释》，王国维手写石印本，1914 年。

字。① 孙海波依《说文》认为“𠂤”的本意为小阜。② “𠂤”的说解不一，下面结合辞例来考察一下。“𠂤”在卜辞中的义项有：

（1）用作地名的构词语素。

【例 21】癸丑卜，王在十一月在师奠。（《合集》24259）
【例 22】丁亥卜，王在师木。（《合集》24271）
【例 23】乙丑卜，王在师允卜。（《合集》24253）

（2）驻地、宿营地。

【例 24】癸巳卜，韦贞：行以有师暨邑。告。（《合集》8985 正）
【例 25】甲午卜，争贞：王宿师不无…三月。（《合集》5356）

（3）驻扎。

【例 26】于辔师。（《合集》33101）

（4）军队。

【例 27】丙寅卜，在刚贞：今夕师不震。（《合集》36435）

（5）军事编制单位。

【例 28】丁酉贞：王作三师右、中、左。（《合集》33006）

从卜辞用例来看，以“师”为山地、山丘集合名称的地名有十几个。“山地”、“山丘”常为人们劳作、行旅、憩息之所，故可引申为“驻地”、“驻扎”，继而引申为“军队”、“军事编制单位”等。我们再考察一下“官”，它从宀，从𠂤，会建屋于𠂤之意。“𠂤”即山丘、高地之义。“官”的卜辞义有二：一为馆舍，如“庚辰卜，贞：在官”（《合集》1916）；二为动词，驻于馆，如“辛未卜，亘贞：呼先官”（《合集》4576）。杨树达云：“官指地，非指人。凡云校官或云学官者，无不指学舍而言。”③ 后世引申为职官之称。由于“𠂤（师）”的本义在卜辞中没有用例，要确立它的本义就相当困难。但我们根据“官”与“𠂤（师）”字组地名的实际用法，可以认定其本义为“山丘”、“高地”之说更为贴近实际。

4. 匚

（1）庙主的集合名称。

【例 29】辛亥卜，乇上甲牛三匚羊二示牛。（《合集》32349）

（2）祭名。

【例 30】乙丑卜，宾贞：有匚于保。（《合集》6）

---

① 孙海波：《甲骨文字录考释》，转引自徐中舒主编：《甲骨文字典》，四川辞书出版社 1989 年版，第 1499 ~ 1500 页。

② 孙海波：《甲骨文字录考释》，转引自徐中舒主编：《甲骨文字典》，四川辞书出版社 1989 年版，第 1499 ~ 1500 页。

③ 杨树达：《积微居金石论丛》，上海古籍出版社 1986 年版，第 19 页。

李孝定认为："《说文》：'匚，受物之器也，象形，读若方。'受物之器为通名。古金文中凡受物之器如簠、簋之属字皆从匚。许书匚部所属诸字亦然，……此字当以许说为本义，受物之器为通名，以为受主之匣特其诸用之一耳。……祭名之义其引申义也。"① 匚之本义以"盛物之器"为当，庙主合称与祭名为引申义，但本义无用例。

5. 斗

【例 31】丙辰卜，月丁比斗。(《乙》440)

【例 32】庚子卜，月辛比斗。(《合》362)

《甲骨文字诂林》说："按，《说文》：'斗，十升也，象形，有柄。'《广韵》引作'有柄，象形。'……'斗'当如《诗》：'惟北有斗，不可以挹酒浆。'之'斗'。古'北斗'、'南斗'均谓之'斗'。'月比斗'犹言'月犯斗'……《刻辞类纂》第 1236 页释'斗'为'升'，释'比'为'从'并误，应予以订正。"② "斗"在卜辞中为星名，以其状似"斗"而命名，其本义应为量具，但无用例。

6. 岁

(1) 时间名。

【例 33】乙丑卜，王贞：今岁受年。十二月。(《合集》9650)

(2) 祭名。

【例 34】乙未侑升岁祖乙。(《合集》1575)

吴其昌认为："'岁'者，殷代祭名之一也。其原始本义，乃斧钺之形也。"③ "岁"之本义用例，在甲骨文中尚未发现，但据辞例可以推断"祭名"是其引申义，用为纪时名词，属于假借。

以上诸字的分析说明，在没有用例的情形下研究字的本义并不是不可以进行的，但我们必须以字形为依据并结合用例，寻找出一条词义引申的线索以追溯其源。对于本义应慎重取舍，决不可主观臆断。

(三) 关于名动、名形兼类词的本义

甲骨文中有的词兼有名词、动词意义或名词、形容词意义，也就是有两种词性意义，它们的意义之间往往存在互相引申关系，这给我们确定词的本义带来一定困难。如"雨"字形，从动态看，象天上掉下雨滴；从静态看，象天上所下之雨滴。"雨"的本义究竟是动词还是名词，很难断定，两者很可能是同时产生的。这类词有 39 个（兼用作专有名词意义的词不包括在内）。从词义引申的方式划分，名动兼类词可分为三大类：

1. 从名词意义引申为动词意义

目（眼睛，侦伺）　　　　示（神主，示祭）

① 李孝定编述：《甲骨文字集释》，台湾中央研究院历史语言研究所 1965 年版，第 3827 页。

② 于省吾主编：《甲骨文字诂林》，中华书局 1996 年版，第 3234 页。

③ 吴其昌：《殷虚书契解诂》，转引自于省吾主编：《甲骨文字诂林》，中华书局 1996 年版，第 2397 页。

帝（天帝，帝祭）	日（太阳，日祭）
黍（黍，种黍）	米（祭品，米祭）
寝（卧房，睡觉）	宅（房屋，建房屋）
鼓（鼓，击鼓）	官（馆舍，驻于馆）
鱼（鱼，捕鱼）	水（水，涨水）
川（水，涨水）	

这类词主要与祭祀、狩猎、农作、止宿等有关。名词意义产生在前，再由此引申出与之相关的动词意义。这类名词意义应为本义。

2. 从动词意义引申为名词意义

立（站立，位置）	幸（逃跑，逃跑者）
它（降祸，灾祸）	祀（祭祀，时词名）
卫（捍卫，武官名）	伐（征伐，人牲）
戍（戍守，戍守者）	执（抓获，俘虏）
射（射击，射手）	梦（做梦，梦）

这类词与战争、征伐、生产、生活等具体行为有关，动词意义产生在前，名词意义由动词的意义引申发展而来，而且与其密切相关。这些词的动词意义应为本义，我们把兼类词分别当作不同的词，此类名词的意义虽由动词引申而来，但就名词来说，仍应视为本义。

3. 双向引申

既可认为是从名词意义引申出动词意义，也可以认为是从动词意义引申出名词意义。

旱（旱灾，使……干旱）	晕（日晕，出现日晕）
雨（雨，下雨）	雹（雹，落雹）
雾（雾，起雾）	雪（雪，下雪）
雷（雷，打雷）	阴（阴天，转阴天）
风（风，刮风）	启（晴，天晴）
咎（灾祸，降祸）	灾（祸害，降祸）
疾（疾病，患病）	祸（灾害，降灾）

这类双向引申的词主要与天象、疾病、灾祸有关。难以判定名词意义和动词意义谁为本义。

名形兼类词有“天”、“物”两个。“天”应是由名词意义“人之头顶”引申出形容词意义“大”。“物”应为由形容词意义“杂色的”引申出名词意义“杂色牲畜”。“物”的名词意义虽由动词意义引申而来，但就名词来说，仍应视为本义。

（此文原载于《镇江市高等专科学校学报》2000 年第 1 期）

甲骨文名词初探

甲骨文名词共2 296个，其中普通名词大约250个，绝大多数为专有名词。[①] 同义词有34组，反义词有13组，单义词2 278个，多义词18个。对甲骨文名词中的同义词、反义词、多义词进行穷尽性的考察和研究，或许能为汉语词汇史研究者提供较为翔实的语料。

一、同义词

甲骨文名词中有一些意义并不完全相同的近义词，这些主要是普通名词，它们分别是：

（1）岁—年—祀。

【例1】乙丑卜，王贞：今岁受年。十二月。（《合集》9650）（笔者注：此句“年”为“收成”之义）

【例2】贞：自今十年又五。（《合集》24610）

【例3】唯王三祀，协日。（《怀特》1915）

“岁”作为纪年名词被大量使用，“祀”次之，而“年”用例极少，多用为“年成”、“收成”之义。

（2）旦—朝。

【例4】自旦至食日不雨。（《屯南》42）

【例5】癸丑卜，行贞：翌甲寅毓祖乙岁朝酒，兹用。（《合集》30837）

“旦”字形象太阳刚出之形，指天刚亮之时。“朝”字形象日月在草木之中，指早晨。

（3）宀—宅—官—寝—室—宫。

【例6】辛未卜，作宀。（《合集》22246）

【例7】戊丑于王宅。（《怀特》1576）

【例8】庚辰卜，在官。（《合集》1916）

【例9】甲午贞：其令多尹作王寝。（《合集》32980）

【例10】庚子卜，贞：有匚于南室。（《合集》557）

【例11】丁巳卜，于南宫乇大吉。（《合集》30374）

这一组词指建筑物。“宀”指一般房舍，“官”指馆舍，与“旅馆”义近，“寝”、“室”、“宫”、“宅”指王之居所。

（4）咎—害—祸—灾—尤。

【例12】贞：余有咎。二月。（《合集》21362）

---

① 巫称喜：《论甲骨文名词的判定及其相关问题》，《镇江市高等专科学校学报》1998年第3期，第17～19页。

【例 13】贞：疾趾，唯有害。（《合集》13683）
【例 14】…贞：御王祸于羌甲。（《合集》1795 正）
【例 15】王先狩乃飨擒有鹿，无灾。（《合集》28333）
【例 16】辛酉卜，王宾蒸无尤。（《合集》38690）

这一组词都指灾祸，意义和用法基本相同，其差别已难以确考。但“尤”有“骚乱”之义，如“工其作尤”（《屯南》2148）。“灾”有“伤亡”、“侵害”之义，如“癸酉卜，贞：六月禽灾工方”（《合集》6293）。

（5）妻—爽—妾—母。

【例 17】贞：侑于示壬妻妣庚牢*，唯物牛七十。二告。（《合集》938 正）
【例 18】壬子卜，行贞：王宾大戊爽妣壬协无尤。（《合集》23314）
【例 19】癸丑卜，王…牢示癸妾妣甲。（《合集》2386）
【例 20】辛丑卜，王三月侑示壬母妣庚豕，不用。（《合集》19806）

这一组词都有“配偶”之义。“妻”一般只用于“配偶”义，“爽”除指配偶之外，还指辅弼大臣，如“丙寅卜，争贞：侑于黄爽二羌”（《合集》409）。妾可指人牲，如“侑妾于妣己”（《合集》904 正）。“母”有父母之“母”义，如“毓妣辛母用”（《合集》22246）。

（6）郭—邑。

【例 21】辛卯卜，㱿贞：基方作郭，其祟。（《合集》13514 乙正）
【例 22】其作兹邑，祸。四月。（《合集》7860）

“郭”与“邑”都指城垣。

（7）册—典。

【例 23】唯旧册用，王受佑。（《合集》30684）
【例 24】甲寅工典其翌。（《怀特》1805）

“册”和“典”都指简册。

（8）贝—朋。

【例 25】贞：雩*丁其有贝，小告。（《合集》11423 正）
【例 26】唯朋。（《合集》11440）

这一组词都指贝壳。“朋”还可以指“贝串”之单位，如“其七十朋”（《怀特》142）。

（9）页—首。

【例 27】丁丑…豕页。（《合集》15684 反）
【例 28】甲辰卜，出贞：王疾首无延。（《合集》24956）

这一组词都指“头”，“首”专指“人头”，“页”既可指人头，也可指动物的头。

（10）水—川。

【例 29】贞：今秋禾不遘大水。（《合集》33351）
【例 30】丁未卜，无川。（《合集》33357）

这一组词都有“（涨）洪水”之义，“水”较常见，“川”较少见。
（11）疾—病[1]。

【例 31】贞：言其有疾。（《合集》13637 正）
【例 32】贞：病弗其害。（《合集》7710）

这一组词都指疾病。“疾”在卜辞中一般指具体的病或一般的病，如“贞：臀无疾”（《合集》13750 正），“贞：无降疾”（《合集》13855）。而“病”在卜辞中未具体指明病在什么部位，从辞例看，“病”指较为严重的病或不治之症，如“贞：病祸弗其克”（《合集》4349 甲正），“贞：病其唯祸”（《英藏》1153 正）。

甲骨文名词中有一些意义完全等同的等义词，这些主要是先公先王名，有以下 13 组：

三祖辛—盘庚	二祖丁—大丁
康丁—帝丁—康祖丁	三祖丁—仲丁
下乙—祖乙	小乙—小祖乙—毓祖乙
二祖辛—小辛	仲乙—雍已
四祖丁—祖丁—小丁	武乙—武祖乙
帝甲—祖甲	大乙—成—唐—高祖乙
文丁—武丁—文武丁—文武帝	

产生这种现象的原因有三：一是按先王位次先后来称呼，如“四祖丁”指小乙之父祖丁，因前有大丁、沃丁、中丁，故称为四祖丁；二是尊称所致，如“文武帝”是帝乙对生父文丁的尊称；三是按王朝建立者的庙号称谓，如“大乙”被称为“成”。

甲骨文名词中有一些同素异序词，也属于等义词范畴。如：

祖乙—乙祖	祖丁—丁祖	祖庚—庚祖
妣庚—庚妣	大甲—甲大	大戊—戊大
妣己—己妣	妣丁—丁妣	子丁—丁子
中丁—丁中		

这 10 组名词中，每组名词的后一个词恰恰是前一个词相同语素的倒置，这种现象能否看成书手的误刻呢？我们认为，如果是误刻，就不会出现这样前后倒置、互相对称的一个系列。

甲骨文名词中的同义词有几个主要特点。一是甲骨文名词中近义词有 11 组，等义词有 13 组。近义词多为普通名词，等义词都是先公先王先妣之名。等义词后世大都消亡，不再使用，并不能代表名词的主流，尤其对于考察名词词义的发展演变规律并没有多大价

[1] 用通用字“病”代替甲骨文“疒”。

值。由于名词具有指称名物的特性，名词不可能出现大量同义词，否则就会出现指称混乱现象。甲骨文名词中的同义词也反映了这个特征。二是甲骨文名词中的同义词之间的差别大多表现在事物类别、程度深浅与感情色彩上。如“宀”、“宅”、“官”、“寝”、“室”、“宫”在事物类别上有一定差异，“疾”、“病”在词义上有程度深浅的不同。在卜辞“乙未卜，贞：王宾武乙执伐无尤”（《合集》35375）和“甲辰卜，贞：武祖乙宗其牛”（《合集》36090）中，“武乙”与“武祖乙”同指一个人，但“武乙”是一般称谓，而帝乙称“武乙”为“武祖乙”是孙辈对祖辈的尊称，表示了对人物的评价和态度，带有一定的感情色彩。

二、反义词

意义相对或相反的一组词可以构成反义词。甲骨文名词中的反义词有13组，按其意义范畴可分以下两类：

（一）时间、方位

1. 时间

（1）莫—朝。

【例33】贞：妣庚岁唯莫酒先日。（《合集》23326）（莫：傍晚）
【例34】癸丑卜，行贞：翌甲寅毓祖乙岁朝酒兹用。（《合集》23148）（朝：早晨）

（2）日—夕。

【例35】丁丑卜，旅贞：日不雨。（《合集》24668）（日：白昼）
【例36】贞：今夕雨，之夕启风。（《合集》13351）（夕：夜晚）

（3）今—翌、来。

【例37】贞：今甲寅雨。（《合集》12007）（今：今天、现今）
【例38】己丑卜，㱿贞：翌庚寅妇好娩。（《合集》154）（翌：明天）
【例39】来甲午侑伐上甲八。（《合集》904正）（来：明天）

（4）今—昔。

【例40】癸巳卜，贞：今其有祸。（《合集》13048）（今：现在）
【例41】昔甲辰方征于叹*。（《合集》137反）（昔：从前）

2. 方位

（1）上—下。

【例42】王立于上。（《合集》27815）（上：上面）
【例43】其丰在下丫北飨，兹用。（《屯南》173）（下：下面）

（2）东—西。

【例44】乙酉卜，王往田从东擒。（《屯南》1124）（东：与“西”相对）

【例 45】贞：王往出省从西告于祖丁。（《合集》5113 反）（西：与“东”相对）

（3）南—北。

【例 46】田从南擒。（《屯南》2298）（南：与“北”相对）
【例 47】王往省从北。（《合集》5117）（北：与“南”相对）

（4）左—右。

【例 48】其于左利。（《合集》28008）（左：与“右”相对）
【例 49】亚立，其于右利。（《合集》28008）（右：与“左”相对）

（二）关联对象

1. 社会关系

（1）祖—妣。

【例 50】甲子卜，我侑祖若。（《合集》21541）（祖：祖父辈）
【例 51】唯妣兕。（《合集》28411）（妣：祖母辈）

（2）父—母。

【例 52】己卯卜，贞：侑父。（《合集》16357）（父：父辈）
【例 53】壬申卜，侑母。（《合集》19979）（母：母辈）

（3）父—子。

【例 54】唯父害王。（《合集》478 正）（父：父辈）
【例 55】丙子卜，宾贞：子它无疾。（《英藏》1105 正）（子：子辈）

2. 动物关系

牡—牝。

【例 56】侑于上甲七牡。（《合集》1142）（牡：雄性牲畜）
【例 57】戊寅卜，侑妣庚牝。（《合集》22322）（牝：雌性牲畜）

3. 天文气象

日—月。

【例 58】庚辰贞：日有戠，非祸唯若。（《合集》33698）（日：太阳）
【例 59】壬寅贞：月有戠，其侑土燎大牢，兹用。（《屯南》726）（月：月亮）

甲骨文名词中的反义词的主要特点有：一是甲骨文与春秋战国时代汉语相比较，名词反义词中表示时间、方位、天文气象和社会关系的居多，抽象名词反义词尚未发现，到了春秋战国时代抽象名词反义词相当发达；二是甲骨文名词存在一个词有几个反义词的现象，如“今”有“翌”、“来”、“昔”三个反义词。

三、多义词

1. 星

（1）星辰之通称。

【例 60】辛未有设新星。（《合集》6063 反）

（2）晴天。

【例 61】…终夕…赢亦大星。（《合集》11502）

“星”之本义为星辰，夜空星现则明，故引申有“晴”义。其词义引申脉络是星：星辰—晴天。

2. 云

（1）云气。

【例 62】贞：兹云其雨。（《合集》13387）

（2）云神。

【例 63】乙丑卜，争贞：亦呼雀燎于云犬。（《合集》1051 正）

“云”之本义为“云气”。古有云气之占，商代云有祀典，故可指“云神”。其词义引申脉络是云：云气—云神。

3. 月

（1）月亮。

【例 64】旬壬申夕月有食。（《合集》11482 反）

（2）月份。

【例 65】癸亥卜，贞：旬亡祸。十三月。（《合集》26581）

“月”之本义为“月亮”，商代实行阴阳合历，以月圆缺一周为一月，故“月份”之义是引申义。其词义引申脉络是月：月亮—月份。

4. 旬

（1）甲日至癸日为一旬。

【例 66】癸亥卜，贞，旬乙丑雨。（《合集》21016）

（2）十日为一旬。

【例 67】…五百四旬七日至丁亥比。在六月。（《合集》20843）

“旬”为指事字，殷人于一旬之末（癸日）卜下旬之吉日，故甲日至癸日周期为一旬，此当为本义。甲日至癸日周期为十日，故可从确指的十日引申为泛指的十日，其词义引申脉络是旬：甲日至癸日为一旬—十日为一旬。

5. 土

（1）土地。

【例 68】东土受年。（《合集》36975）

（2）土地之神，相当于后世之“社”。

【例 69】贞：燎于土。（《合集》456 正）

“土”之本义为“土地”，殷对“土”有祭祀之俗，故指“土地神”。其词义引申脉络是土：土地—土地神。

6. 河

（1）黄河之专名。

【例 70】昃，亦有出虹自北，饮于河。（《合集》10405 反）

（2）自然神祇，即黄河之神。

【例 71】甲申卜，宾贞：告秋于河。（《合集》9627）

“河”专指黄河，实是本义。商代对“河”要进行盛大祭典，故可指“黄河之神”。其词义引申脉络是河：黄河—黄河之神。

7. 兵

（1）兵器。

【例 72】贞：勿易黄兵。（《合集》9468）

（2）兵力、军队。

【例 73】甲子…贞：出兵若。（《合集》7204）

“兵器”当为本义，“兵力、军队”为引申义。“兵”的词义引申脉络是兵：兵器—兵力、军队。

8. 工

（1）工作、事情。

【例 74】戊寅卜，争贞：今春众有工。（《合集》18）

（2）从事工作的奴隶。

【例 75】其丧工。十月。（《合集》189 正）

“工作、事情”为本义，“从事工作的奴隶”为引申义。“工”的词义引申脉络是工：工作、事情—工奴。

9. 报*

（1）俘虏。

【例 76】报*弗执。（《英藏》1903）

（2）人牲。

【例77】侑于妣庚十报*。（《合集》700）

“报*”的本义是俘虏，战争之俘虏常用于祭祀，故可引申为“人牲”。其词义引申脉络是报*：俘虏—人牲。

10. 食

（1）食物。

【例78】庚午卜，唯斧称，呼帝降食，受佑。（《合集》21073）

（2）吃。

【例79】丁卯卜，宾贞：勿食。（《合集》19503）

（3）时间名，吃饭之时。

【例80】壬午食允雨。（《合集》20956）

“食”的本义为“食物”，引申出动词义“吃”，继而引申为“吃饭之时”。其词义引申脉络是食：食物—吃饭—吃饭之时。

11. 家

（1）家居、家庭。

【例81】家无震。（《屯南》2672）

（2）家族。

【例82】我家祖辛弗佐王。（《合集》13584）

（3）先王之家庙。

【例83】乙酉贞：于上甲家。（《合集》13580）

“家”之本义为“家居”、“家庭”，继而引申为“家族”，再引申为“先王之家庙”。其词义引申脉络是家：家居、家庭—家族—先王之家庙。

12. 中

（1）旗帜。

【例84】庚申卜，永贞：王唯中立，若。十一月。（《合集》7364）

（2）方位在中间的。

【例85】丁巳卜，唯小臣口以汒于中室。（《合集》27844）

（3）次序、时间在中间的。

【例86】丙申卜，贞：肇马左右中人三百。六月。（《合集》5825）

“中”本义为“旗帜”，本为氏族社会之徽帜。“古者有大事，聚众于旷地，先建中焉，群众望见中而趋附，群众来自四方，则建中之地为中央矣。”① 故“中”可引申为“中间”，表示方位、时间次序。“中”有时单独成词，有时作为一个构词语素，如“中日”、“中室”之“中”。“中”的词义引申脉络是中：旗帜—方位在中间的—次序、时间在中间的。

13. 师

（1）用作地名的构词语素。

【例 87】丁亥卜，王在师木。（《合集》24271）

（2）驻地、宿营地。

【例 88】癸巳卜，韦贞：行以有师暨邑，告。（《合集》8985 正）

（3）驻扎。

【例 89】于辔师。（《合集》33101）

（4）军队。

【例 90】丙寅卜，在刚贞：今夕师不震。（《合集》36435）

（5）军事编制单位。

【例 91】丁酉贞：王作三师右、中、左。（《合集》33006）

“师”的本义在卜辞中没有用例，但从“师”构成地名的实际看，其本义为“山丘”。“山丘”常为人们劳作、行旅、憩息之所，故可引申为“驻地”、“驻扎”，继而引申为“军队”、“军事编制单位”等。“师”的词义引申脉络是师：山丘、山地—驻地、驻扎—军队、军事编制单位。

14. 上

（1）与“下”相对，方位词。

【例 92】王立于上。（《合集》27815）

（2）与“下”相对，次序在前。

【例 93】祷其上自祖乙。（《合集》32616）

（3）上帝、天帝。

【例 94】贞：勿唯王往伐工方，下上弗若，不我其受佑。（《合集》6220）

“上”是指事字，表示方位，引申为次序，又引申为天帝，其引申脉络是上：方位在上—{次序在前的；上帝、天帝。

---

① 唐兰：《殷虚文字记》，中华书局 1981 年版，第 53～54 页。一说“中”为测风的仪器，为表示风向的飘带，如“丙子其立中无风。八月”（《合集》7369），“甲戌卜，立中易日。乙亥允易日”（《怀特》1611）。此两例证明“中”是测风仪，有“立中”之卜辞不能证明“立中”是为了召集群众。

15. 下

（1）与“上”相对，方位词。

【例 95】在下奠南田受禾。（《合集》28231）

（2）与“上”相对，次序在后。

【例 96】祷其下自小乙。（《合集》32615）

（3）地祇神灵。

【例 97】贞：勿征工方，下上弗若，不我其受佑。（《合集》6322）

“下”是指事字，表方位，引申为次序，又引申为地祇神灵。其词义引申脉络是下：方位在下—{次序在后；地祇神灵。}

16. 史

（1）事情、事业。

【例 98】贞：令多子族暨犬侯璞周，载王史（事）。（《合集》6813）

（2）史官。

【例 99】壬辰卜，宾贞：立三大史。六月。（《合集》5506）

（3）出使。

【例 100】贞：史（使）人往于唐。（《合集》5544）

（4）出使之人。

【例 101】贞：勿令我史步。（《合集》6226）

“事情、事业”当为本义，记言记事者为史官，而奉命出使或奉命出使之人，都可以被称为“史”，因为这些都与“事情”有关。后世“事”、“史”、“吏”、“使”皆为“史”分化之同源字。

“史”的词义引申脉络是史：事情、事业—{史官；出使（动词）—出使之人。}

17. 子

（1）孩子。

【例 102】王占曰：好其有子，御。（《合集》94 正）

（2）冠于人名前，子辈之通称，既可以指男性，也可以指女性。

【例 103】侑于子丁牛用。（《合集》20523）

【例 104】贞：子要娩，不其嘉。（《合集》14035 正丙）

（3）生子，动词。

【例 105】戊辰卜，争贞：勿至妇食子子。（《合集》2783）

（4）以……为子，动词。

【例 106】乙丑卜，贞：占娥子余子。（《合集》21067）

“子”的本义为“孩子”，由孩子引申为子辈之通称。“生子”与“以……为子”是由本义引申出的动词意义。其词义引申脉络是子：孩子—{子辈通称；生育—以……为子。}

18. 日

（1）太阳。

【例 107】辛未卜，侑于出日。（《合集》33006）

（2）白天，与“夕”相对。

【例 108】贞：日雨。十二月。（《合集》33906）

（3）时间名词，一天。

【例 109】癸巳卜，亘贞：自今五日雨。（《合集》12314）

（4）一天中的某一时刻。

【例 110】自旦至食日不雨。（《屯南》42）

（5）天气、气候。

【例 111】贞：翌甲申不其易日。（《合集》7074）

（6）祭名，日祭。

【例 112】贞：戌日二牛。（《合集》1354）

“日”本义为“太阳”，日出则天明，故引申为“白天”，由“白天”可扩展为“一天”，也可缩小为“一天中的某一时段”。“日”指星球名，故可引申为“天气”。殷人对自然现象有祭祀之俗，故有“日祭”之意义。其词义引申脉络是日：太阳—{白天——一天——一天中的某一时刻；天气、气候；日祭。}

甲骨文多义名词具有以下特点：

（1）甲骨文多义名词很少，只有 18 个，仅占甲骨文名词总数的 0.78%。其原因大概有四：一是专有名词占 90%，普通名词总共占 10%；二是由于占卜程序和材料残缺的限制，使名词有的义项没有出现；三是名词是指称名物的，词义不会太繁复；四是可能和甲骨文时代较早、语言相对简单有关。

（2）就词义引申的脉络而言，以本义为起点单向引申的连锁式引申居多，有“星”、“云”、“月”、“旬”、“土”、“河”、“兵”、“工”、“报*”、“食”、“家”、“中”、“师”13 个；以本义为起点，多向引申的辐射式引申有“上”、“下”、“史”、“子”、“日”5 个词。这表明甲骨文名词词义并不复杂，词义引申尚处于直接引申阶段。

（3）从词义引申的方式来看，主要有三种：

①相似类比。两种对象具有某种相似之处，通过类比实现引申。如：

上：在上面的方位—在上的神，天帝。

下：在下面的方位—在下的神，地祇。

②相关替代。两种对象相互关联，通过借甲代乙的方式实现词义引申。如：

日：太阳—日神、天气、白天、某一时段。

史：事情—史官、使者。

另外还有“子”、“工”、“报*”、“月”、“云”、“旬”、“河”、“星”、“土”、“家”等。

③相因推导。两种对象或两个概念具有某种逻辑关系，通过推导实现引申。如：

师：山丘—驻地、驻扎、军队、军事编制单位。

食：粮食—吃饭、时间名。

星：星辰—晴天。

“师”的几个意义之间存在条件关系。“食”、“星”的几个意义之间存在因果关系。虽然甲骨文多义名词极少，但词义引申方式已具有雏形。

（4）甲骨文多义名词词义引申已有相互影响和渗透现象。就不同的词来看，任何一个词引申都有其具体情况或特殊表现，但是如果对众多词的词义引申进行对比和综合考察，我们就会发现，语义相关的词在实现词义引申时，往往是相互渗透、相互影响的，从而使词义引申呈现出系列性的特点。如“日”、“月”由天体名词引申为相应的时间周期。又如“雨”、“晕”、“雪”、“雷”、“风”等天象名词，均有与名词意义相关的动词意义。

（此文原载于《韩山师范学院学报》2003 年第 1 期）

论甲骨文名词的字词关系

文字是记录语言的符号体系。任何一种文字系统，都要通过它的字符实现其对语词的提示作用，即让读者看到字符或字符组合能联想到它所记录的那个词。我们把实现这种提示作用所采取的方式或手段，叫做标记语词的模式。传统的“六书说”和现代的“三书说”，实际上讲的都是汉字标记语词的模式。我们这里所说的“名词字”是指标记名词的字，包括就字形分析应是表示名词而在辞例中未见本义的字。对于标记语词的模式，我们采取传统的“六书说”，因为“转注”争议较大，此外不加以讨论。

（一）标记语词模式的类型

1．象形

描摹实物形象以成字。如：

耳，字形象耳形。

虎，字形以突出老虎的血盆大口这一特征勾勒其形。

禾，字形象禾稼形。

车，字形象马车形。

2．指事

用几何图形或线段提示语义，或在象形字的特定部位上加上点画，表示语词所指。如：

上、下，字形象用一短划置于一长划之上或之下，表示方位的上、下。

3．会意

用两个或两个以上的象形字组成一个新的图画式的文字。或象复杂的事物，如“宗”、“牢”；或象动作之形，而用以表示与此动作有关的事物，如“兵”、“昃”。

宗，字形象室内置示，会“宗庙”之意。

牢，字形象圈内养牛，会“圈养的牛”之意。

兵，字形象两手持斤，会“兵器”之意。

昃，字形象日偏西，人影斜，会午后日西斜的时间之意。

4．形声

形声字由形符和声符两部分组成，它的标词模式是分别用形符和声符提示语词的意义和读音。如：

室，从宀至声，房屋。

麓，从林鹿声，山麓。

河，从水可声，黄河。

5．假借

用甲词造的字来记录与之音同或音近的乙词，这种标词模式叫假借。如：

象，兽名，借为地名。

受，授予，借为地名。

遘，遇，借为方国名。

即，就，借为人名。

（二）甲骨文名词字的特点

（1）普通名词中，象形字占多数，会意字、指事字很少，主要原因是名词反映的是人和事物。象形字能以简括的写意笔法描绘事物的轮廓，以人或事物之形，表示人或事物之名。有些事物意义较为抽象，无法描绘其形，但可在具体事物形象的基础上，添加具有区别性特征的符号来表示，如“臀”、“肘”。但指事字的表现手法和运用范围有限，造字能力很差，所以名词字中的指事字很少。会意字记录的主要是动词。根据陈年福先生《甲骨文动词词汇研究》一书统计，甲骨文中表动词的会意字有154个，而据我们统计，表普通名词的会意字不足10个。

（2）甲骨文形声字主要在象形、指事、会意字上加注形符而成，多数为专有名词。用于普通名词的只有“麓”、“凤”等少数几个。

（3）名词字中，有大量的假借字，但主要用于专名，在普通名词中，假借字较少。

（三）甲骨文中本义缺失的字

甲骨文中有些字从字形看，应为名物之形，但其本义未见，或假借为其他名词，或假借为其他词类。如：

秋，字形象蝗虫，借为季节名和地名。

它，字形象蛇形，借为代词。

东，字形象无底之囊中盛以实物而囊之两端紧束之形，借为方位词。

其，字形象箕形，借为虚词。

九，肘之初文，借为数词。

缶，字形象陶器形，借为地名或方国名。

来，字形象麦穗形，借为“未来”和作动词“往来”之“来”。

申，字形象闪电之形，借为干支字。

戊，字形象斧钺之形，借为干支字。

以上字例分三种，一是借作名词字，二是借作干支字，三是借为代词、数词等。

（四）同字异词和同词异字现象

字和词的关系，并不都是一对一的。有的字只记录一个词，有的字可用来记录几个不同的词，这就是同字异词；有的词可用几个不同的字来记录，这就是同词异字。

同字异词主要有以下两类：

1. 假借字

一个字如既标写本义，又标写假借义，则形成同字异词。如：

象，本义为兽名，假借义为地名。

虎，本义为兽名，假借义为方国名。

禾，本义为庄稼名，假借义为地名。

自，本义为鼻子，假借义为介词。

2. 同形字

同形字指一个字形代表两个音义全然不同的字，这样同一个字，就记录了几个词。甲骨文中出现了少数同形字，陈炜湛先生曾有专文论述。[①]

（1）女、母。

【例1】甲寅娩，允不嘉唯女。（《合集》14002 正）

【例2】壬申卜，侑母。（《合集》19979）

从辞例看，例1应为“女”无疑，例2应为“母”。“母”与“女”同形。

（2）山、火。

【例3】勿于九山燎。（《合集》96）

【例4】癸巳贞：其燎十山雨。（《合集》33233 正）

【例5】七日己巳夕向有新大星并火。（《合集》11503 反）

【例6】丙寅卜，㱿贞：其有火。（《合集》2874）

从辞例看，例3、4“九山”、“十山”系指群山。例5“新大星并火”所言乃天象，“并”就是比并、靠近，“火”指火星，即大火（星宿二），乃“七月流火”之“火”。例6所言则为人事，占卜是否有火灾。由此可见，甲骨文“山”与“火”是同形的，但是意义就全然不同了。此外，还有“臣”和“目”，“壬”、“工”和“示”，“月”和“夕”在辞例中有时是同形的。

同词异字就是一词多字。主要有以下两类：一类是异体字，另一类是通假字。

1. 异体字

异体字是人们为语言中同一个词造的几个形体不同的字，这些字音义完全相同，可以互相替换。例如“祖”、“且”，从示与不从示无别。“可以说，商代甲骨文时代是汉字异体最多的时代。”[②] 同词异字现象主要表现在异体字上。

2. 通假字

如果本字与通假字都在使用，标写同一个词，这样也形成了一词多字。

【例7】癸丑卜，贞：今岁受禾，弘吉，在八月，唯王八祀。（《合集》37849）

【例8】癸未卜，在鲁贞：王旬亡祸，在九月，王二十司。（《合集》36856）

【例9】唯令匕有佑。十月。（《合集》20248）

【例10】…毓有友…唯白彘。（《合集》11225）

“祀”、“佑”是本字，“司”、“友”是通假字。

（此文原载于《镇江市高等专科学校学报》1999年第3期）

① 陈炜湛：《甲骨文异字同形例》，见四川大学历史系古文字研究室编：《古文字研究》（第六辑），中华书局1981年版，第227~250页。

② 李圃：《甲骨文文字学》，学林出版社1995年版，第65页。

甲骨文形容词初探

甲骨词汇学研究是汉语词汇史研究的重要基石，对甲骨文词汇进行穷尽性描写研究非常必要。张玉金、陈年福、巫称喜分别对甲骨文虚词、动词和名词进行了穷尽性描写研究，取得了初步成果。[①] 对作为实词重要成员的形容词进行穷尽性研究，也确有必要。本文根据现有材料，借助《甲骨文字典》、《甲骨文简明词典——卜辞分类读本》等提供的有关线索，通读《殷墟甲骨刻辞摹释总集》、《殷墟甲骨刻辞类纂》，逐字逐例认证判别，并在此基础上试图对甲骨文形容词的数量、类别和特征加以描写、讨论。这或许有助于我们了解甲骨文词汇的全貌，为汉语词汇史研究提供一些参考。

一

词汇研究首先需要解决的问题，就是词类划分标准问题。特别是在甲骨文许多文字尚未被考释出来的情形下，词类的判别显得更为困难、复杂。我们试从三个方面进行词类判别：

（1）根据词在辞例中所处的位置和语法功能判定其词性。形容词表示人、物、事的性质、特征、形态等，在句子中或作定语，修饰、限制人、物、事，或作谓语，描写、陈述人、物、事。如“御众于祖丁妣癸卢豕”（《合集》31993）、“庚戌卜，何贞：妣辛岁其希釐”（《合集》26975）两个辞例，即使不知“卢”、“希釐”的确切含义，但从具体语境中可以看出“卢”是修饰和限制“豕”的，“希釐”是描述“岁”的，据此判定它们是形容词。为数不多的甲骨文形容词，如“臧”、“罹”、“宓”、“卢”、“卣”、“骒”、“从”、“少”、“联”、“蔑”等，其释义众说纷纭，莫衷一是。尽管在释义上存在歧义，但其词性是形容词，大致没有什么争议。如果因为释义具有争议，将它们排除在形容词研究范围之外，恐怕欠妥。因此笔者将它们纳入研究范围。

（2）根据能否独立运用、充当句子成分，把词和语素区别开来。甲骨文中的“文”、“武”、“高”、“毓”、“长”、“老”、“亚”、“仲”等字在后世典籍中都是能独立运用的形容词，但在卜辞中尚未发现独立运用、充当句子成分的用例，它们只是作为构词语素出现。如“高祖”（《合集》32302）、“长子”（《合集》2764）、“毓祖乙”（《合集》23148）等。赵诚先生在《甲骨文简明词典——卜辞分类读本》中将“高”、“长”、“毓”等一类字归入形容词，从宽泛意义上说，这些字表示世系的辈分长幼以及人物臧否，已具备形容词性质；严格说来，它们还未完全取得形容词的资格，所以不应将它们视为形容词。

（3）赵诚先生将表示灾祸意义的一些词，如“灾”、“祸”、“尤”等，划入形容词范畴，大致是因为这些词往往与“吉”、“鲁”、“嘉”等具有相互对立的语义关系，因而将

① 张玉金《甲骨文虚词词典》（中华书局1994年版）认为甲骨文虚词有65个。陈年福《甲骨文动词词汇研究》（巴蜀书社2001年版）认为甲骨文动词有369个。巫称喜《论甲骨文名词的判定及其相关问题》（《镇江市高等专科学校学报》1998年第3期）认为甲骨文名词有2 296个。

它们视为同一类词。但我们认为，“吉”、“鲁”、“嘉”等词主要表示人、物、事的特征境况，具有描写性，在句子中常作谓语，如“其雨，弘吉”（《合集》38142），而“灾”、“祸”、“尤”主要表示某种抽象事物，具有名物性，在句子中经常作动词“无”的宾语，如“其田遘麋，王其射无灾”（《合集》28360）。划分词类既要注意词的语义特征，也应注意词的语法特征。从这个意义上说，将“灾”、“祸”、“尤”划入形容词范畴并不合适，其词性应是名词。

二

据笔者考察，甲骨文形容词共有41个。它们可以分为性质形容词和状态形容词两类。

1. 性质形容词21个

（1）表示人、事的境况的有13个：吉、鲁、保、利、若、嘉、臧、安、宁、宓、永、终、希厘。

【例1】唯吉，雨。五月。（《合集》15422）（吉：吉利）

【例2】唯不鲁。（《合集》9768）（鲁：吉顺）

【例3】己卯卜，殻贞：壬父乙妇好生保。不利，吉。（《合集》26998）（保：顺利，利：顺利）

【例4】贞：王若。（《合集》2002正）（若：顺利）

【例5】贞：妇好娩嘉。（《合集》10936正）（嘉：好）

【例6】余臧。（《合集》6404反）（臧：善）

【例7】癸酉卜，争贞：王腹不安，无延。（《合集》5373）（安：安泰）

【例8】丁巳卜，贞：今夕师无祸，宁。（《英藏》2527）（宁：安宁）

【例9】壬戌卜，令周宓若。（《合集》4885）（宓：安定）

【例10】唯父庚庸奏王永。（《合集》27310）（永：永久）

【例11】王占曰：唯终。（《英藏》772反）（终：永久）

【例12】贞：其希厘。（《合集》27385）（希厘：福祉绵长）

【例13】王其铸黄吕，奠血唯今日乙来利。（《合集》41866）（利：顺利）

（2）表示动物颜色的有8个：白、黑、幽、卢、黄、戠、赤、物。

【例14】唯白羊用。（《合集》30719）（白：白色）

【例15】唯黑犬，王受有佑。（《合集》29544）（黑：黑色）

【例16】有黄牛，唯幽牛。（《合集》14951正）（幽：黑色）

【例17】卢豕二十。（《合集》22438）（卢：黑色）

【例18】乙卯其黄牛王受有佑。（《合集》36350）（黄：黄色）

【例19】我勿以戠牛。（《合集》8969正）（戠：黄色）

【例20】左赤马其利不烈。（《合集》29418）（赤：红色）

【例21】癸巳卜，殻贞：燎物牛，又五鬯。（《合集）15616）（物：杂色）

2. 状态形容词20个

（1）表示人、物、事的数量特征的有6个：弘、大、小、多、少、正。

【例 22】王占…雨弘。(《合集》13031)(弘：大)
【例 23】…卯卜，今日不大雨。(《屯南》2723)(大：雨量充沛)
【例 24】唯小雨。(《合集》30067)(小：雨量较少)
【例 25】不多雨。(《合集》38160)(多：降雨次数较多)
【例 26】至壬雨少。三月。(《合集》20942)(少：降雨次数较少)
【例 27】辛未卜，古贞：黍年有正雨。(《合集》10137 正)(正：足够)

(2) 表示物、事的形态特征的有 14 个：烈、从、疾、皿、次、骤、及、延、卣、联、蔑、新、旧、生。

【例 28】贞：其亦烈雨。(《合集》6589)(烈：猛烈)
【例 29】壬申卜，令瞽舞，不其从雨。(《合集》14116)(从：猛烈)
【例 30】贞：今夕其雨疾。(《合集》12670)(疾：急)
【例 31】乙巳卜，中贞：于方非人皿雨。(《合集》24892)(皿：猛烈)
【例 32】洹不次。(《合集》8317)(次：泛滥)
【例 33】壬寅卜，癸雨，大骤风。(《合集》13359)(骤：暴烈)
【例 34】庚午卜，贞：禾有及雨。三月。(《前》3.29.7)(及：及时)
【例 35】贞：翌甲寅延雨。(《合集》158)(延：绵延)
【例 36】王占曰：其唯卣雨。(《合集》14468)(卣：绵长)
【例 37】甲子卜，不联雨。(《合集》32176)(联：连绵)
【例 38】戊寅卜，争贞：雨其蔑。(《合集》250)(蔑：微弱)
【例 39】其蒸新鬯，唯二牛用。(《合集》30977)(新：新鲜的)
【例 40】唯旧册用。(《合集》30679)(旧：陈旧的)
【例 41】癸酉卜，有生豕。(《合集》15068)(生：活的)

三

甲骨文形容词虽然数量较少，但已具备形容词的基本特征和功能。这主要表现在以下几个方面：

(1) 形容词用作谓语来说明人、物、事。表示人、事境况的 13 个形容词均可作谓语，前面已论及，此处不再举例，此外，“白”、“多”、“少”、“蔑”、“小”、“弘”、“疾”、“次”、“延”等词也可以作谓语。

【例 42】不其白。(《合集》7850)
【例 43】己亥卜，庚有雨，其多。(《合集》20956)
【例 44】今日方其征，不征，延雨自西北少。(《合集》21021)
【例 45】戊午雨蔑。(《合集》24901)
【例 46】御，雨小。(《屯南》2713)
【例 47】丁未卜，王曰贞：父丁莫岁其弘，三牢兹用。(《怀特》1016)
【例 48】贞：祸，雨疾。(《合集》12672 甲正)

【例49】乙卯卜，今秋泉来水次。五月。(《合集》10156)

【例50】乙卯卜，乙丑其雨延。(《合集》33943)

(2) 甲骨文中形容词活用为一般动词仅见一例，即“贞今夕小其雨”(《合集》12711)，活用为意动用法的形容词仅见“吉”一词，活用为使动用法的形容词有“终”、“宁”、“永”、“吉”四词。

【例51】乙未卜，王贞：乞侑祷于祝乙，王吉兹卜。(《合集》22913)(吉兹卜：以兹卜为吉)

【例52】贞：帝弗其终兹邑。(《合集》14210正)(终兹邑：使这个城邑永久)

【例53】贞：今夕宁王。(《合集》26176)(宁王：使王安宁)

【例54】唯壬省田无灾，永王。(《屯南》4562)(永王：使王永久)

【例55】不吉刈。(《屯南》2291)(吉刈：使刈禾吉利)

(3) 甲骨文形容词中的“吉”、“鲁”二词可以充当宾语，它们只作为占卜断语使用时才充当宾语。

【例56】王占曰：吉鲁。(《合集》10133反)

(4) 形容词能用作定语来说明人、物、事，甲骨文中除表示人或事境况的形容词以及“弘”、“次”、“疾”、“延”、“少”外，其余形容词都可以充当定语。“白”、“黑”、“多”、“新”、“旧”、“大”、“小”、“生”等词可以修饰说明两种以上事物，其余形容词只限于一种事物。下面以“白”和“新”为例：

白羊(《屯南》2670)/白豕(《合集》995)/白牛(《合集》203反)/白犬(《英藏》1891)/白豚(《合集》30516)/白马(《合集》945正)

新星(《合集》6063反)/新册(《合集》34538)/新室(《合集》31022)/新秉(《屯南》3004)/新南(《英藏》79)/新家(《合集》28001)/新射(《合集》32997)

(5) 既可作谓语，又可作定语的形容词有“小”、“多”、“蔑”三个。

【例57】其遘小雨。(《合集》38170)

【例58】御，雨小。(《屯南》2713)

【例59】…未卜，贞：今夕雨多。(《合集》12702)

【例60】…韦贞：今夕多雨。(《合集》12692正)

【例61】戊午雨蔑。(《合集》24901)

【例62】己未卜，宾贞：蔑雨唯有害。(《合集》12895)

四

正如赵诚先生所说：“表示人或事物的性质或状态的词，即所谓形容词，在甲骨文时代还相当贫乏。”① 这种贫乏不仅表现在数量上，而且表现在类型分布和语用范围上。其

① 赵诚编著：《甲骨文简明词典——卜辞分类读本》，中华书局1988年版，第272页。

主要表现是：

（1）形容词的类型分布畸重畸轻的现象十分突出。性质形容词中表示人、事境况的有13个，表示颜色的有8个，但表示人的道德品质的形容词尚未发现。状态形容词中表示人、物、事数量特征的有6个，表示物、事形态特征的有14个，而表示人的形态特征的形容词尚未发现。但在先秦传世典籍中，表现人的道德品质和状态特征的形容词大量出现。以《尚书》为例，全书有形容词388个，其中表示人的品质道德的有124个，表示人的状态特征的有29个，两者形成鲜明的对比。①

（2）形容词的语用范围狭窄单一，表示人、事境况的形容词大多表示人、事吉凶状况，表示颜色的形容词大都表示动物毛色，表示数量、形态特征的形容词大多表示自然现象，以“雨”居多。除“大”、“小”、“多”、“白”、“新”等词修饰说明的对象相对较多外，其他形容词修饰说明的对象单一。

甲骨文形容词数量贫乏、种类不全、语用范围狭窄，这种现象的形成，除受到时代局限性影响外，主要还有两个方面的原因。第一，甲骨刻辞是记录占卜过程、结果的专项材料，与占卜直接相关的表示人、物、事的词就能在其中得到相应的应用，而与占卜内容无关的其他词语自然难以得到反映。殷商时期人们对气候天象极为关注，因而出现大量描摹“雨”、“风”、“水”等自然现象的形容词。他们对祭祀十分看重，因而对使用的祭祀用品的要求极为严格，即使同样是使用黑色的牛，也要区别“黑”、“幽”、“卢”三种不同花色，当然我们已无法弄清楚它们之间的差异了。就表示自然天象与动植物颜色的这两类形容词来看，其丰富性和复杂性不亚于先秦时代的同类形容词。以《尚书》为例，全书共有15个表示颜色的形容词，甲骨文与《尚书》中表示颜色的形容词的数量规模悬殊并不大。由此可见，甲骨文词语数量与专项材料的性质有极为密切的关系，殷商时期早已存在的形容词，必然会因专项材料的限制得不到体现。第二，甲骨文中尚有许多文字未被考释出来，而且存在不少残辞，一些形容词或者被误读，或者被遗漏，这也影响到甲骨文形容词的规模。

（此文原载于《韩山师范学院学报》2001年第3期）

① 据笔者初步统计，《尚书》（包括今古文）共有形容词388个。性质形容词有238个，其中表示人的道德品质的有124个，表示人、物、事共有的性质、境况特征的有99个，表示颜色的有15个；状态形容词有150个，其中表示人的状态特征的有29个。

谈“何”的一种特殊功能

吕叔湘先生在《开明文言读本导言》中说：“‘何’，这是文言里应用最广的疑问代词，兼有现代‘什么’、‘为什么’、‘怎么’、‘哪儿’等用处，结合语很多。”他列举的用法达十四种。杨树达先生的《词诠》把“何”的用法归纳为五种。这都比较全面地概括了“何”的常用用法。本文在这里想谈谈“何”在五言诗“××何××”结构中的特殊功能。下面分几类来谈。

（1）××（名词）何××（形容词）。这是五言诗中最常见的结构方式。如：

江南可采莲，莲叶何田田。（《江南》）
中庭生桂树，华灯何煌煌。（《相逢行》）
竹竿何袅袅，鱼尾何簁簁。（《白头吟》）
洛中何郁郁，冠带自林索。（《青青陵上柏》）
明月何皎皎，照我罗床帏。（《明月何皎皎》）
孟冬寒气至，北风何惨栗。（《孟冬寒气至》）
长城何连连，连连三千里。（陈琳：《饮马长城窟行》）
展转不能寐，长夜何绵绵。（徐干：《室思》）
秋风何冽冽，白露为朝霜。（左思：《杂诗》）
我心何怫郁，思欲一东归。（曹操：《苦寒行》）
太谷何寥廓，山树郁苍苍。（曹操：《赠白马王彪并序》）
柴门何萧条，狐兔翔我宇。（曹操：《泰山梁甫行》）
宿昔秉良弓，楛矢何参差。（曹操：《白马篇》）
莲花复莲花，花叶何稠迭。（王勃：《采莲曲》）
路逢斗鸡者，冠盖何辉赫。（李白：《古风第二十四首》）

上面这些例句中，“何”前面的都是名词，“何”后面的都是形容词，这些形容词都是重言词（1至9例）和联绵词（10至15例），“何”前后两部分具有主谓关系。“何”在这些句子中能译为“多么”、“实在”、“真的”等意义，一般表示事物的性质、状态。有时也可以表示某一事物的程度、范围，还可以用来帮助判断，使语气更加肯定。而在有些诗中，“何”却没有这种功能。如：

轻叶随风转，飞鸟何翻翻。（刘桢：《赠徐干》）
罗衣何飘飘，轻裾随风还。（曹植：《美女篇》）
柔条纷冉冉，落叶何翩翩。（曹植：《美女篇》）
白杨何萧萧，松柏夹广路。（《驱车上东门》）
树木何萧瑟，北风声正悲。（曹操：《苦寒行》）

1至3例中“翻翻”、“飘飘”、“翩翩”等是重叠单音节动词“翻”、“飘”、“翩”构成的重言词，它们是形容词，但还保留着某些动词性质。前面所说的就不具备这种特性。

4、5例中“萧萧”、“萧瑟”都是模拟树木摇动的声音的象声词，在某种意义上它们也是形容词，具有描写的作用。在这些例子里，白话中没有可以与“何”对译的。如果说前面三例中的“何”可以称为程度副词，那么后面两例中的“何”就是句中语气助词。

（2）××（动词性词组）何××（形容词）。如：

四顾何茫茫，东风摇百草。（《回车驾言迈》）
吁差此转蓬，居世何独然。（西汉乐府民歌）

“何”前后两部分具有主谓关系。“何”在这里可以译为“多么”、“实在”等。

（3）××（形容词）何××（形容词）。如：

北上太行山，艰哉何巍巍！（曹操：《苦寒行》）
兰若生春夏，芊蔚何青青。（陈子昂：《感遇第二首》）
府吏马在前，新妇车在后。隐隐何甸甸，俱会大道口。（《孔雀东南飞》）

例句中的“艰哉”与“巍巍”、“芊蔚”与“青青”是两个并列的形容词。“隐隐”、“甸甸”指车马行走的声音。“何”在句子中纯粹是为了凑足音节。

在汉语中，“北风惨栗”、“长夜绵绵”、“罗衣飘飘”是表达完整意思的结构，要把它们用在五言诗句中，就要在它们中间插进一个字，这个字不能损害原句的意义，须用一个虚词来充当，“何”顺应了这个要求。

由此可见，“何”在五言诗“××何××”结构中主要起凑足音节的作用，使诗句完整，音律和谐，以满足五言诗格律的要求。但它又不单是用来凑足音节的。它能够表示“多么”、“实在”等意义，有的限制事物的程度、范围，我们称之为“程度副词”；有的能够帮助判断，加强语气，我们称之为“语气助词”。

“何”的这种功能在非五言诗中也有，如：

东临碣石，以观沧海。水何澹澹，山岛竦峙。（曹操：《步出夏门行》）
织妇何太忙，蚕经三卧行欲老。（元稹：《织妇词》）

尽管这样，我们还是认为“××何××”主要出现在五言诗中，是五言诗的一种特殊结构，“何”在这里具有特殊功能。

（此文原载于《中国语文通讯》1982年第6期）

附录四　甲骨文分类读本

第一部分　可能类命辞（245 例）

一、祸福吉凶类：72 例

（一）有+祸（祟）：3 例

【例 1】贞：多马亚其有祸。（《合集》5710）
［译文：贞人预测：多马亚（职官名）可能有灾祸。］
【例 2】庚戌卜，中贞卜，有祟。（《合集》26098）
（译文：庚戌日占卜，贞人“中”对兆象进行预测：可能有祸害。）
【例 3】癸卯贞：旬有祟，王亡祸。（《合集》32970）
（译文：癸卯日贞人预测：这一旬可能有灾祸，但商王可能没有灾祸。）

（二）无（亡）+祸（灾、尤、害）：26 例

【例 4】癸巳王卜贞：旬亡祸。王占曰：吉。（《合集》39342）
（译文：癸巳日商王占卜预测：这一旬可能没有灾祸。商王推测说：吉利。）

【例 5】癸巳卜，㱿贞：旬亡祸。王占曰：有祟，其有来艰。迄至五日，丁酉允有来艰自西。沚䵹告曰：土方征于我东鄙，𢦏*二邑，工方亦侵我西鄙田。（《合集》6057 正）

（译文：癸巳这一天占卜，贞人“㱿”预测：这一旬可能没有灾祸。商王预测说：有祸祟，可能有灾祸到来。到了第五天丁酉日，真的有灾祸从西边来了。沚䵹报告说：土方侵犯了我国的东部边鄙，侵害了二邑，工方亦侵犯我西部边鄙的土地。）

【例 6】癸巳卜，㱿贞：旬亡祸。王占曰：乃兹亦有祟。若偁。甲午王往逐兕，小臣叶车，马硪，驭王车，子央亦坠。（《合集》10405）

（译文：癸巳日占卜，贞人“㱿”预测：此旬可能无祸。商王预测说：这次也有灾祸之象。确如占辞所说。甲午日商王去追逐犀牛，小臣协调马车时，马车歪倒了，驾驭商王的车子时，贵族子弟子央也坠落下来。）

【例 7】癸未王卜贞：旬亡祸。王占曰：吉。（《合集》39342）
（译文：癸未日商王占卜预测：这一旬可能没有灾祸。商王预测说：吉利。）

【例 8】癸丑卜，争贞：旬亡祸。王占曰：有祟有梦。甲寅允有来艰。左告曰：又往

刍自益十人又二。(《合集》137)

［译文：癸丑日占卜，贞人“争”预测：这一旬可能没有灾祸。商王推断说：有祸祟，有噩梦。甲寅日真的发生了灾祸。左（人名）报告说：在益地又有十二名畜牧奴隶逃跑了。］

【例9】癸酉卜，争舌贞：旬亡祸。(《合集》6929)

(译文：癸酉日占卜，贞人“争”和“舌”共同预测：这一旬可能没有灾祸。)

【例10】癸巳卜，彀舌贞：旬亡祸。(《合集》3610)

(译文：癸巳日占卜，贞人“彀”和“舌”共同预测：这一旬可能没有灾祸。)

【例11】癸酉卜，永贞：旬亡祸。王率矢于卜。(《合集》16846)

(译文：癸酉日占卜，贞人“永”预测：这一旬可能没有灾祸。商王在占卜场所举行率祭、矢祭。)

【例12】癸未卜，宾贞：旬亡祸。八月。(《合集》16679)

(译文：癸未日占卜，贞人“宾”预测：这一旬可能没有灾祸。在八月占卜。)

【例13】癸未卜，王在丰贞：旬亡祸。在六月。(《后》上10)

(译文：癸未日占卜，商王在丰地占卜预测：这一旬可能没有灾祸。在六月占卜。)

【例14】癸亥卜，黄贞：王旬亡祸。(《合集》36487)

(译文：癸亥日占卜，贞人“黄”预测：商王这一旬可能没有灾祸。)

【例15】癸巳王卜贞：旬亡祸。王占曰：吉。在六月甲午彡羌甲，唯王三祀。(《合集》37838)

(译文：癸巳日商王占卜预测：这一旬可能没有灾祸。商王推断说：吉利。在商王三年六月甲午日彡祭羌甲。)

【例16】癸未卜，争贞：旬亡祸。三月乙酉月有食，闻。八月。(《合集》11485)

(译文：癸未日占卜，贞人“争”预测：这一旬可能没有灾祸。三月乙酉日有月食，可能有消息。在八月占卜。)

【例17】癸卯卜，黄贞：王旬亡祸。在正月，王来征人方，在攸侯喜鄙永。(《合集》36484)

(译文：癸卯日占卜，贞人“黄”预测：商王此旬可能无祸。在正月，商王可以前来征伐人方，在攸侯喜鄙永地占卜。)

【例18】壬辰卜，贞：亘无祸。(《合集》10184)

(译文：壬辰日占卜，贞人预测：亘方可能没有灾祸。)

【例19】翌日壬王其必于丧，无灾。于盂，无灾。于宫，无灾。(《屯南》258)

(译文：明天壬时商王从丧地经过，可能没有灾祸。从盂地经过，可能没有灾祸。从宫地经过，可能没有灾祸。)

【例20】…王卜，在商贞：今日［步］于亳，无灾。(《合集》36567)

(译文：…商王亲自占卜，在商地预测：今日前去亳地，可能没有灾祸。)

【例21】甲寅王卜，在亳贞：今日［步］于鸿，无灾。乙卯王卜，在鸿贞：今日往于徇，无灾。(《合集》36567)

(译文：甲寅日商王亲自占卜，在亳地预测：今日前往鸿地，可能没有灾祸。乙卯日商王亲自占卜，在鸿地预测：今日前往徇地，可能没有灾祸。）

【例22】乙酉卜，在戌立贞：王步于淮，无灾。（《合集》41762）

（译文：乙酉日占卜，在戌立预测：商王前往淮地，可能没有灾祸。）

【例23】壬寅王卜，在呈次贞：今日步于永，无灾。（《英藏》2562）

（译文：壬寅日商王占卜，在呈次预测：今日出行到永方，可能没有灾祸。）

【例24】庚寅卜，在娄贞：王步于杞无灾。（《合集》36751）

（译文：庚寅日占卜，在娄地预测：商王前往杞地，可能无灾。）

【例25】癸亥卜，黄贞：王旬无尤。在九月征人方，在雇彝。（《合集》36487）

（译文：癸亥日占卜，贞人"黄"预测：商王此旬可能无灾祸。可以在九月征伐人方，在雇地举行彝祭。）

【例26】甲辰卜，贞：王宾祷祖乙、祖丁、祖甲、康祖丁、武乙，衣，无尤。（《合集》35803）

（译文：甲辰日占卜，贞人预测：商王对祖乙、祖丁、祖甲、康祖丁、武乙五王进行宾祭、祷祭以及衣祭，可能没有灾祸。）

【例27】庚寅卜，贞：王宾登粱，无尤。（《合集》38686）

（译文：庚寅日占卜，贞人预测：商王进献粱宾祭神祖，可能没有灾祸。）

【例28】癸卯，王卜贞：在十月又一，王征人方在商。癸丑，王卜贞：旬无尤。在十月又一，王征人方在亳。（《英藏》2524）

（译文：癸卯日，商王亲自占卜预测：在十一月，商王可以在商地征伐人方。癸丑日，商王亲自占卜预测：此旬可能无祸。在十一月，商王可以在亳地征伐人方。）

【例29】贞：雨不正辰，无害。（《合集》24933）

（译文：贞人预测：雨下得很不适时，可能不会造成灾害。）

（三）害、祟、疾、祸、孽：29例

【例30】庚申卜，永贞：河害雨。（《合集》14620）

（译文：庚申日占卜，贞人"永"预测：祖神河可能阻止下雨。）

【例31】唯夒害雨。（《屯南》2438）

（译文：高祖夒可能阻止下雨。）

【例32】唯王亥害雨。（《合集》32064）

（译文：高祖王亥可能阻止下雨。）

【例33】唯上甲害雨。（《合集》12648）

（译文：先王上甲可能阻止下雨。）

【例34】丁未卜，唯伊害雨。（《合集》32881）

（译文：丁未日占卜，旧臣伊尹可能阻止下雨。）

【例35】河弗害我年。（《库》407）

（译文：黄河可能不会给年成造成灾害。）

【例36】贞：唯帝害我年。二月。（《合集》10124正）

（译文：贞人预测：上帝可能会损害我们的年成。在二月占卜。）
【例 37】庚寅卜，唯河害禾。（《合集》33337）
（译文：庚寅日占卜，黄河可能损害禾稼。）
【例 38】唯岳害禾。（《合集》33338）
（译文：祖神岳可能损害禾稼。）
【例 39】庚寅卜，唯夒害禾。（《合集》33337）
（译文：庚寅日占卜，高祖夒可能损害禾稼。）
【例 40】…唯西方害我。（《合集》33094）
（译文：…西方之神可能祸害商王国。）
【例 41】庚…争贞：岳害我。（《合集》14488）
（译文：庚日…贞人“争”预测：祖神岳可能祸害商王国。）
【例 42】壬寅卜，㱿贞：河害王。（《合集》776 正）
（译文：壬寅日占卜，贞人“㱿”预测：祖神河可能祸害商王。）
【例 43】卜丙害王。（《合集》8969 正）
（译文：旁系先王卜丙可能祸害商王。）
【例 44】丙子…贞：黄尹害王。（《合集》3483 正）
（译文：丙子日…贞人预测：旧臣黄尹可能祸害商王。）
【例 45】甲子卜贞：羌甲害王。三月。（《合集》1804）
（译文：甲子这一天占卜，贞人预测：可能是羌甲祸害商王。在三月占卜。）
【例 46】甲子卜，宾贞：于岳祟雨。（《合集》12864）
（译文：甲子日占卜，贞人“宾”预测：祖神岳可能阻止下雨。）
【例 47】贞：上甲祟王。（《合集》6122）
（译文：贞人预测：上甲可能祸祟商王。）
【例 48】贞：尽戊祟王。（《合集》3251）
（译文：贞人预测：旧臣尽戊可能祸祟商王。）
【例 49】己丑卜，大贞卜，祟其于王。（《合集》26095）
（译文：己丑日占卜，贞人“大”对兆象进行预测：对商王可能有祸害。）
【例 50】贞：多妣祟王。（《合集》905 正）
（译文：贞人预测：多妣可能祸祟商王。）
【例 51】乙未卜，争贞：王亥祟我。（《合集》7352）
（译文：乙未日占卜，贞人“争”预测：高祖王亥可能祸祟商王国。）
【例 52】癸巳卜，成祟我。（《合集》32444）
（译文：癸巳日占卜，先王成可能祸祟商王国。）
【例 53】…黄尹不我祟。（《合集》3484）
（译文：…旧臣黄尹可能不会祸祟商王国。）
【例 54】贞：唯帝肇王疾。（《合集》14222）
（译文：贞人预测：上帝可能使商王患病。）
【例 55】…帝其作王祸。（《合集》14182）

（译文：…上帝可能给商王带来灾祸。）

【例56】乙丑卜，㱿贞：甲子向乙丑王梦牧石麋，不唯祸，唯佑。（《合集》376正）

（译文：乙丑日占卜，贞人“㱿”预测：甲子日与乙丑日相交之际，商王梦见牧石之地的麋鹿，可能不会有祸，可能受到保佑。）

【例57】御疾趾于父乙，孽。（《合集》13688）

（译文：为脚趾患病而对父乙举行御祭，可能有祸孽。）

【例58】贞：兹雨唯孽。（《合集》24933）

（译文：贞人预测：这场雨可能会造成灾害。）

（四）吉、若、受佑：14例

【例59】辛丑卜，争贞我卜，多不吉。（《合集》16）

（译文：辛丑日占卜，贞人“争”对卜人“我”所获兆象进行预测，可能很不吉利。）

【例60】王其铸黄吕，奠血唯今日乙未利。（《合集》41866）

（译文：商王用黄铜铸造青铜器，举行奠血之祭，今天乙未日可能顺利。）

【例61】王其田其告妣辛，王受佑。（《合集》27558）

（译文：商王为进行田猎活动而向妣辛禀告并举行告祭，商王可能受到福佑。）

【例62】唯王瓮受佑。（《合集》27644）

（译文：商王进行瓮祭，可能受到保佑。）

【例63】甲辰卜，争贞：我伐马方，帝受我佑。一月。（《合集》6664）

［译文：甲辰日占卜，贞人“争”预测：我（商王）讨伐马方，上帝可能会保佑我们。在一月占卜。］

【例64】辛亥卜，祝于二父一人，王受佑。（《合集》27037）

（译文：辛亥日占卜，用一人对二父进行祝祭，商王可能受到福佑。）

【例65】丁卯王卜贞：今骨筮九备，余其比多田于多伯征盂方伯炎。唯辛翌日步，无左，自上下于祭示，余受佑。不曹* 戋* ［告］于兹大邑商无害在祸*。弘吉。在十月遘大丁翌。（《合集》36511）

（译文：丁卯日商王占卜预测：今天卜骨和筮草九次显示兆象，我可以联合多田与多伯征伐盂方伯炎。辛日进行翌祭、日祭之后征伐盂方可能不会有祸，从上神下祇到先祖诸神都可能会保佑我。我向大邑商宣告，我们可能不会失败。商王推测说：大吉大利。在十月为大丁举行翌祭而进行遘祭。）

【例66】甲午王卜贞：作余酒，朕祷酒。余步从侯喜征人方，上下…示，受余有佑，不蔑灾祸，告于大邑商，无害在祸。王占曰：吉，在九月，遘上甲燎，唯十祀。（《合集》36482）

（译文：甲午日商王亲自占卜预测：我可以制作酒，用酒祷祭祖先。我率领侯喜前往征伐人方，上神下祇可能授给我福佑，可能不会有灾祸，在大邑商举行告祭，可能没有灾祸。商王预测说：吉利，在十年九月为上甲举行燎祭而进行遘祭。）

【例67】丁卯卜，争贞：王作邑，帝若我。（《合集》14200）

（译文：丁卯日占卜，贞人“争”预测：商王建造城邑，上帝可能保佑商王国。）

【例68】贞：令亢省象，若。（《合集》4611正）

［译文：贞人预测：命令亢（人名）视察大象，可能顺若。］

【例69】壬子卜，争贞：我其作邑，帝弗佐若。三月。癸丑卜，争贞：勿作邑，帝若。（《合集》14206）

（译文：壬子日占卜，贞人“争”预测：我建造城邑，上帝可能不会佑助顺若。在三月占卜。癸丑日占卜，贞人“争”预测：不建造城邑，上帝可能佑助顺若。）

【例70】作学于入，若。（《合集》16406）

（译文：建造内学，可能会顺若。）

【例71】丙戌…多万…入教，若。（《英藏》1999）

（译文：丙戌日…多万…进行教学，可能顺若。）

【例72】乙未卜，子其入三弓，若永，用。乙未卜，子其往于沁*，获。子占曰：其获，用。获三鹿。（《花东》288）

（译文：乙未日占卜，贵族子弟以三弓参加田猎竞射，可能会顺若，用。乙未日占卜，贵族子弟前往沁*地射猎，可能有猎获。贵族子弟推测说：可能有猎获，用。真的猎获三只鹿。）

二、王室事务类：15例

（一）臣属部族：12例

【例73】丁丑卜，宾贞：束得。王占曰：其得唯庚，其唯丙其齿。四月庚申束允得。十二月。（《合集》884）

［译文：丁丑日占卜，贞人“宾”预测：可能抓获束（人名）。商王推测说：庚时可能抓获，否则丙时有灾祸。四月庚申日真的抓获了束。在十二月占卜。］

【例74】癸酉卜，亘贞：臣得。王占曰：其得唯甲乙。甲戌臣涉舟延，弗告。旬又五日丁亥执。十二月。（《合集》641正）

（译文：癸酉日占卜，贞人“亘”预测：可能抓到逃臣。商王推测说：可能在甲日或乙日抓到。甲戌日逃臣乘船涉河，没有人报告。十五日后的丁亥日逃臣被抓获。在十二月占卜。）

【例75】戊寅卜，贞：雷凤其来。雷凤不其来。王占曰：（雷）凤其出，其唯丁。丁不出，其有疾。（《合集》3945正反）

［译文：戊寅日占卜，贞人预测：雷凤（人名）可能会来。雷凤可能不会来。商王推测说：（雷）凤如果来，可能是在丁日。丁日不来，可能是他有病。］

【例76】甲辰卜，亘贞：今三月光呼来。王占曰：其呼来，迄至唯乙。旬有二日乙卯，允有来自光，以羌刍五十。（《合集》94正）

（译文：在甲辰日占卜，贞人“亘”预测：现在这个三月份，光可能会叫人来。商王预测说：可能会叫人来，可能乙日到。结果十二天以后，即乙卯那天，果真有人从光地来，带来了五十个羌方的畜牧奴隶。）

【例 77】…亥卜，宾：翌庚子有告麦。允有告麦。（《合集》9620）

［译文：亥日贞人“宾”预测：明天庚子日，可能有（臣属）来报告麦子成熟。真的有（臣属）来报告麦子成熟。］

【例 78】己酉卜，攸亢告启商。（《屯南》312）

［译文：己酉日占卜预测：攸亢（人名）可能向商王报告惊蛰已到。］

【例 79】壬戌卜，狈*贞：亚旋其陟，驿*入。（《合集》28011）

（译文：壬戌日占卜，贞人“狈*”预测：亚旋登山，可能乘驿车进入。）

【例 80】甲辰卜，㱿贞：奚来白马。（《合集》9177 正）

（译文：甲辰日占卜，贞人“㱿”预测：奚可能送来白马。）

【例 81】…兔*以三十马。允其幸羌。（《合集》500 正）

（译文：…兔*可能送来三十匹马。真的拘禁了羌人。）

【例 82】…卜，宾贞：…冓以多马卫医。（《合集》5712）

（译文：…占卜，贞人“宾”预测：…冓可能送来多马卫医。）

【例 83】辛卯卜，系骨凡有疾。（《合集》13888）

［译文：辛卯日占卜，系（人名）可能骨头有疾病。］

【例 84】己巳卜，㱿贞：允不死。王占曰：吉，勿死。（《合集》734 正）

（译文：在己巳这天占卜，贞人“㱿”预测：允这个人可能不会死。商王预测说：吉利，可能不会死。）

（二）王室成员：3 例

【例 85】戊辰卜，㱿贞：妇好娩，嘉。丙子夕向丁丑娩，嘉。（《合集》14003 正）

（译文：戊辰日占卜，贞人“㱿”预测：妇好分娩，可能会顺利。丙子日与丁丑日相交之际的夜晚分娩，可能会顺利。）

【例 86】贞：妇好自唯出疾。（《合集》13633）

（译文：贞人预测：妇好的鼻子可能出现毛病。）

【例 87】辛巳卜，侑于态*三彘，有擒。（《合集》20737）

（译文：辛巳日占卜，用三头野猪对态*进行侑祭，可能有擒获。）

三、战争军事类：44 例

（一）军事情报：10 例

【例 88】贞：工方无闻。（《合集》6077）

（译文：贞人预测：可能工方没有消息。）

【例 89】…争贞：有闻曰：工…（《合集》6076）

（译文：…贞人“争”预测：可能有消息说：工方…）

【例90】庚子卜，王贞，王占曰：其有来闻，其唯甲不…（《合集》1075正）

（译文：庚子日占卜，商王预测，商王推测说：可能有送来的消息，甲日不…）

【例91】己酉卜，宾贞：有来告，方征于寻。（《合集》6672）

（译文：己酉日占卜，贞人"宾"预测：可能有人来报告，方方到寻地侵伐。）

【例92】戍辟驿*之，戋*。（《合集》28034）

（译文：戍辟乘驿车到达某地，可能出现伤亡。）

【例93】弜*又一羁。（《合集》27250）

（译文：可能无法到达一羁。）

【例94】至于二羁，于之若，受佑。（《合集》28157）

（译文：到达二羁，在此处顺若，可能受到保佑。）

【例95】弜*至三羁。（《合集》28157）

（译文：可能无法到达三羁。）

【例96】贞：四羁，又。（《甲》199）

（译文：贞人预测：可能到达四羁。）

【例97】在五羁。（《合集》28153）

（译文：可能到达五羁。）

（二）敌方侵扰：17例

【例98】癸酉卜，贞：方其围今二月抑，不执。余曰：不其围。允不…（《合集》20411）

［译文：癸酉日占卜，贞人预测：方方二月可能会围击我们，也可能不会围击我们。我（商王）推测说：可能不会围击我们。真的没有围击我们…］

【例99】方其来于沚。（《合集》6728）

（译文：方方可能来到沚地侵犯。）

【例100】辛巳卜，方其大出。（《合集》6694）

（译文：辛巳日占卜，方方可能大举进犯。）

【例101】其大出，吉。醜其驿*往于攸，若。王占曰：大吉。（《合集》36824）

［译文：（人方）大举出兵，可能会吉利。醜（将领名）乘驿车到达攸地，可能会顺若。商王预测说：非常吉利。］

【例102】癸卯卜，宾贞：工方出，唯有作祸。（《合集》6092）

（译文：癸卯日占卜，贞人"宾"预测：工方可能出动，可能发生祸害。）

【例103】贞：工方不亦［夜］出。（《合集》5520）

（译文：贞人预测：夜晚工方可能不会出动。）

【例104】甲子卜，王贞：土方其敦乎。（《合集》20392）

（译文：甲子日占卜，商王预测：土方可能侵犯乎地。）

【例105】癸亥卜，王：方其敦大邑。（《合集》6783）

（译文：癸亥日占卜，商王预测：方方可能攻击大邑商。）

【例 106】丁巳卜，韦贞：工方其敦馘。(《英藏》571)

(译文：丁巳日占卜，贞人“韦”预测：工方可能侵犯馘地。)

【例 107】工方出，侵我示至田。(《合集》6057 正)

(译文：工方出动，侵犯我示至之田地。)

【例 108】贞：工方不允出。(《合集》6115)

(译文：贞人预测：工方可能不会出动。)

【例 109】…卜，殻贞：工方允戋*戊。(《合集》6373)

(译文：…占卜，贞人“殻”预测：工方真的可能侵犯戊地。)

【例 110】贞：方其戋*我史。(《合集》6771 正)

(译文：贞人预测：方方可能侵害我的官员“史”。)

【例 111】…工方其至于亩。(《合集》6132)

(译文：…工方可能到达亩地。)

【例 112】癸丑贞：召立，唯戎于西。召方立，唯戎。己未贞：王令驿*于西土，无戋*。(《屯南》1049)

[译文：癸丑日贞人预测：召方举事（侵犯商国之事），可能在西部发生战斗。召方举事，可能发生战斗。己未日贞人预测：商王命令用驿车运送军队到达西部，可能不会出现伤亡。]

【例 113】甲…来方来…邑，今夕弗震王师。(《合集》36443)

(译文：甲日…方方侵犯…城邑，今晚可能不会骚扰商王的军队。)

【例 114】…来告大方出伐我师。(《合集》27882)

[译文：…有人前来报告：大方可能出动军队攻伐我（商王）的军队。]

(三) 打击敌方：17 例

【例 115】癸丑卜，贞：亩往追龙，从柴*西及。(《合集》6594)

(译文：癸丑日占卜，贞人预测：亩方前往追击龙方，可能在柴*地之西赶上。)

【例 116】己亥历贞：三族王其令追召方及于或*。(《合集》32815)

(译文：己亥日，贞人“历”预测：商王命令三族之兵追击召方，可能在或*地赶上。)

【例 117】庚辰王卜，在妹贞：今日其逆旅以…于东单，无灾。(《合集》36475)

(译文：庚辰日商王占卜，在妹地预测：今日在东单举行迎师典礼，可能不会有灾祸。)

【例 118】辛未卜，殻贞：王勿逆伐工方，下上弗若，不我其受佑。六月。(《合集》6204 正)

(译文：辛未日占卜，贞人“殻”预测：商王不要迎击征伐工方，上神下祇可能不顺若我们，我们可能不能受到保佑。在六月占卜。)

【例 119】癸丑卜，争贞：自今至于丁巳，我戋*宙。王占曰：丁巳我毋其戋*，于来甲子戋*。旬有一日癸亥，车弗戋*，之日向甲子允戋*。(《合集》6834)

（译文：癸丑日占卜，贞人“争”预测：自今天到第五天丁巳日，我们可能战胜宙方。商王推测说：丁巳日我们不可能战胜，到未来第十二天甲子日才可能战胜。十一天后的癸亥日，战车没能克敌，到这天至甲子日之交的黎明时果然战胜敌方。）

【例 120】辛亥贞：王征召方，受佑。（《屯南》4103）

（译文：辛亥日贞人预测：商王征伐召方，可能受到保佑。）

【例 121】丁酉卜，㱿贞：今春王登人五千征土方，受有佑。三月。（《合集》6409）

（译文：丁酉日占卜，贞人“㱿”预测：今年春天商王征集五千兵员征伐土方，可能受到诸神佑助。在三月占卜。）

【例 122】丁酉卜，争贞：王共人五千征土方，受有佑。三月。（《合集》6409）

（译文：丁酉日占卜，贞人“争”预测：商王征召五千兵员征伐土方，可能受到保佑。在三月占卜。）

【例 123】己卯卜，㱿贞：工方出，王自征，下上若，受我佑。（《合集》6098）

（译文：己卯日占卜，贞人“㱿”预测：工方出动，商王亲自征伐，上神下衹可能会顺若我们，我（商王）可能会得到保佑。）

【例 124】辛亥卜，㱿贞：伐工方帝受［我佑］。（《合集》6271）

（译文：辛亥日占卜，贞人“㱿”预测：讨伐工方，上帝可能会保佑我们。）

【例 125】甲辰卜，争贞：我伐马方，帝受我佑。一月。（《合集》6664 正）

［译文：甲辰日占卜，贞人“争”预测：我（商王）讨伐马方，上帝可能会保佑我们。在一月占卜。］

【例 126】戊子卜，宾贞：禽乞步伐工方，受有佑。十二月。（《合集》6292）

（译文：戊子日占卜，贞人“宾”预测：禽前往讨伐工方，可能受到保佑。在十二月占卜。）

【例 127】辛丑卜，宾贞：令多伊*从望乘伐下危，受有佑。二月。（《合集》6524 正）

（译文：辛丑日占卜，贞人“宾”预测：命令多伊*率领望乘讨伐下危，可能受到保佑。在二月占卜。）

【例 128】贞：登人三千呼伐工方，受有佑。（《合集》6168）

（译文：贞人预测：命令征召三千兵员征伐工方，可能会受到保佑。）

【例 129】辛酉卜，㱿贞：今春王比望乘伐下危，受有佑。辛酉卜，㱿贞：今春王勿比望乘伐下危，弗其受有佑。（《合集》6482）

［译文：辛酉日占卜，贞人“㱿”预测：今年春天商王联合望乘（部族首领）攻打下危，可能会受到保佑。辛酉日占卜，贞人“㱿”预测：今年春天商王不联合望乘攻打下危，可能不会受到保佑。］

【例 130】癸酉卜，戍伐，右牧禽启人方，戍有戋*，弘吉。（《屯南》2320）

［译文：癸酉日占卜，戍进行征伐，右牧禽（人名）率先接敌（人方），戍可能有灾祸，很吉利。］

【例 131】己未卜，㱿贞：缶其啬*我旅。（《合集》1027 正）

［译文：己未日占卜，贞人“㱿”预测：缶方可能供应粮食给我（商王国）的军队。］

四、经济活动类：43 例

（一）渔猎活动：24 例

【例 132】乙未卜，今日王狩光，擒。允获虎*二、兕一、鹿二十一、豕二、麑一百二十七、虎二、兔二十三、雉二十七。十一月。（《合集》10197）

（译文：乙未日占卜，今日商王在光地狩猎，可能会有擒获。真的猎获两只雌虎、一头犀牛、二十一头鹿、两头猪、一百二十七只小鹿、两只雄虎、二十三只兔子、二十七只野鸡。在十一月占卜。）

【例 133】戊午卜，㱿贞：我狩龟，擒。之日狩，允擒。获虎一，鹿四十、狐一百六十四、麑一百五十九。（《合集》10198）

［译文：戊午日占卜，贞人“㱿”预测：我（商王）在龟地围猎，可能有猎获。这一天围猎，真的有擒获。猎获一只虎、四十头鹿、一百六十四只狐狸、一百五十九只小鹿。］

【例 134】翌癸卯其焚，擒。癸卯允焚，获…，兕十一、豕十五、虎…、兔二十。（《合集》10408 正）

（译文：第二天癸卯日，采取火焚方式狩猎，可能有擒获。癸卯日真的施行火焚，捕获十一头犀牛、十五头猪、老虎…、二十只兔子。）

【例 135】戊辰卜，其陷唯…擒有兕，吉。（《屯南》2589）

（译文：戊辰日占卜，采用陷阱捕兽方式…可能擒获犀牛，吉利。）

【例 136】王其网，射大兕无𢦏*。（《屯南》2922）

（译文：商王采取网捕方式捕犀牛，并最终射杀大犀牛，可能不会发生灾祸。）

【例 137】贞：呼呢*逐兕，获。（《合集》10403）

［译文：贞人预测：命令呢*（人名）追捕犀牛，可能有猎获。］

【例 138】…令画执兕，若。（《合集》10436）

［译文：…命令画（人名）捆缚犀牛，可能顺若。］

【例 139】辛未卜，亘贞：往逐豕获。（《合集》10229）

［译文：辛未日占卜，贞人“亘”预测：（商王）前往追捕猪，可能有猎获。］

【例 140】壬申卜，㱿贞：甫擒麋。丙子陷，允擒二百又九。一月。（《合集》10349）

［译文：壬申日占卜，贞人“㱿”预测：甫（人名）可能擒获麋鹿。丙子日采用陷阱捕兽的方式，真的擒获二百零九只麋鹿。在一月占卜。］

【例 141】呼多马逐鹿，获。（《合集》5775 正）

（译文：命令多马追捕鹿，可能有擒获。）

【例 142】壬午贞：多子获鹿。（《合集》810 正）

（译文：壬午日，贞人预测：多子可能捕获鹿。）

【例 143】四鹿获。五鹿获。（《合集》28324）

（译文：可能猎获四头鹿。可能猎获五头鹿。）

【例 144】褥*鹿其南牧擒。吉。其北牧擒。吉。(《合集》28351)

(译文:在南边牧场褥*地放牧,可能猎获鹿。吉利。在北边牧场放牧,可能猎获鹿。吉利。)

【例 145】丙辰卜,殻贞:王其逐鹿获。(《合集》10302)

(译文:丙辰日占卜,贞人“殻”预测:商王追逐鹿,可能有擒获。)

【例 146】王其田于…唯犬师从,擒,无戋*。(《合集》27915)

(译文:商王在某地田猎,犬师随从出猎,可能有擒获,没有灾祸。)

【例 147】羌其陷麋于游。(《合集》5579 正)

(译文:多羌在游地可能设下陷阱捕获麋鹿。)

【例 148】癸卯卜,豢*获鱼其三万。(《合集》10471)

[译文:癸卯日占卜,豢*(人名)可能捕获三万尾鱼。]

【例 149】戊子卜,宾贞:禽笱在疾,不从王忠*。(《合集》9560)

[译文:戊子日占卜,贞人“宾”预测:禽(人名)在疾地捕鱼,可能不能跟随商王到忠*地。]

【例 150】戊戌贞:右牧于爿,攸侯叶鄙。中牧于义,攸侯叶鄙。(《合集》32982)

(译文:戊戌日贞人预测:右牧可能在攸侯叶的边鄙之爿地。中牧可能在攸侯叶的边鄙之义地。)

【例 151】王畜马在兹厩…母戊王受佑。(《合集》29415)

(译文:商王在此马厩养马…母戊,商王可能受到保佑。)

【例 152】[王]畜马在兹厩。(《合集》29416)

(译文:商王在此马厩养马。)

【例 153】贞:牧告枚*…(《屯南》149)

[译文:贞人预测:牧(职官名)可能报告枚*地牲畜情况。]

【例 154】辛未贞…三牧告。(《屯南》1024)

(译文:辛未日贞人预测…三个牧场管理者可能来报告牧情。)

【例 155】王其祈,唯九牧告。(《天理》519)

(译文:商王举行祈祭,九个牧场管理者可能前来报告牧情。)

(二)年成丰收:19 例

【例 156】己巳王卜贞:今岁商受年。王占曰:吉。东土受年。南土受年。吉。西土受年。吉。北土受年。吉。(《合集》36975)

(译文:己巳日商王占卜预测:今年商王国可能有好年成。商王推测说:吉利。东土可能有好年成。南土可能有好年成。吉利。西土可能有好年成。吉利。北土可能有好年成。吉利。)

【例 157】其祷年于方,受年。(《合集》28244)

(译文:向方神祈求好年成,可能得到好年成。)

【例 158】乙巳卜,殻贞:西土受年。三月。(《合集》9744)

(译文:乙巳日占卜,贞人“殻”预测:西土可能有好年成。在三月占卜。)

【例 159】［王］大令众人曰：协*田。其受年。十一月。(《合集》1)

(译文：商王可以威严地命令众人说：翻耕土地，年成可能丰收。在十一月占卜。)

【例 160】贞：畿受年。贞：蜀受年。王占曰：畿暨蜀受年。(《乙》6423)

(译文：贞人预测：畿可能会有好年成。贞人预测：蜀可能会有好年成。商王推测说：畿暨蜀都可能会有好年成。)

【例 161】戊午卜，雍受年。(《合集》9798)

(译文：戊午日占卜，雍地可能有好年成。)

【例 162】庚辰贞：翌癸未尿*西单田，受有年。十三月。(《合集》9572)

(译文：庚辰日贞人预测：明天癸未日到西单之田施肥，可能年成丰收。在十三月占卜。)

【例 163】丁酉卜，争贞：呼甫秜于媳*，受有年。(《合集》13505)

［译文：丁酉日占卜，贞人“争”预测：命令甫（人名）到媳*地种植秜，可能年成丰收。］

【例 164】丁巳卜，殻贞：黍田年鲁。四月。(《合集》10133 正)

(译文：丁巳日占卜，贞人“殻”预测：黍田可能有好年成。在四月占卜。)

【例 165】癸未卜，争贞：受黍年。(《合集》10047)

(译文：癸未日占卜，贞人“争”预测：黍可能年成丰收。)

【例 166】贞：我受黍年。不其受黍年。(《合集》376 正)

［译文：贞人预测：我（商王国）的黍可能会有好年成。我（商王国）的黍可能不会有好年成。］

【例 167】癸卯卜，亘贞：我受黍年。(《合集》9951)

［译文：癸卯日占卜，贞人“亘”预测：我（商王国）的黍可能会有好年成。］

【例 168】在酒盂田受禾。(《合集》28231)

(译文：在酒地、盂地的禾稼可能丰收。)

【例 169】癸亥贞：王令多尹裒田于西，受禾。(《合集》33209)

(译文：癸亥日贞人预测：商王命令臣属多尹开垦西部农田，年成可能丰收。)

【例 170】癸卯贞：咸我来岁受禾，嘉。(《合集》33256)

［译文：癸卯日贞人预测：我（商王国）来年禾稼可能丰收，甚好。］

【例 171】不受禾。(《合集》28231)

(译文：禾稼可能不丰收。)

【例 172】乙亥卜，受来年。(《合集》33260)

［译文：乙亥日占卜，来（农作物名）可能年成丰收。］

【例 173】癸未卜，争贞：受稻*年。癸未卜，争贞：受黍年。(《合集》10047)

(译文：癸未日占卜，贞人“争”预测：稻*可能年成丰收。癸未日占卜，贞人“争”预测：黍可能年成丰收。)

【例 174】己巳卜，殻贞：我受黍年。…受稷年。(《合集》9946 乙正)

［译文：己巳日占卜，贞人“殻”预测：我（商王国）的黍可能年成丰收。…（我）的稷可能年成丰收。］

五、天气天象类：71例

（一）雨：29例

【例175】…侑于方，有大雨。（《合集》30395）
（译文：…对方神进行侑祭，可能会有大雨。）
【例176】乙酉卜，大贞：及兹二月有大雨。（《合集》24868）
（译文：乙酉日占卜，贞人“大”预测：到这二月份可能有大雨。）
【例177】祷侑于帝五臣有大雨。（《合集》30391）
（译文：对帝五臣进行祷祭、侑祭，可能有大雨。）
【例178】其祷年于岳，兹有大雨。吉。（《合集》28255）
（译文：对岳神举行祷祭以祈求年成丰收，这次可能有大雨。吉利。）
【例179】其燎于雪，有大雨。（《英藏》2366）
（译文：对雪神进行燎祭，可能有大雨。）
【例180】万其奏，辛遘大雨。（《合集》30131）
（译文：“万”奏乐，辛日可能遇上大雨。）
【例181】癸未，其宁风于方，有雨。（《合集》30260）
（译文：癸未日占卜，对方神举行宁祭以止风，可能有雨。）
【例182】己未卜，殼贞：今十三月不其雨。（《合集》12648）
（译文：己未日占卜，贞人“殼”预测：如今十三月可能不会下雨。）
【例183】壬子卜，旅贞：王宾日，不雨。（《合集》22539）
（译文：壬子日占卜，贞人“旅”预测：商王亲自宾祭日神，可能不会下雨。）
【例184】贞：今癸亥不其雨。允不雨。（《合集》892正）
（译文：贞人预测：今天癸亥日可能不下雨。真的没有下雨。）
【例185】贞：其雨三月。贞：其不得三月。（《合集》12534）
（译文：贞人预测：三月可能下雨。贞人预测：三月可能不下雨。）
【例186】其宁风，雨。（《屯南》2772）
（译文：举行宁祭使风止息，可能会下雨。）
【例187】壬寅卜，癸雨。大骤风。（《合集》13359）
（译文：壬寅日占卜，癸日可能下雨。可能有大暴风。）
【例188】庚子卜，贞：兹雷其雨。（《合集》13408正）
（译文：庚子日占卜，贞人预测：这次打雷，可能会下雨。）
【例189】贞：兹云其雨。（《合集》13385）
（译文：贞人预测：这种云可能会下雨。）
【例190】王其省田，昃不雨。（《合集》29910）
（译文：商王视察农耕之田，太阳西斜时可能不会下雨。）
【例191】贞：今一月帝令雨。（《合集》14132正）
（译文：贞人预测：现今一月上帝可能命令下雨。）

【例 192】丙寅卜，争贞：今十一月帝令雨。（《合集》5658 正）

［译文：丙寅日占卜，贞人“争”预测：现今十一月上帝可能命令（雨神）降雨。］

【例 193】戊子卜，𡧊贞：帝及今四夕令雨。贞：帝弗其及今四夕令雨。王占曰：丁雨，不唯辛。旬丁酉，允雨。（《合集》14138）

（译文：戊子日占卜，贞人“𡧊”预测：到第四天晚上上帝可能会命令下雨。贞人预测：到第四天晚上上帝可能不会命令下雨。商王推测说：丁酉日可能会下雨，可能不会在辛卯日即第四天下雨。这一旬丁酉日果然下雨了。）

【例 194】其晦祷年上甲无雨。大吉。（《合集》28267）

（译文：天色昏暗，向上甲祈求年成丰收，可能无雨。大吉大利。）

【例 195】丁至庚不遘小雨。（《合集》28546）

（译文：丁日至庚日可能不会遇上小雨。）

【例 196】己卯卜，贞：今日多雨。（《英藏》2588）

（译文：己卯日占卜，贞人预测：今天可能多雨。）

【例 197】贞：今夕其雨疾。（《合集》12670）

（译文：贞人预测：今晚可能有急雨。）

【例 198】贞：其亦烈雨。（《合集》6589 正）

（译文：贞人预测：又可能有暴雨。）

【例 199】辛巳卜，宾贞：呼舞有从雨。（《合集》12831 正）

［译文：辛巳日占卜，贞人“宾”预测：命令跳（巫）舞，可能有急雨。］

【例 200】贞：今夕不延雨。（《合集》12787）

（译文：贞人预测：今天晚上可能不会连绵不断地下雨。）

【例 201】辛巳［卜］，即贞：今日有各雨。（《合集》24756）

（译文：辛巳日占卜，贞人“即”预测：今天可能会有雨。）

【例 202】其自西来雨。（《合集》12870 甲）

（译文：西边可能会来雨。）

【例 203】…贞：兹云延雨。（《合集》13392）

（译文：…贞人预测：此云可能会导致连绵不断地下雨。）

（二）旱：8 例

【例 204】…丑卜，贞：不雨，帝唯旱*。（《合集》10164）

（译文：…丑日占卜，贞人预测：可能不会下雨，上帝可能降下旱灾。）

【例 205】戊申卜，争贞：帝其降我旱*。一月。（《合集》10171 正）

（译文：戊申日占卜，贞人“争”预测：上帝可能要把旱灾降临商王国。在一月占卜。）

【例 206】辛卯卜，𡧊贞：帝其旱*我。三月。（《合集》10172）

［译文：辛卯日占卜，贞人“𡧊”预测：上帝可能会使我（商王国）遭受旱灾。在三月占卜。］

【例 207】贞：帝不降大旱*。九月。（《合集》10167）

（译文：贞人预测：上帝可能不会降下大旱灾。在九月占卜。）

【例208】甲辰卜，永贞：西土其有降旱*。二月。（《续存》下155）

（译文：甲辰日占卜，贞人“永”预测：西土可能会发生旱灾。在二月占卜。）

【例209】…北土无旱*。（《合集》10185）

（译文：…北土可能不会发生旱灾。）

【例210】贞：我不旱*。一月。（《合集》10178）

（译文：贞人预测：商王国可能不会发生旱灾。在一月占卜。）

【例211】贞：其旱*。三月。（《合集》10181）

（译文：贞人预测：可能发生旱灾。在三月占卜。）

（三）启、雷、霎、雹、风、雾、霾、日：15例

【例212】贞：翌辛丑不其启。王占曰：今夕其雨，翌辛丑启。之夕允雨，辛丑启。（《菁》8）

（译文：贞人预测：明天辛丑日可能不会天晴。商王预测说：今天晚上可能下雨，明天辛丑日可能天晴。这天晚上真的下雨，辛丑日天晴了。）

【例213】贞：帝其及今十三月令雷。（《合集》14127）

［译文：贞人预测：上帝到了今十三月可能命令（雷神）打雷。］

【例214】贞：帝其于生一月令雷。（《合集》14127）

［译文：贞人预测：在生一月，上帝可能命令（雷神）打雷。］

【例215】乙丑…生一月…其雨。七日壬申雷。辛巳雨。壬午亦雨。（《合集》13417）

（译文：乙丑日占卜…生一月…有雨。第七天壬申日可能会打雷。辛巳日可能下雨。壬午日也可能下雨。）

【例216】…贞：雷不唯祸。（《合集》13415）

（译文：…贞人预测：打雷可能不会造成灾祸。）

【例217】癸未卜，宾贞：兹雹唯降祸。（《合集》11423正）

（译文：癸未日占卜，贞人“宾”预测：这场冰雹可能会造成灾祸。）

【例218】丙午卜，韦贞：生十月雨，其唯雹。（《合集》12628）

（译文：丙午日占卜，贞人“韦”预测：生十月可能会下雨并有冰雹。）

【例219】…宁延马二丙，辛巳雨以雹。（《合集》21777）

（译文：…用两匹马举行宁祭、延祭，辛巳日可能会下雨、下雹。）

【例220】戊午卜，贞：今日霎。（《合集》38192）

（译文：戊午日占卜，贞人预测：今天可能天阴。）

【例221】贞：兹雨，不唯霾。（《合集》13467）

（译文：贞人预测：这次下雨，可能不会出现阴霾。）

【例222】翌癸卯，帝不令风，夕雾。（《合集》672正）

［译文：明天癸卯日上帝可能不命令（风神）刮风，夜里可能起雾。］

【例223】丙申卜，翌丁酉酒*伐，启。丁明雾，大食日启。一月。（《英藏》1101）

（译文：丙申日占卜，明天丁酉日举行酒*祭与伐祭，可能会天晴。明天丁日可能会

起雾，大食时可能会天晴。在一月占卜。）

【例 224】不遘小风。（《合集》28972）

（译文：可能不会遭遇小风。）

【例 225】癸未卜，𡧊贞：今日不风。十二月。（《合集》13344）

（译文：癸未日占卜，贞人“𡧊”预测：今日可能不刮风。在十二月占卜。）

【例 226】于癸亥省象，易日。（《合集》32954）

（译文：在癸亥日视察大象，可能会变天。）

（四）自然灾害：14 例

【例 227】贞：甲申秋*夕至，宁用三大牢。（《屯南》930）

（译文：贞人预测：甲申日晚间蝗虫可能到来，用三头大的圈养的牛进行宁祭以止息蝗灾。）

【例 228】癸酉贞：秋*不至。（《怀特》1600）

（译文：癸酉日贞人预测：蝗虫可能不会来。）

【例 229】庚申卜，出贞：今岁秋*不至兹商。二月。（《合集》24225）

（译文：庚申日占卜，贞人“出”预测：今年蝗虫可能不会到大邑商来。在二月占卜。）

【例 230】乙酉卜，宾贞：秋*大举。（《合集》13538）

（译文：乙酉日占卜，贞人“宾”预测：蝗虫可能大批出动。）

【例 231】今秋其有降隹。（《合集》13737）

［译文：今年秋季隹（鸟名）可能降下灾害。］

【例 232】贞：无来隹。（《合集》809 反）

［译文：贞人预测：隹（鸟名）可能不会来（为害）。］

【例 233】辛未卜，王贞：今辛未大风不唯祸。（《合集》21019）

（译文：辛未日占卜，商王亲自占卜预测：今天辛未日可能有大风，但可能不会造成灾祸。）

【例 234】丙寅卜，曰：风不祸。（《合集》34036）

（译文：丙寅日占卜，贞人预测说：风可能不会造成灾害。）

【例 235】丙午卜，亘贞：今日风祸。（《合集》13369）

（译文：丙午日占卜，贞人“亘”预测：今天刮风可能造成灾祸。）

【例 236】贞：兹风不唯孽。（《合集》10131）

（译文：贞人预测：此风可能不会造成灾祸。）

【例 237】贞：今秋禾不遘大水。（《合集》33351）

（译文：贞人预测：今年秋季禾可能不会遇到大洪水。）

【例 238】癸丑卜，贞：今岁无大水。（《英藏》2593）

（译文：癸丑日占卜，贞人预测：今年可能没有大洪水。）

【例 239】辛卯卜，大贞：洹弘弗敦邑。七月。（《合集》23717）

（译文：辛卯日占卜，贞人“大”预测：洹水可能不会淹没殷都造成灾害。在七月占卜。)

【例 240】乙卯卜，贞：今春泉来水，次。(《合集》10156)

(译文：乙卯日占卜，贞人预测：今年春季洹泉来洪水，可能造成灾害。)

(五) 天象：5 例

【例 241】旬壬申夕月有食。(《合集》11482 反)

(译文：这一旬壬申日晚上发生月食。)

【例 242】庚辰贞：日有戠非祸，唯若。(《合集》33698)

(译文：庚辰日贞人预测：太阳发生日食，可能不会发生灾祸，吉利。)

【例 243】辛未有设，新星。(《合集》6063 反)

(译文：辛未日有不好的天象发生，可能出现新星。)

【例 244】[癸亥卜]…七日己巳夕向[庚午]有新大星并火…(《合集》11503 反)

(译文：癸亥日占卜…第七天己巳日晚至庚午日可能有新大星出现，与大火星并行…)

【例 245】…大星出…南。(《合集》11504)

(译文：…大星可能出现…在南方。)

第二部分　可以类命辞（255 例）

一、王室事务类：41 例

（一）商王：21 例

【例 1】己亥卜，争贞：王勿立中。（《欧美亚》200）
（译文：己亥日占卜，贞人“争”预测：商王不可以建旗聚众。）
【例 2】己亥卜，争贞：王勿立中。（《合集》7367）
（译文：己亥日占卜，贞人“争”预测：商王不可以建旗聚众。）
【例 3】己亥卜，争贞：王勿立中。（《合集》7368）
（译文：己亥日占卜，贞人“争”预测：商王不可以建旗聚众。）
【例 4】丁丑卜，狈*贞：王其田，驿*往。（《合集》29084）
（译文：丁丑日占卜，贞人“狈*”预测：商王举行田猎，可以乘驿车前往。）
【例 5】甲午贞：其令多尹作王寝。（《合集》32980）
［译文：甲午日贞人预测：（商王）可以命令多尹（职官名）建造商王的寝宫。］
【例 6】甲午卜，㱿贞：唯王令唯黄。（《合集》5044）
（译文：甲午日占卜，贞人“㱿”预测：商王可以向黄方发布命令。）
【例 7】贞：王大令。（《合集》5034）
（译文：贞人预测：商王可以威严地命令天下。）
【例 8】贞：于乙门令。（《合集》13601 正）
［译文：贞人预测：（商王）可以在乙门发布政令。］
【例 9】贞：于甲门令。（《合集》13603）
［译文：贞人预测：（商王）可以在甲门发布政令。］
【例 10】戊寅卜，争贞：王于生八月入于商。（《合集》1666）
（译文：戊寅日这一天占卜，贞人“争”预测：商王可以在生八月进入商。）
【例 11】辛未王卜曰：余告多君曰：般卜有祟。（《合集》24135）
（译文：辛未日商王预测说：我可以告诫多君说：师般所获兆象表明有祸祟。）
【例 12】丁丑贞：王于卜伐。（《合集》32968）
（译文：丁丑日贞人预测：商王可以在占卜场所举行伐祭。）
【例 13】王其飨在厅。（《合集》31672）
（译文：商王可以在大厅进食。）
【例 14】乙酉卜，㱿贞：王于八月入。（《合集》5167）
（译文：乙酉日占卜，贞人“㱿”预测：商王在八月可以进入。）
【例 15】王往逐。（《屯南》997）
（译文：商王可以前去追猎。）

【例 16】呼比丹伯。(《合集》716 正)

[译文：可以命令联合丹国首领（丹伯）行动。]

【例 17】己亥卜，争贞：令弗其获执亘。(《合集》6952)

(译文：己亥日占卜，贞人“争”预测：可以命令不要抓获、拘执亘方人员。)

【例 18】丁丑卜，韦贞：使人于我。(《合集》5525)

(译文：丁丑日占卜，贞人“韦”预测：可以派人出使到我方。)

【例 19】戊戌卜，宾贞：牧匄人令冓以曼*。(《合集》493 正)

[译文：戊戌日占卜，贞人“宾”预测：牧（职官名）求取羌人，可以命令冓（人名）送羌人到曼*地。]

【例 20】贞：呼刍正。(《合集》141 正)

[译文：贞人预测：可以命令刍正（职官名）。]

【例 21】前牛臣刍。(《合集》1115 正)

[译文：可以使牛臣刍（职官名）前来。]

（二）臣属：20 例

【例 22】丁亥卜，宾贞：唯羽呼小多马羌臣。(《合集》5717)

[译文：丁亥日占卜，贞人“宾”预测：可以命令小多马羌臣（职官名）羽（人名）。]

【例 23】贞：唯小臣令众黍。一月。(《合集》12)

[译文：贞人预测：小臣（职官名）可以命令众人种黍。在一月占卜。]

【例 24】其葬兄辛唯右车用。(《合集》27628)

(译文：殡葬兄辛可以用右车陪葬。)

【例 25】乙酉卜，犬来告有鹿。(《屯南》99)

[译文：乙酉日占卜，犬（人名）可能来报告有鹿出现。]

【例 26】唯师般以人。(《屯南》340)

(译文：可以由师般带领人。)

【例 27】庚申卜，㱿贞：吴载王事。(《合集》5459)

(译文：庚申日占卜，贞人“㱿”预测：可以由吴处理王事。)

【例 28】乙巳卜，㱿贞：插各化载王事。(《合集》5440)

(译文：乙巳日占卜，贞人“㱿”预测：可以由插各化处理王事。)

【例 29】乙卯卜，奚贞：令多子族比犬侯璞周，载王事。五月。(《合集》6812 正)

(译文：乙卯日占卜，贞人“奚”预测：可以命令多子族联合犬侯打击周方，处理王事。在五月占卜。)

【例 30】丙午卜，宾贞：呼取牛百以。(《合集》93 反)

(译文：丙午日占卜，贞人“宾”预测：可以命令取走一百头牛并让他们送来。)

【例 31】入唯癸寻。于甲寻。于祖丁旦寻。于庭旦寻。于大学寻。(《屯南》60)

(译文：可以在癸日进入举行寻祭。可以在甲日举行寻祭。可以在祖丁旦举行寻祭。

可以在庭旦举行寻祭。可以在大学举行寻祭。）

【例32】丁巳卜…右学。（《合集》20101）

（译文：丁巳日占卜…可以在右学教学。）

【例33】于右卣教。（《合集》30518）

（译文：可以在右卣教学。）

【例34】于右室*学。（《屯南》662）

（译文：可以在右室*教学。）

【例35】…教瞽…（《陈零》99）

（译文：…瞽者可以教学…）

【例36】癸卯卜，品贞：呼多瞽［舞］。贞：勿呼多瞽舞。（《合集》16013）

（译文：癸卯日占卜，贞人“品”预测：可以命令多瞽跳舞。贞人预测：不可以命令多瞽跳舞。）

【例37】丁酉卜，今旦万其学。吉。于来丁乃学。于右室*学。吉。（《屯南》662）

（译文：丁酉日占卜，今日“万”可以进行教学。吉利。可以在未来丁日才教学。可以在右室*教学。吉利。）

【例38】壬子卜，弗酒*，小祷学。（《合集》30827）

（译文：壬子日占卜，不可以举行酒*祭，可以学习祷祭。）

【例39】甲寅卜，丁永，于子学商，用。丙辰卜，延奏商，用。（《花东》150）

（译文：甲寅日占卜，丁日顺利，可以让贵族子弟学习名为“商”的祭歌，用。丙辰日占卜，可以继续演奏祭歌“商”，用。）

【例40】乙丑卜，子学。辛未，岁祖乙彘，子舞仪*。（《花东》474）

（译文：乙丑日占卜，贵族子弟可以学习。辛未日，可以用野猪岁祭祖乙，贵族子弟可以学习仪*人之舞。）

【例41】丁酉卜，其呼以多方小子小臣。其教戍。亚立，其于右利，其于左利。（《合集》28008）

［译文：丁酉日占卜，可以命令多方受训的贵族子弟。可以教习搏击及阵法。亚（人名）站立，在右边有利，在左边有利。］

二、战争军事类：42例

（一）发布命令：12例

【例42】戊戌卜，争贞：唯王族令戈。（《合集》14915）

（译文：戊戌日占卜，贞人“争”预测：可以命令王族攻伐。）

【例43】庚辰卜，令王族比舌。（《屯南》190）

（译文：庚辰日占卜，可以命令王族联合舌方军队。）

【例44】唯三族马令。（《合集》34136）

［译文：商王可以命令三族“马”（军种之一）。］

【例45】王唯次令五族戍羌方。(《合集》28053)

(译文:商王可以命令五族戍守防御羌方。)

【例46】癸巳卜,王其令五族戍舌。(《合集》28054)

(译文:癸巳日占卜,商王可以命令五族戍守防御舌方。)

【例47】丁酉贞:王作三师右、中、左。(《合集》33006)

(译文:丁酉日贞人预测:商王可以宣告成立三师即右师、中师、左师。)

【例48】己卯卜,王令御方。(《合集》20451)

(译文:己卯日占卜,商王可以命令抵御方方侵犯。)

【例49】丁未卜,争贞:勿令禽以众伐工。(《合集》25)

[译文:丁未日占卜,贞人“争”预测:不可以命令禽(人名)率众讨伐工方。]

【例50】癸巳卜,古贞:令师般涉于河东。(《合集》5566)

[译文:癸巳日占卜,贞人“古”预测:(商王)可以命令师般(军事首领)(率师)渡水到河东。]

【例51】贞:王令妇好从侯告伐人。(《合集》6480)

(译文:贞人预测:商王可以命令妇好联合侯告征伐人方。)

【例52】贞:呼望工方。(《合集》6186)

(译文:贞人预测:可以命令侦伺工方。)

【例53】贞:呼目工方。(《合集》6194)

(译文:贞人预测:可以命令监视工方。)

(二)打击敌方:24例

【例54】丁卯卜,殻贞:王敦缶于蜀。(《合集》6860)

(译文:丁卯日占卜,贞人“殻”预测:商王可以在蜀地攻击缶方。)

【例55】我共人伐巴方。(《合集》6467)

[译文:我(商王)可以征召兵员征伐巴方。]

【例56】甲子卜,殻贞:呼伐工方。(《合集》542)

(译文:甲子日占卜,贞人“殻”预测:可以命令征伐工方。)

【例57】贞:王唯龙方伐。(《合集》6476)

(译文:贞人预测:商王可以讨伐龙方。)

【例58】甲辰卜,争贞:我伐马方。(《合集》6664正)

[译文:甲辰日占卜,贞人“争”预测:我(商王)可以讨伐马方。]

【例59】庚寅卜,宾贞:今春王其步伐人。庚寅卜,宾贞:今春王勿步伐人。(《合集》6461正)

(译文:庚寅日占卜,贞人“宾”预测:今年春天商王可以前往征伐人方。庚寅日占卜,贞人“宾”预测:今年春天商王不可以前往征伐人方。)

【例60】侯告伐人方。(《合集》33039)

(译文:侯告可以讨伐人方。)

【例61】己卯卜，𣪘贞：工方出，王自征。（《合集》6098）

（译文：己卯日占卜，贞人“𣪘”预测：工方出动，商王可以亲自征讨。）

【例62】在九月，王征人方。（《合集》36485）

（译文：在九月，商王讨伐人方。）

【例63】癸丑王卜贞：王来征人方。（《合集》36499）

（译文：癸丑日商王占卜预测：商王可以前来征伐人方。）

【例64】［辛］王…于商，无…征人方…其…往…在十月［又一］雨，祷。（《合集》36506）

（译文：辛日商王…在商，没有…征伐人方…其…往…在十一月下雨，举行祷祭。）

【例65】癸卯，王卜贞：在十月又一，王征人方在商。癸丑，王卜贞：旬无尤。在十月又一，王征人方在亳。（《英藏》2524）

（译文：癸卯日，商王亲自占卜预测：在十一月，商王可以在商地征伐人方。癸丑日，商王亲自占卜预测：此旬可能无祸，在十一月，商王可以在亳地征伐人方。）

【例66】戊寅卜，贞：于丁宾延人。七月。（《合集》831）

（译文：戊寅日占卜，贞人预测：可以用人方俘虏宾祭、延祭丁。在七月占卜。）

【例67】贞：翌乙未率它*人。（《合集》829）

（译文：贞人预测：明日乙未日可以用人方俘虏举行率祭、它*祭。）

【例68】庚…雀其𢦏*㱾。（《合集》6981）

（译文：庚日…商王重臣雀可以打击㱾方。）

【例69】…丑卜，戍𠧟羌方。（《合集》27977）

（译文：…丑日占卜，戍可以夹击围攻羌方。）

【例70】贞：呼供贮次。（《合集》777 正）

（译文：贞人预测：可以命令提供军队驻扎之所。）

【例71】贞：呼供次。（《合集》18917）

（译文：贞人预测：可以命令提供军队驻扎之所。）

【例72】辛未卜，争贞：妇好其比沚䤈伐巴方，王自东㚔伐，戎陷于妇好立。（《合集》6480）

（译文：辛未日占卜，贞人“争”预测：妇好可以联合沚䤈讨伐巴方，商王可以从东㚔方向攻伐，在妇好的阵地上埋伏设置。）

【例73】辛巳卜，贞：登妇好三千登旅万呼伐…（《合集》39902）

（译文：辛巳日占卜，贞人预测：可以命令征召妇好的兵员三千人以及征召旅的兵员万人，讨伐…）

【例74】甲午卜，宾贞：沚䤈启，王比伐巴方。（《合集》6471 正）

（译文：甲午日占卜，贞人“宾”预测：沚䤈先行探敌，商王可以率兵攻打巴方。）

【例75】䤈启，王其幸工方。（《合集》6332）

（译文：沚䤈先行探敌，商王可以围击工方。）

【例76】辛丑卜，𣪘贞：工方其来，逆伐。（《合集》6198）

（译文：辛丑日占卜，贞人“𣪘”预测：工方来侵犯，可以迎击征伐。）

【例77】立事于南，右从我，中从舆，左从曾。(《合集》5504、5512)

(译文：商王可以在南土开展军事活动，右师可以率领我方，中师可以率领舆方，左师可以率领曾方。)

(三) 禀告战况：6例

【例78】贞：告工方于上甲。(《合集》6131正)

(译文：贞人预测：可以向上甲报告工方进犯并举行告祭。)

【例79】贞：于报乙告工方。(《合集》6132)

(译文：贞人预测：可以向报乙报告工方进犯并举行告祭。)

【例80】贞：告工方于唐。(《合集》6138)

(译文：贞人预测：可以向唐报告工方进犯并举行告祭。)

【例81】贞：于大甲告工方出。(《合集》6142)

(译文：贞人预测：可以向大甲报告工方进犯并举行告祭。)

【例82】告工方于祖乙。(《合集》6145)

(译文：可以向祖乙报告工方进犯并举行告祭。)

【例83】贞：告执于南室三牢*。(《合集》806)

(译文：贞人预测：在南室可以用三只圈养的羊祭祀祖先并举行献俘告执之礼。)

三、经济活动类：36例

(一) 商王：29例

【例84】贞：王勿往省黍。(《合集》9612)

(译文：贞人预测：商王不可以前往视察黍。)

【例85】乙丑王柞蒉方。乙丑耨蒉方。(《合集》20624)

(译文：乙丑日占卜，商王可以在蒉方除去草木。乙丑日占卜，商王可以在蒉方除去草木。)

【例86】甲子卜，品贞：令曼*裒田于…(《合集》22)

(译文：甲子日占卜，贞人“品”预测：可以命令曼*到某地垦荒。)

【例87】癸巳卜，宾贞：令众人取(趋)入羊方裒田。(《合集》6)

(译文：癸巳日占卜，贞人“宾”预测：可以命令众人进入羊方之地垦荒。)

【例88】贞：勿令禽裒田。(《合集》9475)

[译文：贞人预测：不可以命令禽(人名)垦荒。]

【例89】辛未卜，争贞：曰众人…尊田…(《合集》9)

(译文：辛未日占卜，贞人“争”预测：可以叫众人…整理土地…)

【例90】戊寅卜，宾贞：王往以众黍于同*。(《合集》10)

(译文：戊寅日占卜，贞人“宾”预测：商王可以率众前往同*地种黍。)

【例 91】贞：先省在南禀*…月。(《合集》9641)

(译文：贞人预测：可以先行省视南地的仓廪…月。)

【例 92】己酉卜，贞：令吴省在南禀*。十月。(《合集》9638)

(译文：己酉日占卜，贞人预测：可以命令贵族吴出去省视南地的仓廪。在十月占卜。)

【例 93】［王］大令众人曰：协*田。(《合集》1)

(译文：商王可以威严地命令众人说：翻耕土地。)

【例 94】己亥卜，贞：令吴小耤臣。(《合集》5603)

(译文：己亥日占卜，贞人预测：可以命令名叫吴的小耤臣。)

【例 95】贞：唯吴呼众人臣。(《合集》5597)

［译文：贞人预测：吴（人名）可以命令众人臣。］

【例 96】…呼小刈臣。(《乙》2813)

(译文：…可以命令小刈臣。)

【例 97】呼雷耤于明。(《合集》14 正)

(译文：可以命令雷到明地耕田。)

【例 98】甫耤于娘*受年。(《合集》13505)

［译文：甫（人名）可以到娘*地耕田，可能年成丰收。］

【例 99】贞：呼妇姘往黍。(《合集》9533 正)

(译文：贞人预测：可以命令姘前往种黍。)

【例 100】贞：于南牧。(《合集》11395)

(译文：贞人预测：可以在南边牧场放牧。)

【例 101】必于右牧，于左牧。(《合集》28769)

(译文：可以经过西边牧场，可以经过东边牧场。)

【例 102】贞：呼牛于北土。(《合集》8783)

(译文：贞人预测：可以命令到北土去取走牛。)

【例 103】…取竹刍于丘。(《合集》108)

(译文：…可以取走竹侯丘地的牲畜。)

【例 104】贞：其令马亚射麋。(《合集》26899)

［译文：贞人预测：可以命令多马亚（职官名）射猎麋鹿。］

【例 105】丙寅卜，㱿贞：王往省牛于敦。(《合集》11171 正)

(译文：丙寅日占卜，贞人“㱿”预测：商王可以前往敦地视察牛。)

【例 106】贞：王往省牛。(《合集》11175)

(译文：贞人预测：商王可以前往视察牛。)

【例 107】丙午卜，宾贞：呼省牛于多奠。(《合集》11177)

［译文：丙午日占卜，贞人“宾”预测：可以命令（臣僚）到多奠视察牛。］

【例 108】贞：呼省专牛。(《缀》220)

［译文：贞人预测：可以命令（臣僚）视察专地之牛。］

【例 109】丙午卜，弹延兔。(《合集》10458)

（译文：丙午日占卜，可以弹射兔子。）
【例 110】甲申卜，不其网鱼。（《合集》16203）
（译文：甲申日占卜，不可以用网捕鱼。）
【例 111】壬戌卜，王贞：令雀田。（《合集》10567）
［译文：壬戌日占卜，贞人“王”预测：可以命令雀（人名）田猎。］
【例 112】唯戍呼射擒。（《合集》27970）
（译文：可以命令戍射杀擒获猎物。）

（二）臣属：7 例

【例 113】子…贞：弓刍于域*。（《合集》151 正）
［译文：…贞人“子”预测：弓（人名）可以到域*地管理牲畜。］
【例 114】壬辰卜，扶：甫弼*弓。（《合集》20117）
［译文：壬辰日占卜，贞人“扶”预测：甫（人名）不可以制造弓箭。］
【例 115】己巳卜，争贞：作王舟。（《合集》13758）
（译文：己巳日占卜，贞人“争”预测：可以制造商王使用的舟船。）
【例 116】贞：唯大玉…（《合集》9505）
（译文：贞人预测：可以使用大玉…）
【例 117】…奏玉…（《合集》16086）
（译文：…进奉玉…）
【例 118】丙戌卜，唯新豊用。唯旧豊用。（《合集》32536）
（译文：丙戌日占卜，可以用新近酿造的醴酒。可以用以前酿造的醴酒。）
【例 119】辛未卜，作宀。（《合集》22246）
（译文：辛未日占卜，可以建造房屋。）

四、祭祀活动类：131 例

（一）有祭品祭祀：67 例

【例 120】贞：肇丁用百羊百犬百豚。十月。（《合集》15521）
（译文：贞人预测：可以用一百只羊、一百只狗、一百头小猪肇祭丁。在十月占卜。）
【例 121】丁巳卜，侑燎于父丁百犬百豕卯百牛。（《合集》32674）
（译文：丁巳日占卜，可以用一百只狗、一百头猪、一百头牛侑祭、燎祭父丁。）
【例 122】…卜，争贞：燎册*百羊百牛百豕南五十。（《合集》40507）
［译文：…占卜，贞人“争”预测：可以用一百只羊、一百头牛、一百头猪以及五十头小猪（南）燎祭、册*祭祖先。］
【例 123】丁巳卜，争贞：降，册*千牛。（《合集》1027 正）
（译文：丁巳日占卜，贞人“争”预测：神祖降临，可以用一千头牛册*祭。）
【例 124】乙亥［卜］，内：册*大［乙］五百牛。（《合集》39531）

（译文：乙亥日占卜，贞人“内”预测：可以用五百头牛册*祭大乙。）

【例 125】登大甲牛三百。（《怀特》904）

（译文：可以用三百头牛登祭大甲。）

【例 126】…黄尹百牛。（《合集》3489）

（译文：…可以用一百头牛祭祀黄尹。）

【例 127】…亥贞：王侑百鬯、百牛。（《合集》32044）

（译文：…亥日贞人预测：商王可以用百鬯酒、百头牛侑祭祖先。）

【例 128】辛亥卜，至…伊尹用一牛。（《合集》21575）

（译文：辛亥日占卜，可以用一头牛对伊尹进行至祭。）

【例 129】己酉卜，㱿贞：燎于东母九牛。（《合集》14337）

（译文：己酉日占卜，贞人“㱿”预测：可以用九头牛对东母进行燎祭。）

【例 130】燎帝史风一牛。（《合集》14226）

（译文：可以用一头牛对上帝的使臣风进行燎祭。）

【例 131】贞：燎于土一牛。（《合集》14396）

（译文：贞人预测：可以用一头牛作祭牲对土神进行燎祭。）

【例 132】甲申卜，乙酉侑祖乙三宰*册*三十牛。（《合集》1513）

（译文：甲申日占卜，乙酉日可以用三只圈养的羊和三十头牛对祖乙举行侑祭和册*祭。）

【例 133】呼雀册*兄丁十牛岁用。（《佚》132）

［译文：（商王）可以命令雀（人名）为举行岁祭而用十头牛对兄丁进行册*祭。］

【例 134】己巳卜，告亚禽往于丁一牛。（《屯南》2378）

（译文：己巳日占卜，可以用一头牛为丁举行往祭而对亚禽进行告祭。）

【例 135】乙亥卜，高祖夒燎二十牛。（《屯南》4528）

（译文：乙亥日占卜，可以用二十头牛对高祖夒进行燎祭。）

【例 136】翌辛亥侑于王亥四十牛。（《合集》672 正）

（译文：明天辛亥日可以用四十头牛对王亥进行侑祭。）

【例 137】乙亥卜，争贞：酒*危方以牛自上甲。一月。（《合集》10084）

（译文：乙亥日占卜，贞人“争”预测：可以用危方送来的牛作为祭牲酒*祭上甲及其他先王。在一月占卜。）

【例 138】辛亥卜，至…伊尹用一牛。（《合集》21575）

（译文：辛亥日占卜，可以用一头牛对伊尹进行至祭。）

【例 139】丁丑卜，宾贞：祷年于上甲，燎三小宰*卯三头牛。一月。（《合集》10109）

（译文：丁丑日占卜，贞人“宾”预测：可以对上甲用三只小的圈养的羊进行燎祭、用三头牛进行卯祭祈求好年成。在一月占卜。）

【例 140】辛未贞：今日告其步于父丁一牛。在祭卜。（《合集》32677）

（译文：辛未日贞人预测：今天可以为商王武乙出行用一头牛对父丁举行告祭。在祭地占卜。）

【例 141】兄丁延三百牢。（《合集》22274）

（译文：可以用三百头圈养的牛延祭兄丁。）

【例 142】丁巳卜，贞：御三牢妣庚。（《合集》22294）

（译文：丁巳日占卜，贞人预测：可以用三头圈养的牛对妣庚进行御祭。）

【例 143】辛丑子卜贞：用小牢龙母。（《合集》21805）

（译文：辛丑日贞人“子”占卜预测：可以用小的圈养的牛祭祀龙母。）

【例 144】壬午卜，其又岁于妣癸，唯小牢。（《合集》27572）

（译文：壬午日占卜，可以用小的圈养的牛对妣癸举行又祭和岁祭。）

【例 145】壬寅卜，贞：兴方以羌用自上甲至下乙。（《合集》270）

（译文：壬寅日占卜，贞人预测：可以用兴方送来的羌方奴隶作为祭牲对上甲至祖乙诸先王进行祭祀。）

【例 146】辛卯贞：其祷生于妣庚、妣丙一牢。（《屯南》750）

（译文：辛卯日贞人预测：为祈求生育可以用一头圈养的牛对先妣妣庚、妣丙举行祷祭。）

【例 147】侑兄丁二牢。（《合集》22274）

（译文：可以用两头圈养的牛侑祭兄丁。）

【例 148】丙戌卜，贞：武丁祊其牢。（《佚》981）

（译文：丙戌日占卜，贞人预测：可以用圈养的牛对武丁进行祊祭。）

【例 149】五百牢*。（《合集》20699）

（译文：可以用五百只圈养的羊。）

【例 150】丁卯贞：王其称珏于祖乙燎三牢*，卯…一牢。（《合集》32420）

（译文：丁卯日贞人预测：商王可以奉珏并用三只圈养的羊燎祭祖乙，用一头圈养的牛进行卯祭。）

【例 151】己丑卜，御帝三十小牢*。（《合集》22073）

（译文：己丑日占卜，可以用三十只小的圈养的羊对上帝进行御祭。）

【例 152】…卜，旅贞：翌辛亥，其侑于祖乙一牢*。四月。（《合集》22889）

（译文：…占卜，贞人“旅”预测：明天辛亥日可以用一只圈养的羊对祖乙举行侑祭。在四月占卜。）

【例 153】癸酉贞：帝五丰臣其三百四十牢*。（《合集》34149）

（译文：癸酉日贞人预测：可以用三百四十只圈养的羊对帝五丰臣进行祭祀。）

【例 154】壬申卜，旅贞：其侑于季，唯羊。（《合集》24969）

（译文：壬申日占卜，贞人“旅”预测：可以用羊对季进行侑祭。）

【例 155】癸卯卜，今日侑司羊。（《合集》19863）

［译文：癸卯日占卜，今天可以侑祭司羊（职官名）。］

【例 156】甲戌贞：其宁风三羊、三犬、三豕。（《合集》34137）

（译文：甲戌日贞人预测：可以用三只羊、三只狗、三头猪举行宁祭以止风。）

【例 157】辛未卜，其侑岁于妣壬一羊。（《合集》27164）

（译文：辛未日占卜，可以用一只羊对妣壬举行侑祭和岁祭。）

【例 158】庚戌卜，朕耳鸣，侑御于祖庚羊百。(《合集》22099)

[译文：庚戌日占卜，由于我（商王）耳鸣，可以用一百只羊对祖庚进行侑祭和御祭。]

【例 159】丁未卜，王帝于兕。(《合集》1140 正)

(译文：丁未日占卜，商王可以对犀牛进行帝祭。)

【例 160】其鼎兕祖丁。(《合集》32603)

(译文：可以用犀牛鼎祭祖丁。)

【例 161】父丁鼎三兕。(《合集》32718)

(译文：可以用三头犀牛鼎祭父丁。)

【例 162】贞：令兹* 三百犬。(《合集》16241)

(译文：贞人预测：可以命令用三百条狗举行兹* 祭。)

【例 163】…巫帝犬一。(《合集》21074)

(译文：…可以用一条狗对巫帝进行祭祀。)

【例 164】己丑卜，争贞：亦呼雀燎于云犬。(《合集》1051 正)

[译文：己丑日占卜，贞人“争”预测：可以命令雀（人名）用狗作祭牲对云神举行燎祭。]

【例 165】贞：燎于东母三豕。(《合集》14340)

(译文：贞人预测：可以用三头猪对东母进行燎祭。)

【例 166】父庚一豕。(《合集》12980)

(译文：可以用一头猪为父庚进行祭祀。)

【例 167】燎于虫* 一豚。(《合集》14395 正)

(译文：可以用一头小猪对虫* 进行燎祭。)

【例 168】贞：酒* 用彘于妣己。(《合集》454 反)

(译文：贞人预测：可以用一头野猪对妣己进行酒* 祭。)

【例 169】甲辰卜，款* 俘马自大乙。(《合集》32435)

(译文：甲辰日占卜，可以用俘获的马来款* 祭自大乙以来的先王。)

【例 170】戊午御虎于妣乙。(《合集》22065)

(译文：戊午日可以用虎对妣乙进行御祭。)

【例 171】…宾贞…以象侑祖乙。(《合集》8983)

(译文：…贞人“宾”预测…可以用象来侑祭祖乙。)

【例 172】己巳贞：王其登南同* 米，唯乙亥。(《合集》34165)

(译文：己巳日贞人预测：在乙亥日商王可以亲自进献南同* 所产的新米祭祀神祖。)

【例 173】辛亥贞：其登米于祖乙。(《屯南》189)

(译文：辛亥日贞人预测：可以对祖乙进献米来祭祀。)

【例 174】癸未卜，其延登粱于祖乙。(《合集》32592)

(译文：癸未日占卜，可以对祖乙进献粱进行延祭。)

【例 175】贞：登黍。(《合集》235 正)

(译文：贞人预测：可以进献黍以祭祀。)

【例 176】王占曰：祀珏。(《合集》5611 反)
(译文：商王预测说：可以用珏来祭祀。)
【例 177】贞：其作豊…伊御。(《合集》26054)
(译文：贞人预测：可以酿造醴酒…御祭伊尹。)
【例 178】…贞曰：于祖乙其作豊。(《合集》32557)
(译文：…贞人预测说：可以酿造醴酒用于祭祀祖乙。)
【例 179】丁亥卜，𣪊贞：御…丁大甲、祖乙百鬯百羌卯三百宰*。(《合集》301)
(译文：丁亥日占卜，贞人"𣪊"预测：可以用一百鬯酒、一百个羌人、三百只圈养的羊御祭大甲、祖乙。)
【例 180】贞：御自唐、大甲、大丁、祖乙百羌百宰*。(《合集》300)
(译文：贞人预测：可以用一百个羌人、一百只圈养的羊御祭唐、大甲、大丁、祖乙。)
【例 181】壬辰卜，其祷年于夏*燎有羌。(《合集》32117)
(译文：壬辰日占卜，为祈求丰收可以用羌人作祭牲对夏*进行燎祭。)
【例 182】丁卯卜，贞：侑于祖乙宰*羌三人。(《合集》501)
(译文：丁卯日占卜，贞人预测：可以用圈养的羊和三个羌人对祖乙进行侑祭。)
【例 183】三百羌用于丁。(《合集》295)
(译文：可以用三百个羌人祭祀丁。)
【例 184】…酉卜，侑祖甲用报*。(《合集》743)
(译文：…酉日占卜，可以用报*来侑祭祖甲。)
【例 185】侑王夭伐三卯宰。(《合集》1051 正)
(译文：可以用三伐和卯宰侑祭王夭。)
【例 186】贞：来乙亥酒*祖乙十伐又五卯十宰*。(《合集》892 正)
(译文：贞人预测：未来乙亥日可以用十五伐、卯十宰*酒*祭祖乙。)

(二) 无祭品祭祀：64 例

【例 187】其御于父甲亚，吉。(《合集》30297)
(译文：在父甲之宗庙"亚"举行御祭，吉利。)
【例 188】御于雨。(《合集》22758)
(译文：可以对雨神进行御祭。)
【例 189】御雀于父乙。(《合集》4114)
(译文：为雀可以对父乙进行御祭。)
【例 190】甲午卜，𣪊贞：呼禽先御燎于河。(《合集》14526 正)
[译文：甲午日占卜，贞人"𣪊"预测：可以命令禽（人名）对河进行御祭和燎祭。]
【例 191】贞：御于妣己。(《合集》2145 正)
(译文：贞人预测：可以对妣己进行御祭。)
【例 192】贞：御子央于母庚。(《合集》3010)

（译文：贞人预测：可以为子央对母庚进行御祭。）

【例 193】贞：勿于甲御妇嘉龋。（《合集》13663）

（译文：贞人预测：不可以为妇嘉的齿疾祈求福佑而对甲进行御祭。）

【例 194】…御妇食*于祖丁。七月。（《合集》2787）

（译文：…可以为妇食*祈求福佑御祭祖丁。在七月占卜。）

【例 195】贞：御妇好于妣甲。（《合集》2616）

（译文：贞人预测：可以为妇好祈求福佑御祭妣甲。）

【例 196】…卜，争贞：翌辛巳呼禽酒*燎于方。（《合集》4058）

［译文：…占卜，贞人“争”预测：明天辛巳日可以命令禽（人名）对方神进行酒*祭与燎祭。］

【例 197】勿于九山燎。（《合集》96）

（译文：不可以对九山进行燎祭。）

【例 198】辛…贞…燎于十山。（《合集》34166）

（译文：辛日…预测…可以对十山进行燎祭。）

【例 199】辛未贞：祷禾高祖河于辛巳酒*燎。（《合集》32028）

（译文：辛未日贞人预测：为祈求丰收，可以在辛巳日酒*祭和燎祭高祖河。）

【例 200】辛未卜，争贞：呼雀燎于岳。（《合集》4112）

［译文：辛未日占卜，贞人“争”预测：可以命令雀（人名）对岳进行燎祭。］

【例 201】乙亥卜，宁雨，若。（《合集》30187）

（译文：乙亥日占卜，可以举行宁祭以止雨，顺若。）

【例 202】乙未卜，宁雨于社。（《合集》34088）

（译文：乙未日占卜，可以对社神举行宁祭以止雨。）

【例 203】其宁风雨。（《屯南》2772）

（译文：可以举行宁祭以止息风与雨。）

【例 204】…申卜，贞：方帝宁隹。九月。（《合集》14370 丙）

（译文：…申日占卜，贞人预测：可以对方神、上帝举行宁祭以止息鸟灾。在九月占卜。）

【例 205】丁未卜，侑于岳祷禾。（《合集》33291）

（译文：丁未日占卜，为祈求丰收可以对岳进行侑祭。）

【例 206】贞：侑于王恒。（《合集》14762）

（译文：贞人预测：可以对王恒举行侑祭。）

【例 207】贞：唯禽呼侑上甲。（《合集》4047 反）

［译文：贞人预测：（商王）可以命令禽（人名）对上甲进行侑祭。］

【例 208】乙亥卜，殻贞：有伐于黄尹，亦侑于蔑。（《合集》970）

（译文：乙亥日占卜，贞人“殻”预测：可以对黄尹举行伐祭，也可以对蔑举行侑祭。）

【例 209】王侑岁于帝五臣正。（《合集》30391）

（译文：商王可以对帝五臣正进行侑祭和岁祭。）

【例 210】贞：侑于东母。(《合集》14761)
(译文：贞人预测：可以对东母进行侑祭。)
【例 211】侑风。(《合集》13357)
(译文：可以侑祭风神。)
【例 212】丁丑卜，侑于五山。(《合集》34167)
(译文：丁丑日占卜，可以对五山进行侑祭。)
【例 213】其侑于四方。(《合集》30394)
(译文：可以对四方之神进行侑祭。)
【例 214】辛未侑于出日。(《合集》33006)
(译文：辛未日可以对日出进行侑祭。)
【例 215】丁巳卜，侑入日。(《合集》34163)
(译文：丁巳日占卜，可以对日落进行侑祭。)
【例 216】贞：帝于东方曰析。(《合集》14295)
(译文：贞人预测：对东方之神进行帝祭可以称为析。)
【例 217】贞：帝于西方曰彝。(《合集》14295)
(译文：贞人预测：对西方之神进行帝祭可以称为彝。)
【例 218】勿呼雀帝于西。(《合集》10976 正)
[译文：不可以命令雀(人名)对西方之神进行帝祭。]
【例 219】贞：疾齿，告于丁。(《英藏》1122 正)
[译文：贞人预测：(商王)牙齿有病，可以向祖丁禀报并进行告祭。]
【例 220】贞：王其往出省从西，告于祖丁。(《合集》5113 反)
(译文：贞人预测：商王打算从西边出去前往省视，可以向祖丁禀报并举行告祭。)
【例 221】贞：于河告工方。(《合集》6132)
(译文：贞人预测：可以向高祖河禀告工方入侵之事以求佑助。)
【例 222】贞：于唐告工方。(《合集》6139)
(译文：贞人预测：可以向先王唐禀告工方入侵之消息以求佑助。)
【例 223】告工[方]于黄尹。(《合集》6141)
(译文：可以向旧臣黄尹禀报工方入侵之消息以求佑助。)
【例 224】辛巳贞：日戠，其告于父丁。(《合集》33710)
(译文：辛巳日贞人预测：出现日食现象，可以向父丁禀告并举行告祭。)
【例 225】甲申卜，宾贞：告秋于河。(《合集》9627)
(译文：甲申日占卜，贞人"宾"预测：秋季禾谷成熟，可以向河禀告并举行告祭。)
【例 226】贞：令禽伐东土，告于祖乙于丁。八月。(《合集》7084)
[译文：贞人预测：商王可以命令禽(人名)讨伐东土而向祖乙、祖丁禀告并举行告祭。在八月占卜。]
【例 227】癸未卜，㱿贞：告于妣己暨妣庚。(《合集》1248 正)
(译文：癸未日占卜，贞人"㱿"预测：可以对妣己和妣庚进行告祭。)
【例 228】贞：勿祷年于邦土。(《合集》846)

［译文：贞人预测：不可以向邦社（神）祈求好年成。］

【例 229】贞：于王亥祷年。（《合集》10108）

（译文：贞人预测：可以向高祖王亥祈求好年成。）

【例 230】乙巳贞：其祷禾于伊。（《合集》33282）

（译文：乙巳日贞人预测：可以向旧臣伊尹祈求禾稼丰收。）

【例 231】贞：祷戉于祖乙。贞：有戉于上甲成。（《英藏》594 正）

（译文：贞人预测：可以为贵族戉向祖乙祈求佑助。贞人预测：可以为贵族戉向上甲、成唐祈求佑助。）

【例 232】乙亥贞：其祷生于妣庚。（《屯南》1089）

（译文：乙亥日贞人预测：可以为生育之事向妣庚祈求佑助。）

【例 233】…辰贞：其祷生于祖丁母妣己。（《合集》34083）

（译文：…辰日贞人预测：可以为生育之事向祖丁的配偶妣己祈求佑助。）

【例 234】戊申卜，祷生五妣。（《合集》22100）

（译文：戊申日占卜，可以为生育之事向五位先妣祈求佑助。）

【例 235】甲戌卜，于宗斧。（《屯南》341）

（译文：甲戌日占卜，可以在祖庙举行斧祭。）

【例 236】唯多尹斧。（《合集》27894）

［译文：多尹（君）可以进行斧祭。］

【例 237】…王亥匄工［方］…（《合集》6157）

（译文：…可以向高祖王亥祈求佑助战胜工方…）

【例 238】贞：匄工方于上甲。（《英藏》558）

（译文：贞人预测：可以向先王上甲祈求佑助战胜工方。）

【例 239】祝于父丁必。（《合集》32654）

（译文：可以在父丁之宗庙“必”举行祝祭。）

【例 240】贞：帝示若，今我奏祀。四月。（《英藏》1286）

［译文：贞人预测：上帝顺若，我（商王）现在可以进行奏祭和祀祭。在四月占卜。］

【例 241】束*于西南帝。（《合集》721 正）

（译文：可以对西帝和南帝进行束*祭。）

【例 242】贞：于北帝。（《合集》34156）

（译文：贞人预测：可以对北帝进行于祭。）

【例 243】壬午卜，中贞卜曰：其尸*九月。丁亥卜，大贞卜曰：其又尽升岁自上甲。（《英藏》1924）

（译文：壬午日占卜，贞人“中”对兆象进行预测说：可以在九月举行尸*祭。丁亥日占卜，贞人“大”对兆象进行预测说：可以对上甲开始的诸位先公先王进行又祭、尽祭、升祭、岁祭。）

【例 244】岁其暮。（《合集》41662）

（译文：可以在黄昏时进行岁祭。）

【例 245】庚寅贞：王其正北方。（《屯南》1066）

（译文：庚寅日贞人预测：商王可以正祭北方之神。）

【例246】癸卯…往三山。（《合集》19293）

（译文：癸卯日…可以对三山进行往祭。）

【例247】其烄于周。（《合集》30793）

［译文：（商王）可以在周方境内举行烄祭。］

【例248】贞：匚于黄。（《合集》748）

（译文：贞人预测：可以在黄方境内举行匚祭。）

【例249】癸未卜，㱿贞：翌甲申王宾上甲日。王占曰：吉，宾。允宾。（《合集》1248正）

（译文：癸未日占卜，贞人"㱿"预测：明天甲申日商王可以为日祭上甲而举行宾祭。商王预测说：吉利，可以举行宾祭。真的举行了宾祭。）

【例250】于丁卯酒*南方。（《合集》30173）

（译文：在丁卯日可以对南方之神进行酒*祭。）

五、占卜事务类：5例

【例251】其用三卜。（《合集》31677）

（译文：可以采用第三卜。）

【例252】丁巳卜，王贞四卜：呼比征方。允获。（《合集》20451）

（译文：丁巳日占卜，商王对第四卜进行推测：可以命令联合征伐方方。真的有所俘获。）

【例253】习二卜。癸未卜，习一卜，习二卜。（《合集》31672）

（译文：可以再行占卜第二卜。癸未日占卜，可以再行占卜第一卜，可以再行占卜第二卜。）

【例254】庚申卜，旅贞：唯元卜用。在二月。（《合集》23390）

（译文：庚申日占卜，贞人"旅"预测：可以采用元卜。在二月占卜。）

【例255】己酉卜，大贞：唯右卜用。（《合集》25019）

（译文：己酉日占卜，贞人"大"预测：可以采用右卜。）

第三部分　甲骨卜辞占辞

一、可能类占辞

【例 1】王寻占光卜曰：不吉，有祟。(《合集》94 反)

(译文：商王不久根据光所得的兆象推测说：可能不吉利，可能有祟。)

【例 2】王占曰：有祟，其有来艰。迄至九日辛卯允有来艰自北，叹*敏妥*告曰：土方侵我田十人。(《合集》6057 反)

［译文：商王推测说：可能有祸祟，可能有灾祸来。到了第九天辛卯日这一天，灾祸真的从北边来了，叹*敏妥*（人名）报告说：土方侵略我们的土地，掳走了十人。］

【例 3】王占曰：有祟！八日庚戌有各云自东，宦母。昃，亦有出虹自北，饮于河。(《合集》10405)

(译文：商王预测说：可能有灾祸出现。占卜之后的第八天庚戌日，从东方涌来一片乌云，天空东北方阴暗下来。太阳偏西的时候，北方上空也出现了虹，它在黄河里饮水。)

【例 4】王占曰：雨唯其不延。(《合集》14161 反)

(译文：商王预测说：雨可能不会连绵不断。)

【例 5】己卯卜，贞：今日启。王占曰：其启，唯其毋大启。(《合集》24917 反)

(译文：己卯日占卜，贞人预测：今日可能天晴。商王预测说：可能天晴，但可能不会大晴。)

二、可以类占辞

【例 6】王占曰：吉，其御。(《合集》15098 反)

(译文：商王预测说：吉利，可以举行御祭。)

【例 7】王占曰：其呼进。(《合集》4730 反)

(译文：商王预测说：可以命令“进”这个人。)

【例 8】王占曰：其卫于黄示。(《合集》6354)

(译文：商王预测说：可以对黄示举行卫祭。)

【例 9】王占曰：吉，其曰邛来。(《合集》5445 反)

(译文：商王预测说：吉利，可以叫“邛”这个人来。)

【例 10】王占曰：其于黄尹告。(《合集》3473)

(译文：商王预测说：可以对黄尹举行告祭。)

参考文献

1. 于省吾主编:《甲骨文字诂林》,中华书局 1996 年版。
2. 于省吾:《甲骨文字释林》,中华书局 1979 年版。
3. 于省吾:《泽螺居诗经新证》,中华书局 1982 年版。
4. 裘锡圭:《古文字论集》,中华书局 1992 年版。
5. 裘锡圭:《古代文史研究新探》,江苏古籍出版社 1992 年版。
6. 丁山:《甲骨文所见氏族及其制度》,中华书局 1988 年版。
7. 丁山:《商周史料考证》,中华书局 1988 年版。
8. 丁山:《中国古代宗教与神话考》,上海文艺出版社 1988 年版。
9. 董作宾:《董作宾先生全集》(甲、乙编),艺文印书馆 1977 年版。
10. 胡厚宣:《甲骨学商史论丛初集》,河北教育出版社 2002 年版。
11. 胡厚宣等:《甲骨探史录》,生活·读书·新知三联书店 1982 年版。
12. 胡厚宣主编:《甲骨文与殷商史》(第一辑、第二辑),上海古籍出版社 1983、1986 年版。
13. 王国维:《观堂集林》,中华书局 1984 年版。
14. 杨树达:《积微居甲文说》,上海古籍出版社 1986 年版。
15. (清)孙诒让:《古籀拾遗》,中华书局 1989 年版。
16. 陈梦家:《殷虚卜辞综述》,中华书局 1988 年版。
17. 李学勤:《殷代地理简论》,科学出版社 1959 年版。
18. 李学勤:《新出青铜器研究》,文物出版社 1990 年版。
19. 李学勤:《李学勤集——追溯·考据·古文明》,黑龙江教育出版社 1989 年版。
20. 李学勤主编:《中国古代文明与国家形成研究》,云南人民出版社 1997 年版。
21. 饶宗颐:《甲骨文通检》,香港中文大学出版社 1994 年版。
22. [日]岛邦男:《殷墟卜辞研究》,鼎文书局 1975 年版。
23. 朱凤瀚:《商周家族形态研究》,天津古籍出版社 1990 年版。
24. 朱凤瀚:《古代中国青铜器》,南开大学出版社 1995 年版。
25. 李民、张国硕:《夏商周三族源流探索》,河南人民出版社 1998 年版。
26. 李民:《夏商史探索》,河南人民出版社 1985 年版。
27. 钟柏生:《商代卜辞地理论丛》,艺文印书馆 1989 年版。
28. 郑杰祥:《商代地理概论》,中州古籍出版社 1994 年版。
29. 王宇信:《西周甲骨探论》,中国社会科学出版社 1984 年版。
30. 王宇信:《建国以来甲骨文研究》,中国社会科学出版社 1981 年版。
31. 王宇信主编:《甲骨文与殷商史》(第三辑),上海古籍出版社 1991 年版。

32. 王宇信、宋镇豪主编：《纪念殷墟甲骨文发现一百周年国际学术研讨会论文集》，社会科学文献出版社 2003 年版。
33. 姚孝遂、肖丁主编：《小屯南地甲骨考释》，中华书局 1985 年版。
34. 姚孝遂、肖丁主编：《殷墟甲骨刻辞摹释总集》，中华书局 1988 年版。
35. 姚孝遂、肖丁主编：《殷墟甲骨刻辞类纂》，中华书局 1989 年版。
36. 唐兰：《殷虚文字记》，中华书局 1981 年版。
37. 黄天树：《殷墟王卜辞的分类与断代》，文津出版社 1991 年版。
38. 张秉权：《甲骨文与甲骨学》，台湾国立编译馆 1988 年版。
39. 严一萍：《甲骨学》，艺文印书馆 1990 年版。
40. 严一萍：《殷商史记》，艺文印书馆 1989 年版。
41. 严一萍：《甲骨古文字研究》（第二辑），艺文印书馆 1989 年版。
42. 金祥恒：《金祥恒先生全集》，新文艺印书馆 1990 年版。
43. 杨希枚：《先秦文化史论集》，中国社会科学出版社 1995 年版。
44. 邹衡：《夏商周考古学论文集》，文物出版社 1980 年版。
45. 邹衡：《夏商周考古学论文集》（续集），科学出版社 1998 年版。
46. 中华书局编辑部等编：《古文字研究》（第一辑 ~ 第十九辑），中华书局 1979 年至 1992 年版。
47. 徐中舒主编：《甲骨文字典》，四川辞书出版社 1989 年版。
48. 张光直著，张良仁等译：《商文明》，辽宁教育出版社 2002 年版。
49. 吴荣曾：《先秦两汉史研究》，中华书局 1991 年版。
50. 吴荣曾等：《尽心集：张政烺先生八十庆寿论文集》，中国社会科学出版社 1996 年版。
51. 常玉芝：《商代周祭制度》，中国社会科学出版社 1987 年版。
52. 常玉芝：《殷商历法研究》，吉林文史出版社 1998 年版。
53. 张永山主编：《胡厚宣先生纪念文集》，科学出版社 1998 年版。
54. 杨升南：《商代经济史》，贵州人民出版社 1992 年版。
55. 宋镇豪：《夏商社会生活史》（上、下），中国社会科学出版社 1994 年版。
56. 宋镇豪主编，宋镇豪、常耀华编纂：《百年甲骨学论著目》，语文出版社 1999 年版。
57. 孟世凯编著：《甲骨学小词典》，上海辞书出版社 1987 年版。
58. 曹定云：《殷墟妇好墓铭文研究》，文津出版社 1993 年版。
59. 曹定云：《殷商考古论丛》，艺文印书馆 1996 年版。
60. 朱歧祥：《甲骨学论丛》，台湾学生书局 1992 年版。
61. 李孝定编述：《甲骨文字集释》，台湾中央研究院历史语言研究所 1970 年版。
62. 杨向奎：《宗周社会与礼乐文明》，人民出版社 1992 年版。
63. 胡厚宣主编：《全国商史学术讨论会论文集》，殷都学刊编辑部 1985 年版。
64. 中国社会科学院考古研究所编著：《殷墟的发现与研究》，科学出版社 1994 年版。
65. 中国社会科学院考古研究所编著：《殷墟妇好墓》，文物出版社 1980 年版。
66. 中国社会科学院考古研究所编著：《新中国的考古发现和研究》，文物出版社 1984 年版。

后　记

自1994年师从西南大学（原西南师范大学）喻遂生教授研习甲骨文与甲骨学以来已经二十年了，我一直在思考这样一个问题：甲骨文（或者甲骨卜辞）究竟是一种什么性质的文字材料？自从2004年下半年开始大量研读传播学理论著作以后，我才对这个困扰自己多年的问题有了一些较为明晰的认识——甲骨卜辞绝大多数都是商代官方预测性信息的记录，是研究商代传播史的重要材料。

2007年下半年我有幸进入暨南大学师从林如鹏副校长做高级访问学者，当时确定的研究课题就是"甲骨文与商代新闻传播"。由于得到林如鹏先生的悉心指导与鼎力支持，我才得以真正开始商代传播史的系统研究工作并最终完成了这本小书的撰写。在书稿完成以后，林如鹏先生又极其认真地审读书稿，提出了不少修改意见，十分感谢林如鹏先生为我所从事的商代传播史研究所付出的大量心血。

本人关于商代传播史研究的部分成果已在12种不同学术期刊上发表，非常感谢诸多期刊主编及编辑先生的厚爱与无私帮助。这些论文与所发表的期刊分别是：

（1）《神权政治与商代信息传播》（《新闻与传播研究》2009年第4期）；

（2）《商代信息传播制度》（《江汉论坛》2008年第11期）；

（3）《中国商代信息传播模式简论》（《现代传播：中国传媒大学学报》2008年第6期）；

（4）《商代传播与社会环境》（《现代传播：中国传媒大学学报》2010年第8期）；

（5）《甲骨占卜制度与商代信息传播》（《华南师范大学学报》（社会科学版）2008年第5期）；

（6）《殷商诸王与商代信息传播》（《海南师范大学学报》（社会科学版）2008年第6期）；

（7）《商代贞人与信息传播研究》（《湖北社会科学》2010年第7期）；

（8）《甲骨卜辞的命辞》（《汉语学报》2011年第3期）；

（9）《甲骨卜辞信息传播模式探要》（《广州大学学报》（社会科学版）2009年第4期）；

（10）《甲骨文所见商代教育传播研究》（《惠州学院学报》（社会科学版）2009年第1期）；

（11）《商代传播总体特征研究》（《黄冈师范学院学报》2010年第1期）；

（12）《商代诸神与商代信息传播》（《韩山师范学院学报》2008年第4期）；

（13）《商代占卜权与信息传播研究》（《韩山师范学院学报》2010年第2期）；

（14）《商代宗教祭祀信息研究》（《韩山师范学院学报》2011年第2期）；

（15）《再论甲骨卜辞的命辞》（《汉字文化》2013年第6期）；

（16）《三论甲骨卜辞的命辞》（《汉字文化》2014 年第 2 期）。

本书的顺利出版，要感谢韩山师范学院教材出版基金、韩山师范学院教授启动项目专项基金、广东省教育厅创新强校重大项目“饶宗颐研究”专项基金资助，感谢韩山师范学院院系领导的关心与支持，特别感谢刘凤泉、单国华、黄景忠、陈述思、赵松元等好友的鼓励与帮助。饮水思源，永不忘本，我特别要感谢我的甲骨文与甲骨学的启蒙导师——西南大学喻遂生教授。

出土文献的研究成果，在出版上困难很大，暨南大学出版社为出好这本书克服了许多困难，特别是责任编辑武艳飞、曾栩和颜彦做了大量艰苦细致的工作，在此我表示真挚的谢意。

这本书是关于商代传播断代史研究的初次尝试，到目前为止国内外学者尚无人问津这块学术领地，由于本人才疏学浅，尽管付出了许多努力，但仍有许多尚待解决的问题，书中存在的问题甚至错误也必然不少，期望海内外甲骨学与传播史研究者批评指正。

二〇一四年十二月二十日初稿完成于韩山师范学院水岚园
二〇一五年四月二十九日（五十三周岁）修改稿完成于
家乡江西省于都县贡江镇东溪村乌陂
巫称喜谨识